中小学体育与健康课程教学方案设计与分析

孟 然 著

山东大学出版社
SHANDONG UNIVERSITY PRESS
·济南·

图书在版编目(CIP)数据

中小学体育与健康课程教学方案设计与分析/孟然著.—济南:山东大学出版社,2021.12

ISBN 978-7-5607-7230-1

Ⅰ.①中… Ⅱ.①孟… Ⅲ.①体育课－教学研究－中小学②健康教育－教学研究－中小学

Ⅳ.①G633.962

中国版本图书馆 CIP 数据核字(2021)第 225344 号

策划编辑 武迎新
责任编辑 武迎新
封面设计 王秋忆

出版发行 山东大学出版社
社　　址 山东省济南市山大南路 20 号
邮政编码 250100
发行热线 (0531)88363008
经　　销 新华书店
印　　刷 山东星海彩印有限公司
规　　格 720 毫米×1000 毫米 1/16
　　　　 19.25 印张 305 千字
版　　次 2021 年 12 月第 1 版
印　　次 2021 年 12 月第 1 次印刷
定　　价 58.00 元

目录

第一章 “体育与健康”课程教学设计的核心问题

第一节 “体育与健康”课程的育人功能高度凸显

党的十八大报告明确提出，要把立德树人作为教育的根本任务。为落实党中央号召，教育部于 2014 年 4 月印发《关于全面深化课程改革 落实立德树人根本任务的意见》指出，立德树人是发展中国特色社会主义教育事业的核心所在，是培养德智体美劳全面发展的社会主义建设者和接班人的本质要求。

2020 年 4 月 27 日召开的中共中央全面深化改革委员会第十三次会议审议通过的《关于深化体教融合促进青少年健康发展的意见》指出：“贯彻落实习近平总书记关于体育强国建设的重要指示和全国教育大会精神，充分发挥党委领导和政府主导作用，深化具有中国特色体教融合发展，推动青少年文化学习和体育锻炼协调发展，促进青少年健康成长、锤炼意志、健全人格，培养德智体美劳全面发展的社会主义建设者和接班人。”

2020 年 10 月，中共中央办公厅、国务院办公厅印发的《关于全面加强和改进新时代学校体育工作的意见》指出：学校体育是实现立德树人根本任务、提升学生综合素质的基础性工程，是加快推进教育现代化、建设教育强国和体育强国的重要工作，对于弘扬社会主义核心价值观，培养学生爱国主义、集体主义、社会主义精神和奋发向上、顽强拼搏的意志品质，实现以体育智、以体育心具有独特功能。为贯彻落实习近平总书记关于教育、体育的重要论述和全国教育大会精神，应把学校体育工作摆在更加突出的位置，构建德智体美劳全面培养的教育体系。

学校的根本使命是“育人”，而“育人”的主阵地是课堂。教会学生学习是重点，教会学生做人是关键，教会学生如何成为社会需要的人才是核心，学校体育的教育功能在新时期日益凸显。

一、从“育人”的角度思考“体育与健康”课程教学方案设计

新时代学校体育在体教融合过程中处于十分重要的基础性地位，这主要体现为学校体育在促进青少年“享受乐趣、增强体质、健全人格、锤炼意志”中的全方位作用。习近平总书记在 2018 年全国教育大会上的讲话中强调，培养新时代青年要在六个方面下功夫——坚定理想信念、厚植爱国主义情怀、加强品德修养、增长知识见识、培养奋斗精神、增强综合素质，其均可通过体育课、体育锻炼、体育竞赛予以实践。运动技能的熟练掌握与积极运用是学校体育工作的一项重点任务，学校体育应将教会学生运动技能、开展经常性的课余训练和全员参与的体育竞赛作为题中应有之义。从历史上看，习近平总书记提出的“享受乐趣、增强体质、健全人格、锤炼意志”是对学校体育作用最全面、最权威的概括。这彻底改变了原来学校体育只注重锻炼身体的目标（仅关注增强体质，且更加强调增强个人体质），新时代学校体育要实现对青少年爱国主义、集体主义、团队合作、顽强拼搏、承担责任、遵守规矩等优良品质的系统培养。就此意义而言，新时代学校体育强调体育的完整意义，以实现蔡元培先生提出的“健全人格，首在体育”的目标。正如 2020 年全国“两会”上全国政协委员、中国篮球协会主席姚明提交的《体教融合不能忽视人格塑造》提案所言，围绕体教融合的各类顶层设计、体制改革、机制创新，应以人为本，在促进广大青少年强身健体的同时，不能忽视人格塑造。学校体育强调培育和践行社会主义核心价值观，不仅要让青少年强健体魄，而且要使其在体育活动、体育锻炼中享受乐趣。因此，学校体育是教育不可分割的一部分。

学校体育除担负着提高青少年身体素质的主要任务外，还承担着立德树人的根本使命。教会学生运动技能，提高学生健康素质，提高学生思想道德素质、智力水平、审美素养并形成健康生活方式，学校体育已经成为学校素质教育不可缺少的组成部分。学校体育是加强学生思想品德教育、促进智力发展、磨炼

坚强意志、培养审美素养和健康生活方式的重要途径,在体育与健康教育教学中有意识地融入德育,是体育教育观念更新的需要,也是立德树人多方位、多渠道的需要。

教育的根本目的是培养有道德、有理想、有社会责任感的人才,育人是教育的根本初衷所在。但是,教育在一定时期内和某种程度上出现了重智育轻德育、重专业知识和技能而轻育人的现象。当前的体育教育在一定程度上存在上述的问题。因此,在体育教学过程中我们不能停留在只关注学生体能和素质的发展、技术和技能的提高,还要认识到体育教育的过程更是一个认知和能力发展的过程以及情感和人格发展的过程。与其他学科相比,体育教育的德育价值可能更高效。我们要结合学校、教师和学生的实际情况,特别是学生的思想情况,寻求新形势下中小学体育教育的新方法、新模式和新渠道。

二、各类体育运动项目中处处彰显“育人”的功能

几乎所有德育内容都能在体育教材中找到它的位置,可见体育教学中的德育教育比其他学科更有优势。但由于体育教学中的德育教育比较抽象,这就要求体育教师在教学中注意发掘教材中的德育教育因素,紧密地结合实践课的内容,抓住时机、找准抓手和切入点对学生进行德育教育,德育教育才能真正落到实处。

“体育与健康”课程的教材内容非常广泛,教材中每项教学内容都有其鲜明而独特的教育性,教师只有善于挖掘其深刻内涵,结合不同的教材特点践行立德树人理念,才能取得较好的效果。例如,体育教育承担着培养学生“吃苦耐劳的精神和坚毅的意志品质”的重要任务。但在操作过程中存在实现途径的择优问题,即什么样的教材内容对达成育人目标更有效的问题。因为达成这样的目标不能靠单纯的说服教育,只有在既定项目中让学生在身体上体验苦痛,在心理上经历犹豫动摇—积极自我暗示—唤起饱满的精神状态的过程,继而外化出有效的坚持行为,并且在这个过程圆满完成后感受到愉悦体验,才可能真正培养学生吃苦耐劳的精神和坚毅的意志品质。

长跑项目就是非常符合上述要求的运动项目。长跑项目有“极点”体验,运动中学生会感到呼吸困难,肌肉酸痛,动作迟缓僵硬,情绪低落,不愿意再继续运动下去。在“极点”出现后,学生只有通过心理和生理上的忍耐和坚持,并成

功度过“极点”后才会进入比较轻松的状态，才能体验运动带给身心的满足感和愉悦感，最终完成战胜自我、超越自我的过程。长跑项目中的极点体验正是对学生意志品质的最好磨炼。当下中小学生物质生活条件优越，缺乏面对困难、克服困难的成长环境和历练，抗挫折能力低，意志力不强。而这种对意志力的锻炼和培养可以在像长跑这样的体育锻炼中完成。

再如足球、篮球、排球等集体性项目，可培养组织纪律性、团结友爱的集体主义精神和机智灵敏的应变能力；田径项目可培养学生勇敢顽强、坚忍不拔的意志品质；体操、武术等项目，则有利于培养学生勇敢、沉着、机智、果断的品格以及自控能力。因此，教师只有善于选择与运用特点不同的运动项目并挖掘其育人内涵去实施教学，才能真正实现立德树人的教育目标。

三、“育人”的功能在不同的教学方法中要灵活体现

体育教学方法是在体育教学过程中，教师和学生为实现体育教学目标、完成体育教学任务而采取的不同层次的、教与学相互作用的活动方式的总称。在实际教学时，体育教师能够正确地、有针对性地选择合适的教学方法，既是使教学方法发挥最大作用的前提，也是影响教学质量的关键。教师要善于把学生的心理活动和身体活动结合起来，利用课堂各个环节中的教学方法与策略对学生进行立德树人教育。

教师可以运用讲解教学法。在讲解动作要领或者动员学生讲解时，教师除了提示和强调学生要认真听讲外，还应该让学生明确“倾听”是一种基本的礼仪，是以积极的态度，认真、专注地悉心听取讲话者的陈述，观察讲话者的表达方式及行为举止的“规范行为”，同时让学生懂得尊重他人、尊重他人的劳动。

教师还可以运用比赛教学法。比赛教学法具有鲜明的竞争性，能使学生在紧张状态下精神高度集中，最大限度地表现出自己的能力，从而促进学生全面提高。教师在运用比赛教学法时，要通过规则设置和环节要求不失时机地进行德育教育，如战术是否执行到位、是否成功地完成自己的角色任务，从而对学生进行团队精神、合作意识的教育，培养学生的领导力和角色意识；比赛过程中要让学生懂得秩序的重要性，要遵守规则和遵循公平竞争的原则等，培养学生明辨是非的意识和能力，养成尊重对手、公平公正的竞赛道德；通过比赛设置、激励机制激发学生追求卓越、勇争第一、不断超越的竞赛意志和求真向善向美的

价值追求；通过赛后总结环节，引导教育学生要重视过程投入、坦然接受结果，胜不骄、败不馁，善于总结成功经验和失败教训，永不放弃，进而促进学生形成正确的人生观、价值观。

课堂上可以运用提问的教学策略。课堂教学中如果过多地让学生听教师讲授，这种听讲必然缺乏“我要学”的参与意识，从而让学生缺乏内在的学习动因，对于培养学生专心听讲的习惯是极为不利的。因此，在体育教学中，要尽量让学生有尽可能多的机会回答问题，以调动他们学习的主动性和积极性。教师在提问时，要预先进行精心的设计，如问什么问题，在什么环节什么时机提问，向谁提问，提问结束后如何点评和总结等，促使他们养成勤学好问、善于思考的习惯和质疑精神，并且始终处于积极向上、乐观主动的精神状态。

此外，还可以运用评价的教学策略。在体育课堂上，对学生的评价不光包括技能、体能是否达标，知识是否掌握，还应包括是否积极参与活动、同学之间的互助情况、学生对教师的帮助支持情况、遵守规则情况、礼仪礼节情况等，把这些评价要素按照一定的比例组成学生的最终评价得分。这样，才会引导学生从多方面发展自己，而不是一味地去追求技能、体能的达标。

四、弘扬中华传统体育的育人功能

认真梳理武术、摔跤、棋类、射艺、龙舟、毽球、五禽操、舞龙舞狮等中华传统体育项目，因地制宜地开展传统体育教学、训练、竞赛活动，并融入学校体育教学、训练、竞赛机制，形成中华传统体育项目竞赛体系。涵养阳光健康、拼搏向上的校园体育文化，培养学生爱国主义、集体主义精神，增强学生文化自信，促进学生知行合一、刚健有为、自强不息。深入开展“传承的力量——学校体育艺术教育弘扬中华优秀传统文化成果展示活动”，加强宣传推广，让中华传统体育在校园绽放光彩。

五、“体育与健康”教学课程设计中“育人”无所不在

“体育与健康”课程教学中，偶发事件时有发生，这是学生体育活动时思想和行动的真实流露与表现，教师要善于抓住课堂中的偶发事件，不失时机地进行思想教育，这样言而有物、针对性强，可收到较好的教育效果。

由于环境影响和个性差异，体育教学中学生所表现出来的思想方式均有所

不同，有的偶发事件是有规律性的，而有些则是突发性的，还有的明显带有群体性。有的偶发事件对教学过程有积极意义，有的则会起消极作用。体育教师要正确辨别偶发事件的性质，选择合理的方式和方法进行德育教育。例如，有的学生对某些教材内容不感兴趣，在练习时躲闪、被动、消极，教师除了进一步强调教学内容的重要性和学习意义，以激发学生的学习动机之外，在练习形式上还要多采用游戏法和比赛法，调动学生的参与热情。可以根据学生的具体情况适当调整练习的速度、重量、数量，或者改变动作的节奏、幅度，增减动作的障碍阻力及对抗因素，还可以进行多种诱导练习，促使学生作出努力，从而提高学生的思想意识与认知水平，养成良好的意志品质。总之，我们要善于观察学生在课堂中的行动和表现，及时处理有代表性的事件，因势利导对学生进行表扬或批评，以达到立德树人的教育目的。

体育教学中处处存在着德育因素，只要教师用心体会，体育将成为德育教育的一个主要渠道。进行德育教育不能脱离教学的具体内容，空洞地向学生说教，或生拉硬扯地进行德育教育。那样，不仅削弱了知识的系统性，影响了学生对知识的理解，甚至会引起学生的反感。课堂教学中的德育渗透应该是“润物细无声”、水到渠成的事。首先，教师要尊重学生、关心学生，这既是教师高尚品德的表现，又是一种教育手段，在塑造学生的灵魂中是一种巨大的力量。其次，在课堂学习形式上，要允许学生有自己的想法，不要一看到学生不按照自己的要求就大声呵斥，教师自身的言传身教和灵活多样的教学方法是教师德育教育的直接力量和主要渠道，这对学生的人格培养和品德塑造会产生潜移默化的影响。再次，教师对那些能力较差、组织纪律较差以及不重视体育学科学习的学生要耐心帮助，要多给技术水平较差的学生以锻炼的机会，不能用讽刺的语言刺激他们，更不能侮辱谩骂学生。相反，一句由衷的赞美可使丧失信心的学生树立自信，也会让表现不错的学生更加积极上进。所以，教师需要善于发现学生的闪光点，并及时鼓励和表扬学生。

总之，体育是学校教育的重要组成部分，是促进青少年身心全面发展的重要手段，体育教师要充分发挥“体育与健康”学科在学生德育教育中的重要作用，灵活运用多种教学方法与教学手段，从提高学生对道德的认知开始，培养学生的道德感，进而形成道德行为，为最终落实立德树人根本任务、培育和践行社会主义核心价值观发挥巨大作用，引领学校教育教学的改革和发展。

第二节 教学设计和教案的区别

一、概念区分

（一）教学设计

1.教学设计的定义

对于教学设计，加涅（Robert Miles Gagne）在《教学设计原理》中给出的定义为：“教学设计是一个系统化（systematic）规划教学系统的过程。教学系统本身是对资源和程序作出有利于学习的安排。任何组织机构，如果其目的旨在开发人的才能均可以被包括在教学系统中。”①

教学设计是设计科学大家庭中的一员，设计科学各成员的共同特征是用科学原理及应用来满足人的需要。教学设计是对学业业绩问题的解决措施进行策划的过程。

教学设计是根据教学对象和教学目标，确定合适的教学起点与终点，将教学诸要素有序、优化地安排，形成教学方案的过程。它是一门运用系统方法科学解决教学问题的学问，以教学效果最优化为目的，以解决教学问题为宗旨。具体而言，教学设计具有以下特征：

（1）教学设计是把教学原理转化为教学材料和教学活动的计划。教学设计要遵循教学过程的基本规律，选择教学目标，以解决“教什么”的问题。

（2）教学设计是实现教学目标的计划性和决策性活动。教学设计以计划和布局安排的形式，对怎样才能达到教学目标进行创造性的决策，以解决“怎样教”的问题。

（3）教学设计是以系统方法为指导。教学设计把教学各要素看成一个系统，分析教学问题和需求，确立解决的程序纲要，使教学效果最优化。

（4）教学设计是提高学习者获得知识、技能的效率和兴趣的技术过程。教学设计是教育技术的组成部分，它的功能在于运用系统方法设计教学过程，使之成为一种具有操作性的程序。

---

① [美]罗伯特·米尔斯·加涅：《教学设计原理》，皮连生译，华东师范大学出版社 2009 年版，第 21～22 页。

教学设计包括教案、学案、评价方式,甚至学生问题的创设、教具的应用等,所有的与之有关的内容都是教学设计。所以,教学设计是一个泛化的概念。教学设计使用表格的方式最多。

2.教学设计的目的

教学设计的目的是为了提高教学效率和教学质量,使学生在单位时间内能够学到更多的知识,更大幅度地提高学生各方面的能力,从而使学生获得良好的发展。

3.教学设计的方法

(1)教学设计要从"为什么学"入手,确定学生的学习需要和教学的目的。

(2)根据教学目的,进一步确定通过哪些具体的教学内容和教学目标才能达到教学目的,从而满足学生的学习需要,即确定"学什么"。

(3)要实现具体的教学目标,使学生掌握需要的教学内容,应采用什么策略,即"如何学"。

(4)要对教学的效果进行全面的评价,根据评价的结果对以上各环节进行修改,以确保促进学生的学习,获得成功的教学效果。

(二)教学案例

1.教学案例的定义

首先,教学案例是事件,是对教学过程中的一个实际情境的描述。它讲述的是一个故事,叙述的是这个教学故事的产生、发展的历程,它是对教学现象的动态性的把握。

其次,教学案例是含有问题的事件。事件只是案例的基本素材,并不是所有的教学事件都可以成为案例。能够成为案例的事件,必须包含问题或疑难情境在内,并且也可能包含解决问题的方法在内。正因为这一点,案例才成为一种独特的研究成果的表现形式。

最后,教学案例是既真实又典型的事件。教学案例必须是有典型意义的,它必须能给大家带来一定的启示和体会,所以它必须是真实发生的事件,是教学事件的真实再现,是对"当前"课堂中真实发生的实践情景的描述。它不能用"摇摆椅子上杜撰的事实来替代",也不能用从抽象的、概括化的理论中演绎出来的"事实"来替代。

2.教学案例的特征

教学案例是一种写作的形式,那么它与我们平时所说的论文、教案、教学设计、教学实录等形式有什么区别,又有什么特点呢?

从文体和表述方式上来看，论文是以说理为目的，以议论为主的；而案例则以记录为目的，以记叙为主，兼有议论和说明。也就是说，案例是讲一个故事，是通过故事来说明道理。因此，从写作的思路和思维方式上来看，二者也有很大的区别。论文写作一般是一种演绎思维，思维的方式是从抽象到具体，而案例写作是一种归纳思维，思维的方式是从具体到抽象。

案例与教案、教学设计的区别比较容易理解。教案和设计都是事先设想的教学思路，是对准备实施的教学措施的简要说明；案例则是对已发生的教学过程的反映。一个写在教之前，一个写在教之后；一个是预期，一个是结果。

案例与教学实录的体例比较相近，它们的区别也体现了案例的特点和价值。同样是对教学情境的描述，教学实录是有闻必录，而案例则是有所选择的。至于怎样选择，就要看案例撰写的目的和功能了。

3.教学案例的书写

一般情况下，撰写教学案例要包括两个方面的内容：一是案例事实；二是案例分析。撰写教学案例，是“讲老百姓自己的故事”，教师对事实比较熟悉。叙述的事实比较具体，也比较单一。通常情况下，教师写这样的记叙文不会感到困难。撰写案例分析当然需要进行论述。但是，这里的论述是就事论理，是针对具体问题发表有针对性的意见，不涉及很多的人和事，不需要高度的抽象概括，所以难度不大。

（三）教案

教案就是教学的内容文本，是教学设计的最核心的部分；每个课题或每个课时的教学内容、教学步骤的安排、教学方法的选择、板书设计、教具或现代化教学手段的应用、各个教学步骤教学环节的时间分配等，都要在教案中有所反映，要经过周密考虑、精心设计而确定下来，体现着很强的计划性。

教案一般包括表格式、课堂实录式、普通文本式等形式，主要是针对教学目标、内容、环节进行备课。教案是指导教师自己上课用的，也是考察教师备课的一个依据。

二、教学设计与教案的区别

教学设计与教案是有区别的，主要体现在以下四个方面：

1.范畴上不同

教案是教育科学领域的一个基本概念，又叫“课时计划”，是以课时为单元设计的具体教学方案，是教学中的重要环节。教案的基本组成部分是教学进程，内含教学纲要、教学活动安排、教学方法的具体应用和各种组成部分的时间分配等。

教学设计也称“教学系统设计”，是教育技术学科的重要分支。它包括宏观设计和微观设计，主要是运用系统分析方法，以解决教学问题、优化教学效果为目的，以传播理论、学习理论和教学理论为基础，具有很强的理论性、科学性、再现性和操作性。课堂教学设计属于微观教学设计的范畴。

2.对应层次不同

教学设计是把学习者系统作为它的研究对象，所以教学设计的范围可以大到一个学科、一门课程，也可以小到一堂课、一个问题的解决。从整体上看，教学设计可概括为以下三个层次：以系统为中心的设计、以课堂为中心的设计和以产品为中心的设计。鉴于我国目前的教学组织是以课堂教学为主，所以课堂教学设计是教学设计中运用最多的一个层次，而且从研究范围上讲教案只是教学设计的一个重要内容，因此教学设计与教案的层次关系是不完全对等的。

3.指导思想不同

教案是以课堂、教师、教材为中心的传统教学思想的体现，它的核心目的就是教师怎样讲好教学内容。教案的编写很重视对学生进行封闭式的知识传授和技能训练，强调教师的主导地位，却往往忽略了学生的主体地位，这样虽然便于学生知识的增长，却不利于他们能力的培养。

教学设计则不仅重视教师的教，更重视学生的学。怎样使学生学得更好，达到更好的教学效果，是教学设计的指导思想，所以对学习者进行特征分析是教学设计不可缺少的步骤，体现了现代教学理论的鲜明性。它强调教师主导地位和学生主体地位的辩证统一，注重学生学习能力的提高。教学设计非常重视对现有媒体的设计和充分利用，以创造良好的学习环境和学习效果，不少教师围绕媒体而展开课堂教学的设计活动。教学设计也非常重视教学目标和教学评价的设计，因而从传播学的角度上看，制定教学目标和实施评价在教学系统中分别具有前瞻和反馈的作用，是教学信息传播过程的重要组成部分。

4.元素含义不同

教案一般包括教学目的、教学方法、重难点分析、教学进程、教具的使用、课的类型、教法的具体运用、时间分配等因素，从而体现了课堂教学的计划和安排。

教学设计从理论上来讲，有学习者需要分析、学习内容分析、学习目标阐明、学习者分析、教学策略的制定、媒体的分析使用及教学评价等七个元素，然而在实际的教学工作中，我们讨论比较多的是学习目标、教学策略和教学评价三个主要元素。

下面我们对教案和教学设计的对应元素进行分析。

1.教学目的与目标

教案中的教学目的多来源于教学大纲的要求，比较抽象，可操作性差，不便于对教师进行客观评价；教学设计的教学目标可由教师依据教学大纲和学生的实际水平来制定，并要求用可操作的行为词进行描述，在认知领域一般分为识记、理解、应用三个层次。

2.重难点分析与教学内容分析

教案中的重难点分析主要由教学大纲指出，是教师上课讲解的主要内容和教案的重要组成部分；而在教学设计中，教学内容要结合学习者进行分析，有一定的系统性和连续性，分析得到的重点和难点常常是媒体设计所针对的对象。

3.教具的使用与媒体设计

教案中的教具使用比较简单，多为模型、挂图等教具，缺乏针对性和创新性；教学设计则非常重视媒体的选择和使用，而且注意使用时的最佳作用和最佳时机，有较理想的教学效果。

4.教学评价

在教案的编写过程中评价体现得不明显；而教学设计则依据教学目标对学生掌握知识、形成能力的状况作出准确而及时的评价，是教学设计中的重要环节。

通过以上分析比较不难看出，教案作为经验科学的产物仍需进一步理论化，特别是现代教育思想和现代教育媒体的日渐介入，对教案的编写工作有巨大的冲击力；教学设计虽然有了自己的理论框架，但还需要在教育实践中充实和完善。由于二者既有相同点又有明显区别，而且二者都要在教育实践中得以发展，所以在教育实践中二者很可能走上相互融合的道路。完全有理由相信拥有现代教学设计思想的教案会有着更加令人满意的教学效果。

第二章　中小学“体育与健康”课程教学设计

第一节　中小学“体育与健康”课程设计的目的和意义

“体育与健康”课程设计是教师在课程计划和标准的指导下，针对具体的教学对象和教学内容，对课堂的整个程序及具体的细节进行分析和策划，从而形成最佳教学方案的过程，这是体育教师进行课堂教学的前提条件。在实际的教学过程中，不管是常规教学还是实践操作教学，教授者课前都必须精心准备和设计教案，以便在课堂中顺利完成本次课的教学任务，达到教学目标，从而使单元计划中的各项内容有梯度、有针对性地实现最终制定的目标。

一、“体育与健康”课程教学设计的重要性

对于教学设计，目前来看存有诸多争议。尤其是一些年轻教师由于自身认识不足，产生了诸如教学设计写得好不等于课上得好，教学设计是搞形式主义，摆花架子，没有实践教学价值，教学设计是用来应付检查和考核的，既耗时又费神，是教师的一大负担等议论。上述议论显然带有片面性，甚至是完全错误的。

对于长期从事体育教学的教师来说，教学设计是一项必不可少的教学内容，是上好课的先决条件。教学设计是一项艰苦而细致的脑力工作，要花费大量时间和精力用于阅读与思考，是全部备课劳动的结晶。它在课程计划、教学大纲、教材与课堂教学之间架起一座沟通的桥梁，是一个承前启后、化静为动的枢纽。教学设计在《体育与健康课程标准》实施的诸多要素中占有举足轻重的

地位，具体地体现在以下几个方面：

首先，教学设计是实现教材及教学大纲的要求，向课堂教学过渡的必经环节，它上承教材研究和教学目标，是其发展的必然结果，下接课堂教学，是教学活动总的组织纲领和行动方案，因此它也是备课向课堂教学转化的关节点。

其次，教学设计实质上是教师为实施课堂教学而作出的具体行动计划或教学方案。有没有这个计划，计划制定得怎样，将关系到一堂课的教学效果如何，这已被大量的教学实践所证明。

最后，教学设计是教师发挥主导作用的主要表现。教学设计是一个把科学知识因素、情感心理因素、教学经验因素、传知授能因素以及对教学的内容信息量大小、教学难度等可控因素都统一起来的复合体，所以编写教案对增强教学针对性和有效性、提高教学质量、培养教师的综合教学能力都具有重要意义。

二、“体育与健康”课程教学设计的目的和意义

教学设计是教师为顺利而有效地开展教学活动进行的规划、安排与决策，根据《体育与健康课程标准》、教学大纲和教科书要求及学生的实际情况，以课时或课题为单位，对教学内容、教学步骤、教学方法等进行的具体设计和安排的一种实用性教学文书，在整个教育教学过程中具有极为重要的意义，具体表现在：

1.“体育与健康”课程教学设计是实施教学活动的基础依据

好的教学设计是保证教学取得成功、提高教学质量的基本条件。教学过程是由教师的教和学生的学所组成的双边活动过程。提高教学质量，教学取得成功，包括两个方面内涵：一方面是指对教学大纲规定的、学生必须掌握的基础知识和技能、技巧要深刻透彻地理解，并能牢固地记忆和熟练地掌握；另一方面要求学生在掌握规定的基础知识、技能、技巧的基础上，发挥学习的积极性和创造性，把所掌握的基础知识带到有关问题中去理解、去分析、去解决新的问题。要实现这样的目的，就要在授课前充分了解学生的认识规律和身心发展规律，根据教学过程的具体特点，设计出合乎客观规律性的教学方案，有的放矢地进行教学。

2.研究“体育与健康”课程教学设计有利于提高教学水平

认真对待教学设计是提高教学水平的重要方面。教师教学设计是一个研

究教学大纲、教材、教学内容、学生及教法等因素的综合过程。在这个过程中，教师不仅要研究“体育与健康”课程项目的知识体系、学生的学习状况(接受水平、心理特点和思维规律)，而且要按照大纲的精神，分析教材的编写意图和教材特点，分析教材的知识结构、体系和深广度，特别是要以整体为背景，分析各部分教材的特点，明确教材的要求、教材的重点难点，分析知识的价值功能，酝酿设计教学过程，确定教学方法。教学水平的提高，在很大程度上取决于对教材的钻研。只有下功夫，刻苦钻研，搞好教学设计，教学水平才会不断提高。

3.“体育与健康”课程教学设计有助于教研活动的开展

编写教学设计是开展教学研究、提高教学研究能力的重要方面。教学过程从某种程度上来说是通过合理的方式把以教材为主体的知识传授给学生并达到培养能力、发展智力的目的。如何做到科学合理地传授是编写教学设计的关键，这就需要教师在编写教学设计时，不断地自主探究“体育与健康”课程本身的知识系统和结构，深入研究学生的心理特征、学业水平及其认知规律，优选与教材内容和学生特点相匹配的教学方法进行施教。因此，认真编写好教学设计，对于教师的教学研究，提高教学水平无疑是很有价值的。

第二节　“体育与健康”课程教学设计概述

一、体育教学设计的概念

体育教学设计是指教师以现代教学理论为基础，依据教学对象的特点和教师自己的教学观念、经验、风格，运用系统的观点与方法，分析教学中的问题和需要，确定教学目标，建立解决问题的步骤，合理组合和安排各种教学要素，为优化教学效果而制订实施方案的系统的计划过程。

教学设计是一种教学系统中解决教学问题的特殊的设计活动，既具有设计的一般性质，又必须遵循教学的基本原则与规律。从宏观上来讲，教学设计可以是解决整个水平学段的教学目标分解、教学内容选择、教学单元安排等重要问题的方案，从微观上讲，它也可以是单指一个单元或一节课的教学构思和组织，所以教学设计是教学活动开始之前的准备工作，是对整个教学活动的计划和安排。

二、体育教学设计的特点

体育教学设计对教学内容的选择、教学方法的运用、教学时间的分配、组织形式的安排、教学评价手段的实施等都要作出明确的规定。由于这些因素的组合方式多种多样，决定了体育教学策略的复杂多变性。认识体育教学策略的特征，可以加深对体育教学策略的把握，更好地开展体育教学活动。

（一）目标指向性

体育教学设计就是为了解决现实的教学问题，如掌握一定的教学内容，实现预定的教学目标，收到预期的教学效果等。体育教学设计的这个特点体现在以下两方面：其一，体育教学设计总是指向于一定的教学目标的，而且总是满足教学目标所提出的要求；其二，体育教学设计实施过程，无论是活动的内容还是方式、程序都是指向体育教学目标的，即为达到一定的教学目标而存在。当达到一定的教学目标，完成了一定的教学任务，这一设计及其相应的手段即不再继续运用，而指向新的教学目标，进行新的教学设计。

（二）可操作性

任何体育教学设计都是针对教学目标的具体要求而制定的，具有与之相对应的教学方法的运用和教学手段的实施，它要转化为教师与学生的具体行动，即制定教学设计就是达到体育教学目标的具体的计划或方案，最终通过教师与学生的具体行动来达到教学目标，这就要求体育教学策略必须是可操作的。

（三）整体综合性

体育教学设计过程是一个科学逻辑的过程，是在教学之前，按照一定的目标和要求预先设计出来的教学方案程序。在设计过程中，相关的方法和技术以及方法技术操作的具体要求，以一定的形式组合起来。体育课堂教学以“目标—策略—评价”为主线进行活动的调控和教学方法的执行等，在此基础上对体育教学进程和师生互动方式作出全面的安排，并能在实施过程中及时反馈、调整，在组合这些相关因素时，必须对体育教学的全过程及其各要素加以综合考虑。这一特征强调的是体育教学设计不是某一单方面的教学谋划或措施，而是某一范畴内具体教学方式、措施等的系统优化组合。

（四）教学调控性

由于教学活动元认知过程的参与，体育教学策略具有调控的特征。元认知实质上是人对自身认知活动的自觉意识和自觉调节。体育教学活动的元认知就是教师对自己教学活动的自觉意识和自觉调节，教师能够掌握和控制各种教学要素，做到发现错误及时修改。根据对教学的进程及其各要素的认识反思，及时把握教学过程中的各种信息，即时反馈和调整教学进程及其师生互动的方式，加速体育教学进程。当体育教师具有了元认知能力，能自觉认识和调节教学进程时，体育教师对教学策略的运用就达到了较高的水平，教师的教学能力就相应得到提高。教学调控性表现了教师对体育教学过程的及时把握和调整，表现了体育教学活动的动态性。

（五）创造性

体育教学设计是一项极富创造性的工作，体育教师在进行体育教学设计的过程中，要根据教材和学生的不同特点、不同的教学环境条件，发挥个人的智慧，创造性地设计教学实施方案。根据体育教学的基本规律，建立起合理的体育教学目标、内容、方法的策略体系，科学地运用系统方法对各个体育教学要素及其联系进行分析和策划，该过程是自觉的、具有创造性的。

三、体育教学设计的结构

体育教学是对教学过程、内容的安排，教学方法、步骤、组织形式的选择，由于这些因素的组合方式多种多样，因此进行体育教学设计就存在着内部结构问题。体育教学设计的结构是指教学策略各组成要素之间相对稳定的联系方式、组织秩序及其时空关系的内在表现形式。一般包括下列要素：

（一）教学指导思想

教学指导思想即教学设计所依据的理论基础，它能对具体的教学策略作出理论解释，是体育教学设计的核心。每一种教学策略的制定，都必须有一定的教学观念、教学理论作支撑。在体育教学策略的制定和实施过程中，教师拥有不同的教学思想，就会采用不同的教学策略。例如，要大面积提高体育教学质量，促进学生与学生之间的互动，就可以采用群体合作教学策略。

（二）教学目标

任何一种教学设计都是指向一定的教学目标，目标是教学设计的核心要素，对其他教学要素起制约作用。无论是体育教学活动内容，还是活动细节、活动方式，或者是活动的程序都是指向教学目标的，为达成教学目标而存在。在体育教学中，教学目标不同，所采用的教学策略方法也不同。教师在进行体育教学设计时必须明确教学目标，明确通过体育教学使学生在本单元、本课时应达成什么目标，怎样去达成这些目标。对教学目标的分析，是制定和选择有效体育教学策略的关键。

（三）实施程序

体育教学策略是针对一定教学目标而相互组织起来的程序，因此有其自身的操作序列，即体育教学策略按时间展开的逻辑活动步骤。由于体育教学活动的复杂性和特殊性，体育教学策略的实施程序只能是基本的、相对稳定的，而不是僵化的、一成不变的，也就是说体育教学策略的实施程序有一定的前后顺序，主要说明主教材教学的各环节安排，其关键是主教材教学的程序，实施程序可以随着教学条件的变化以及教学的进程及时调整和变化。

（四）教学反思与评价

教学设计首先能够促使教师去全面地思考教学，同时在教学元认知能力上有所提高，只有这样才能够真正体现教师与学生共同发展的教育目的。教学反思评价是教学设计过程的最后一个环节。在教学结束后，需对教学设计的方案作出反思评价，通过对体育教学过程进行反思找出存在的问题，评价体育教学设计的有效性和可行性，根据获得反馈信息进行修改与调整。

教学设计是创设的教与学的系统，这一系统包括开发、设计、利用和评价四个方面。在时间上，教学设计分为三个时间段，即课前的准备设计、课中的再次设计和课后的反思性设计修正。具体见图 2-1。因此，体育教学设计除了包括教材分析、学情分析、教学目标制定、策略制定和过程设计以外，最后应该对体育教学设计进行反思评价。一般通过两条途径进行：一是在设计完成之后设计实施之前，对自己的设计进行诊断，这样能够帮助教师在设计实施过程中更好地应对各种教学事件，更好地在教学活动中进行设计的二度创造。二是在教学活动之后进行教学设计的反思评价，目的在于总结设计的得与失。因为任何一个设计都是为了更好地帮助教师在教学活动中达成教学目标，完成教学任务，况且设计与实践活动本身会存在一定的误差，理论上再合理的设计只有经过实践检验才能真正有效。

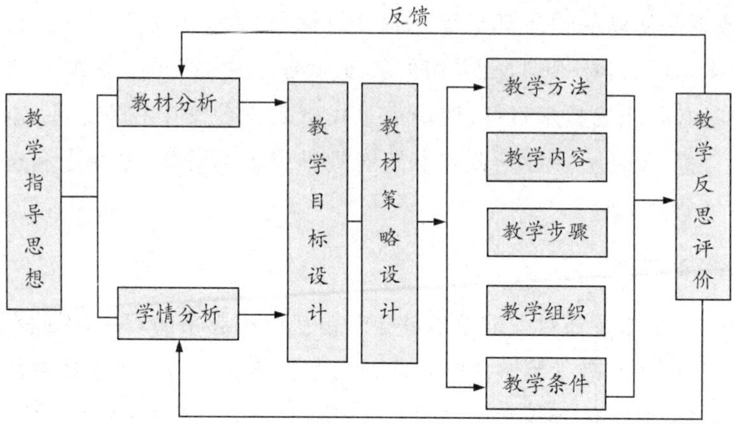

图 2-1　体育教学设计基本结构

四、体育教学设计的原则

体育教学设计的过程实际上就是为教学活动制订教学方案的过程。通过对教学设计的制定，教师可以对教学活动的基本过程进行整体的把握，可以根据教学情境的需要和学生的特点确定合理的教学目标，选择适当的教学方法、教学策略，采用有效的教学手段，创设良好的教学环境，实施可行的评价方案，从而保证教学活动的顺利进行。同时，教师还可以有效地掌握学生学习的基础状态信息和教学过程的信息，从而及时调整教学策略、方法，采取必要的教学措施，为下一阶段的教学奠定良好基础。所以教学设计是保证体育教学活动顺利进行的基本保证。良好的教学设计可以为教学活动提供科学的行动纲领，加速体育教学进程，取得良好的教学效果。

（一）系统性原则

体育教学设计是一项系统工程，它是由教学目标和教学对象的分析、教学内容和方法的选择以及教学评估等子系统所组成。各子系统既相对独立，又相互依存、相互制约，形成一个有机的整体。同时，教学设计应立足于整体，每个子系统应协调于整个教学系统中，通过精心创设的教学系统为学生提供最有利的学习条件，追求整体优化。从整体与部分、整体与环境之间的相互联系、相互制约中选择解决问题的优化方案，达到体育教学系统的整体优化。

（二）程序性原则

体育教学设计是一项操作程序工程，各体育教学要素的排列组合具有程序性特点，即各子系统有序地呈等级结构排列，且前一子系统制约、影响着后一子系统，而后一子系统依存并制约着前一子系统。根据教学设计的程序性特点，教学设计中应体现出其程序的规定性及联系性，确保教学设计的科学性。

（三）可行性原则

体育教学设计的根本目的就是为达到教学目标提供最优的教学方案，要达成这一目标，必须具备两个可行性条件：一是符合主客观条件，主观条件应考虑学生的年龄特点、已有知识基础和师资水平，客观条件应考虑教学场地设施、地区差异等因素；二是具有可操作性，教学设计应具有实践操作性，在进行教学设计时，应因地制宜，从学校的实际情况出发。

（四）反馈性原则

教学效果检测应以教学目标达成情况和教学过程前后的变化的测量为依据，测评教学效果的目的是为获取反馈信息以修正教学设计提供依据，在体育教学过程中教学效果的检测要及时、到位，教师应保持通畅的师生双向沟通渠道，因为只有借助评价和反馈，教学系统本身才能得到不断改进，教学效果才能得到不断优化。

第三节　“体育与健康”课程教学设计的撰写

一、教学设计的一般格式

1.教学内容。

2.指导思想。

3.教材分析。

4.学情分析。

5.教学目标。

6.教学重点、教学难点。

7.教学方法。

8.教学流程(一般采用表格式)。

9.教学评价。

10.关注个体差异。

11.场地器材。

12.课程思政(德育渗透)。

13.课后小结。

二、教学内容

教学设计首先要明确课的教学内容。教学内容一般分为主教材和辅助教材两部分。主教材部分的教学内容是直接指向本节课的课题的,辅助教材的内容则是为主教材服务的,或是为提升主教材的。辅助教材部分可以放在主教材之前,也可以放在之后。

三、明确指导思想

教学指导思想就是体育教学的行动指南、教学设计意图和整体思路。以《体育与健康课程标准》基本理念为依据,围绕体育核心素养的理论,把这种思想、理论和体育教学密切结合起来以达成教育目标。在"体育与健康"课程改革的条件下,进行既符合"体育与健康"课程理念,又符合体育教学实际和学生身心发展的新型体育教学设计,指导思想是体现课程教学的灵魂。

1999 年 6 月,《中共中央、国务院关于深化教育改革 全面推进素质教育的决定》中明确地指出:学校教育要树立"健康第一"的指导思想,切实加强体育工作。2001 年 6 月,《国务院关于基础教育改革发展的决定》也明确提出基础教育要贯彻"健康第一"的思想,切实提高学生体质健康水平。目前,全面贯彻"健康第一"的指导思想在新的体育课程改革中已深入人心,在绝大多数体育课中,尤其是参评课和展示课,都以身体锻炼为主要手段,合理地安排课的练习密度和运动负荷,注重发展学生的体能,并力求将身体健康、心理健康、社会适应的"三维健康观"与教学内容、教学方法和教学评价的改革联系起来,取得较好的教学效果。

2021 年 6 月 23 日，教育部办公厅印发了《〈体育与健康〉教学改革指导纲要（试行）》。其指导思想是：以习近平新时代中国特色社会主义思想为指导，全面贯彻党的教育方针，落实立德树人根本任务，树立“健康第一”教育理念，深化体育教学改革，强化“教会、勤练、常赛”，构建科学、有效的“体育与健康”课程教学新模式，帮助学生掌握一两项运动技能，促进中小学生运动能力、健康行为、体育品德等核心素养的形成，为实现“健康中国”“体育强国”作出体育学科的贡献。

四、教材的分析

教材是完成教学任务、实现教学目标的主要载体。体育教材是体育教学过程中具核心意义的要素。在教学设计层面，教材分析是重要的环节，直接关系着教师的教和学生的学。教材分析就是根据所教的内容，针对教学目标，综合学生认知结构、知识掌握、运动技能、增强体质交互作用的形式、特点和规律，从学习结果类型（概念、技术过程、运动原理、问题解决等）、学习形式以及运动技术结构，对学生体育学习能力因素及非智力因素等方面去进行学习重点、难点的分析。

具体来讲，进行教材分析应注意以下问题：

1.着重分析教材中蕴含的育体、育心功能，尽力挖掘其内涵价值，既要注重《体育与健康课程标准》的要求，也要关注学生现有发展水平。即体育教学教什么、为什么教、用什么来教、教到什么程度等，都需要在教材分析中有一个较为明确的呈现。

2.简要说明某类（或某项）教材在同类（或同项）学习内容知识技能环节上所处的位置。要在全面了解所选教材的前提下，深入分析其依据、方法以及与学生对应的目标。

3.精准地把握教材动作原理，明晰地提炼出教材重点环节。同时，还应简要分析本课前的教材处理状况和本课重点把握的部分为后续课程教学内容所做的铺垫。

4.要明确学生必须掌握的知识技能点，能提炼教材中最精要的东西，深度挖掘或扩大其功能，并试图创造性地使用教材，因此需要教师取舍、鉴别、创新、拓展。

五、学情的分析

体育教学计划的制定和教学设计的撰写需要了解与分析学生，我们称之为“学情分析”，其中的学情包括学生的兴趣、身体素质、运动基础、特殊群体等方面内容。

学情分析是制定教学目标首先要考虑的因素，是建立以学生为主体的体育课堂教学的前提。要达到教学效果的最优化，必须重视对学生学习需要的分析。分析学生是为了帮助学生解决学习中的难点，达到教学目标。从学生实际出发，对学生学习心理、思维障碍和表现与成因进行分析，要结合学情考虑学生在学习此教材时所需的知识储备、思维特征、迁移能力、心理特征、学习态度和方式以及学生的身体素质对所学教材的影响等。在分析时，可依据教学理论去思考为达到教学目标，学生需要做好哪些学习准备，教师需要为学生提供哪些学习帮助。主要包括以下几点：

1.学生基本信息的分析

学生基本信息包括学生的年级、班级、人数、性别等基本固定的信息，这些信息对组织教学工作将提供重要的参考，从中可以了解学生在此阶段的身心发展的特点。学生人数对于分组、选择教学方式以及场地器材的准备与布置将起着重要作用。而性别在教学内容的选择上以及组织形式上都起着重要作用。对学生基本信息的分析，需要做到客观、到位、准确，因为不同的学生其基本信息不同，教学内容选择、教学方法确定、教学组织形式的安排等都有着一定的差别。在分析时，除了就此类信息而论以外，还有必要与体育课程标准、教材内容等关联起来分析，这有助于教师在确定课时目标和内容方面做到重点突出，有针对性。

2.学生体育学习兴趣的分析

学生体育学习兴趣是进行学情分析的重要方面，要了解所带班级学生在体育方面有何兴趣，兴趣达到了哪种程度。在对学生的体育兴趣爱好进行分析的时候，还需要与教学内容相联系，要了解他们的兴趣是否与所教内容相同或相近，全班学生的兴趣爱好是否一致，有何分歧。就本次课而言，对此项教材有兴趣、喜爱的学生有多少，具体是哪些学生，进而分析兴趣爱好的来源，是源于课堂教学的学习，还是源于课外活动的积累，还是学生间的相互影响等。掌握了兴趣及其来源，教师在安排教学工作时，就会及时调整教学策略，确保学生兴趣在课堂教学中发挥其正向作用。

3.学习困难学生的分析

体育教学中有时候班级里会有学困生，如体育基础较差、体弱多病的学生，有的是偶发伤病需要见习的，有的是体育技术差的，等等。在学情分析中如果忽略对这类学生的分析，就显得不够全面，同时，教学设计也会有所欠缺。例如，有些教材对于学困生来讲完成起来难度较大，需要教师或同伴的帮助，给予特殊照顾。在进行学情分析时，就要对该类学生的组织练习形式有特殊的考虑，只有这样才能为促进全体学生的发展提供保障和可能。

4.学生预备技能、目标技能分析

对学生预备技能与体育基础的分析，即了解学生对新教材内容所需的相关知识和技能的掌握情况，这是学习新教材的基础。对学生目标技能的分析，即了解学生是否掌握或部分掌握了教学目标中要求的知识与技能，这有助于我们在确定课时目标和内容方面做到重点突出，有针对性。在进行某项教材教学时，有时教学班级里会有一些学生有一定的技术基础，有的身体素质条件较好，在进行学情分析时，就需要提到这样的学生，以便在组织教学过程中提出不同的目标要求，同时有助于发现这些学生并有意安排他们辅助教学，而对于体育基础较差的学生在教学中也需区别对待。

六、教学目标层次表述的清晰化

新《体育与健康课程标准》摒弃了旧《纲要》“增强体质与提高运动技能”的单一教育理念，把“健身性与文化性、选择性和实效性、科学性和可接受性、民族性和世界性”有机结合，相互渗透，融贯一体，拓宽了体育学习和应用的领域。以运动参与、运动技能、身体健康、心理健康、社会适应等五个领域为重点，要求学生“学会健体”，凸显了新课程资源观，反映了体自知识增长因素及趋势与社会的整体性和生活性的关怀。在目标上，从过去单纯地强调“三基”教学，转化为在知识与能力、情感与态度、学习和教育、生活与运动、过程与方法等体育课程显性和隐性的两个方面的综合，体现了体育学科教育的整体性。

(一)体育教学目标的改革

1.享受乐趣

在体育教学活动中注重增加游戏与比赛等竞争要素,让学生在体育锻炼中享受竞争与表现的乐趣,实现从激发兴趣到形成志趣、享受乐趣的层层深入。通过组织游戏、增加竞赛、丰富内容、鼓励自主等方式,提高学生锻炼的积极性、主动性、自觉性和持久性,帮助学生有效锻炼、掌握技能、提高能力、体验成功,使其真正能够乐在其中。

2.增强体质

重视在体育教学中强化锻炼、增强学生体质,要加强"勤练",在基本运动技能的锻炼中不断发展学生的速度、力量、耐力、柔韧、灵敏、协调、平衡等身体素质。要根据不同年龄、性别、教材、课型、场地、气候等科学安排运动强度,合理设计练习密度,针对学生素质发展敏感期合理组织学、练、赛,科学推进基本运动技能"课课练"活动。要通过高质量组织课堂教学,课内外相关联开展人课间、课外体育活动、校外体育锻炼等,有效增强学生体质。

3.健全人格

通过在体育教学过程中渗透社会主义核心价值观教育,培养学生的爱国情怀、社会责任感和良好的个人品质。全面把握体育的"育体、育智、育心"综合育人的价值,通过全员参与的体育竞赛活动,培养学生的集体荣誉感,塑造活泼开朗、与人为善、团结协助、遵守规则等良好品格,促进学生身心健康与人格健全。

4.锤炼意志

通过体育课、体育训练和体育竞赛活动培养学生不畏困难、不怕吃苦、不惧失败的意志品质。精心设计有一定强度、难度的运动技能学习,培养学生吃苦耐劳、坚持不懈等优良品质,要通过组织教学比赛和竞技比赛,不断培养学生顽强拼搏、积极进取、勇敢坚毅等坚强意志。

(二)体育教学目标的确定

美国教育家布鲁姆把体育教学目标划分为知识、技能技术、情感三个领域,并进行了学习水平的分层(见表 2-1)。体育教学目标的确定,要根据《体育与健康课程标准》的要求,从上述三个领域分别进行选择和确定。

表 2-1　　知识领域学习的分层

学习水平 （学习结果类型）	含义
记忆	能回忆、记住动作要领和相关知识
理解	1.能理解动作要领和有关知识； 2.将有关知识从一种形式转换成另一种形式
简单应用	将已知的有关知识运用到新教材中去，解决简单问题
复杂应用	运用已知的知识解决复杂问题

（三）教学目标编写的具体方法

课时教案中的教学目标是教学活动实施的方向和预期达成的结果，是一切教学活动的出发点和最终归宿点。所以，在制定教学目标的过程中必须根据计划中的目标进行科学、合理的撰写。

在教学目标的表述上，要将心理描述和行为目标相结合，使教学目标的完备性与操作性都得以体现。教师在确定体育课时目标时应考虑以下四个要素：

(1)行为主体(Audience)：行为主体是指作为学习行为实施者的学生，而不是指预设学习结果的教师，即目标是为学习者制定的，所以规范的目标表述应是“学生能够（应该、完成）……”虽然我们在书面表述时常常省略“学生”二字，但不应忘掉行为主体是学生，不应写成“培养（开发、拓展）学生……”或“教师教给……”等。

(2)行为动词(Behavior)：用以表述学生所形成的可观察、可测量、可评价的具体行为。如“能做出”“模仿”“比较”“记住”“说出”“复述”“掌握”“接受”“配合”“参与”“练习”“帮助”“评价自己和他人”等。

(3)行为条件(Conditions)：是指影响学生产生学习结果特定的条件限制或范围。如“通过游戏……”“练习 3 次后……”或“小组看图讨论后……”等。

(4)表现程度(Degree)：是指学生对目标所达到的基本水准，用以衡量或评价学习表现或学习结果应达到的程度。如“90％的学生……”“说出五项……”或“会三种……”等。

为使制定的课时目标能够直接指导体育教学，不产生歧解，且便于检测评价，就必须确切地表述教学目标。要把可随意推论的动词换成对学生的行动能直接观察的外显性行为动词，明确地规定学什么，学到什么程度。具体来说，尽可能地把可随意推论的动词转换成对学生的行动需作直接观察的行为动词，以明晰地表述预期结果的外显变化。有时还需要描述所期待的行为发生的重要条件，指明规定动作必须精确到什么程度。例如，“通过本次课的学习使学生初步掌握原地侧向推铅球技术”，这一教学目标是不明确、不具体、不规范的。学生完成到何种程度算作是“初步”掌握了呢？教师在课后怎样评价本次课的教学效果呢？它的直接缺陷就是对教学结果的测量受到限制。再如，把小学沙包投准教材的教学目标确定为“提高学生的投准能力”。这样的目标是进行检查评价的，学生根本无从把握。我们可把这一目标改为“用沙包向 8 米远直径为 1 米的地面目标投准，命中度一级指标为 70％以上，二级指标为 60％，三级指标为 50％”。让学生根据自己的能力，选择不同级别的目标。这样的目标非常明确具体，每一个学生一经选定，都能积极主动、认真负责地做好每一次练习。

上述介绍的方法也同样适用于体育情感学习目标的编写，但是为情感领域的教学编写具有可测量性特点的教学目标非常困难。因此，只能通过学习者的言行表现（可观察）来间接推断学习目标是否达到，即把学习者的具体言行看成是思想意识的外在表现。例如：“学生进行鱼跃前滚翻练习时，乐意多次重复练习，并对自己技术水平的提高感到高兴，愿意表现自己的能力。”这样的表述，就能通过具体的学习行为对学生体育学习的兴趣和学练中的情感体验进行观察和判断，比“培养学生的学习兴趣”或“培养学生学习的积极主动性”的表述更具有可测量性。所以，对情感学习的目标可以通过列举一些具体的学习行为进行表述，以便使目标具有可测量性、可评价性。又如“培养学生热爱集体的态度”这类教学目标，可通过列举下列几方面的具体行为来判断学生是否“热爱集体”：乐意和其他同学一起学习，积极参加小组的各项学习活动，主动承担小组长布置的任务，协助其他同学完成学习任务，帮助学习有困难的同学，等等。在这些具体的言行上，当学习者表现出积极持久的姿态，即所谓的“接近意向”，即说明他们树立了集体的观念。反之，如表现出消极或反对的情绪（即“回避意向”），则说明没有培养起“热爱集体”的态度。因此，可以用学生的“接近意向”来说明其学习目标的达成，但达到了什么程度，尚难以测量确定。

一般而言，提出情感学习目标中的主体要求比较容易，但从哪些具体方面衡量判断目标是否达到，则需要我们认真研究。有的学者建议可以从以下几个方面测量学习者的接近意向：学习者表示喜欢这类活动，在各种活动中，学习者选择参加这类活动；学习者带着热情参加这类活动(愿意承担义务、遵守有关规定等)；学习者很有兴趣与他人讨论这类活动；学习者鼓励他人参加这类活动。情感学习的目标有了这些具体的行为指标作为判断依据，其可操作性无疑会得到加强。因此，在具体表述体育学习的情感目标时，教师应根据具体的体育教材特点确定相应的学习行为，尽可能采用具有可观察性甚至可测定性的行为动词，以加强情感目标的可操作性。

(四)学校"体育与健康"课程目标

1.学校体育目标

学校体育目标包括：有效地增进学生的健康；使学生能较为熟练地掌握体育与健康知识和运动技能；培养学生的运动兴趣和坚持锻炼的习惯；培养学生良好的心理品质，提高人际交往的能力与合作精神；提高学生对个人健康和群体健康的责任感，形成健康的生活方式；形成积极进取、乐观开朗的生活态度；提高少数学生的运动技术水平。

2.中小学校"体育与健康"的分目标

(1)"体育与健康"课程目标

"体育与健康"课程目标是学生通过体育课程的学习应达到的目标、学习方面(领域)目标、水平目标的总称。体育课程目标明确提出了通过体育课程学习，学生应在哪些方面发生什么样的变化。

①义务教育阶段"体育与健康"课程目标

2011年教育部颁发的《义务教育体育与健康课程标准》中提出的课程目标是：掌握体育与健康的基础知识、基本技能与方法，增强体能；学会学习和锻炼，发展体育与健康实践和创新能力；体验运动的乐趣和成功，养成体育锻炼的习惯；发展良好的心理品质、合作与交往能力；提高自觉维护健康的意识，基本形成健康的生活方式和积极进取、乐观开朗的人生态度。

②高中阶段"体育与健康"课程目标

2003年教育部颁发的《普通高中体育与健康课程标准(实验)》中提出的课程目标是：提高体能和运动技能水平，加深对体育与健康知识和技能的理解；学会体育学习及评价，增强体育实践能力和创新能力；形成运动爱好和专长，培养终身体育的意识和习惯；发展良好的心理品质，增强人际交往技能和团队意识；具有健康素养，塑造健康体魄，提高对个人健康和群体健康的社会责任感，逐步形成健康的生活方式和积极进取、充满活力的人生态度。

(2)“体育与健康”课程学习方面(领域)目标

①义务教育阶段“体育与健康”课程学习方面(领域)目标内容

运动参与目标：参与体育学习和锻炼；体验运动乐趣与成功。

运动技能目标：学习体育运动知识；掌握运动技能和方法；增强安全意识和防范能力。

身体健康目标：掌握基本保健知识和方法；塑造良好的体型和身体姿态；全面发展体能和健身能力；提高适应自然环境的能力。

心理健康与社会适应目标：培养坚强的意志品质；学会调控情绪的方法；形成合作意识与能力，具有良好的体育道德。

②高中阶段“体育与健康”课程学习方面(领域)目标内容

运动参与目标：使学生有规律地参与体育锻炼，并将体育活动作为生活中不可缺少的组成部分；掌握科学的锻炼方法，强调学生对科学锻炼身体的理论与方法的掌握与应用。

运动技能目标：获得和应用运动的基础知识；提高运动技能水平，增强运动技能的运用能力；具有安全地进行体育活动的能力。

身体健康目标：具有安全进行体育活动的能力，提高预防疾病的意识和能力；理解营养、环境和生活方式对身体健康的影响，形成健康的生活方式，改善身体健康状况。

心理健康与社会适应目标：培养积极的自我价值感；提高调控情绪的能力；形成坚强的意志品质；具有预防心理障碍和保持心理健康的能力；提高预防和消除心理障碍的意识和能力；学会通过科学的体育锻炼预防或消除心理障碍，能在日常生活中自觉地运用体育活动预防或消除心理障碍；具有和谐的人际关系、良好的合作精神，能够表现出良好的体育道德、团队意识和行为；具有积极的社会责任感，了解个人参与体育与健康活动的权利和义务，在体育与健康问题上表现出有责任感的社会行为，关心社会的体育与健康问题。

在制定学习方面目标的基础上，根据学生的不同年龄与年级特点，义务教育阶段划分为“水平一”(一至二年级)、“水平二”(三至四年级)、“水平三”(五至六年级)、“水平四”(初中)4 个水平,并具体制定各水平的具体目标。

(3)体育教学(学习)目标

体育教学(学习)目标是指预期的学生学习结果或学习活动预期应达到的标准和在体育教学的实际情景中产生的学习结果。体育教学目标一般包括年级学习目标、学期学习目标、模块学习目标、单元学习目标和课时学习目标等。

(4)课外体育活动目标

课外体育活动目标是指学生利用课余时间参与各种形式的课外体育活动预期实现的体育锻炼、娱乐休闲的学习结果。课外体育活动目标一般包括早锻炼目标、大课间体育活动目标、课外班级体育活动目标、体育俱乐部活动目标、校外与家庭体育活动目标等。

(5)课余体育训练目标

课余运动竞赛目标是指预期部分具有一定运动潜能的学生通过较长时间的、系统的课余体育训练达到的结果。

(6)课余体育竞赛目标

体育竞赛目标是指预期以全体学生为对象,通过形式丰富、内容多样、小型灵活的,具有教育性、参与性、文化性、多样性的校内体育所得到的结果。

无论是从体育课永不变的“锻炼青少年的身体”“学习用于健身和娱乐的运动技能”和“利用体育的教材特性优化青少年的品行”的使命来看,还是从实现学校“体育与健康”课程学习目标中运动参与目标、运动技能目标、身体健康目标、心理健康与社会适应目标的思维目标上讲,大单元教学设计都赋予了体育课程的四维目标。但反思现有的中小学体育教学和现有的单元教学,往往没有从体育课四维目标的视角去设计教学和单元,或只是简单地完成了某个教材教学,或只是仅仅达成了某个目标。其原因可能是对体育课的四维目标不理解,所以在设计和教学中难以体现和执行;也可能是因为教师习惯了教教材,因此现实中更多地囿于教材单元;还可能是因为每个维度的目标过于抽象,缺乏具体的解释,难以转化为实际操作,所以难以将课程目标借助具体的运动技能转化为具体的目标。另外,如果教师缺失对目标的思考和理解,就难以运用系统的整体原理编排教材、整体备课和设计单元,确保每个教材、每个单元的技术点、知识点和渗透点不再零散,从全局、全面的视角通盘考虑形成一个“目标链”。

七、重难点的把握

(一)重点

所谓"重点"是指教材中最基本、最重要的核心部分，是学习后续内容的基础，具有常用性和应用性。体育课教案中的重点的含义包括教材的重点和体育课的重点。

1.教材的重点

教材的重点指身体练习的主要部分，即某一个身体练习的技术关键或技术环节的重要连接部分。教材的重点是客观的，它不以学习对象的不同而改变。例如，跳远教材的重点就是助跑与起跳的结合。

2.体育课的重点

体育课的重点是指一节课的主要任务或主要教材。一般而言，短短的一节体育课不可能面面俱到地完成所有教学任务，它仅是学期或单元教学计划的一个组成部分，因此，一节体育课应该有一个重点。在体育教学中，体育课的重点一般是新、难、险的教材及其要达到的教育目标。例如，前滚翻的重点就是滚动圆滑。

(二)难点

所谓"难点"，包括两个方面：一是学生学习困难和难以掌握的内容；二是学生容易出错或混淆的环节。

教材的难点具有主观性，它不仅与教材有关，更与学生的心理、学习能力、身体素质等有关，它是针对具体的学生而言的。例如：背越式跳高教材从难点的角度出发，有些学生可能是起跳与助跑的结合掌握不好，从而影响了整体技术的提高，也有些是杆上背弓做不好，等等。不同的学生有不同的难点，每个难点都有不同的形成原因，所以突破教学中的难点要针对学生的困难所在采取措施。如果是学生缺乏感性知识，应加强直观教学。如果是学生身体基础条件差，应注意安排发展体能的练习。如果是动作难度大，则应进行分解教学，分为几个部分或步骤以便于逐步掌握，难点过于集中，可以适当分散。

八、教学方法的选择

体育教学方法是指向学生传授知识技能所运用的演示、器材、身体的活动形式以及手段、途径等，意在提高学生的综合素质。在现代体育教学中，为了获得理想的教学效果，强化学生身体素质，培养学生体育意识，教学方法的选用是非常重要的。目前，我国教学改革正处于关键时期，如何科学合理地选择教学方法是广大基层教师需要考虑的一个重要问题，它直接关系着教学实践所能取得的效果。

1.体育教育教学中比较常用的几种方法

在长期的体育教学中，形成了几种比较普适的教学方法，这些方法被广泛地应用于体育教学实践中。

(1)直接感知的体育教学方法

直接感知教学法是指教师通过动作示范、器材演示等形式使学生直接感知到体育运动的技能，从而掌握相应的知识和技巧。教师采用该方法进行教学的过程中，一定要将体育动作技术的关键点和难点清楚地展现出来，帮助学生更好地掌握要领，同时避免错误的发生。在新时期下，运动技能展现的方式变得更加丰富。如通过多媒体设备播放预先录制的视频，其优势在于可以反复播放，帮助学生纠正练习过程中出现的错误，加深学生的理解和认知。此外，对于一些难以短时间掌握的复杂动作，视频演示同样具有优势，学生可以反复观摩直至掌握为止。

(2)基于语言传递的体育教学方法

基于语言传递的体育教学方法就是指传统的口头讲授。为了将体育理论知识深入浅出地讲述出来，使学生们明确理解掌握，要求教师在课前对教学内容进行深入挖掘并理解透彻。在实际教学中，教师讲解的方式方法决定了信息传递的效果。传统教学中枯燥乏味的知识讲解很容易使学生产生厌倦心理，进而影响到教学效果。而将知识生动形象地讲述出来对于大多数体育教师来讲是一个不小的挑战，因此应特意选择一些小技巧，如提问题设置悬念，引导学生思考等。

(3)基于身体练习的体育教学方法

基于身体练习的体育教学方法包括分解练习、完整练习和重复练习等多种形式，该方法的应用意在帮助学生对体育动作技能进行牢固的掌握。其中分解练习是将一套完整的动作分解为多个小节，通过练习熟练掌握各小节的动作，之后将其合并为一整套动作，这样可以降低练习难度。完整练习则与之相反，是将整套技术动作从开始到结束进行完整的练习。相较而言,分解练习虽然效率更高,但是在各节段的衔接部位可能会出现问题。

(4)基于情境、竞赛活动等形式的教学方法

基于情境、竞赛活动等形式的体育教学方法在培养学生运动兴趣、调动学生学习积极性方面具有显著的优势,因为这种方法可以有效激发学生的情感投入,使其感受到体育运动的趣味性和魅力。在实际教学活动中,以游戏为载体开展教学活动是最常见的一种形式,丰富有趣的游戏活动可以使学生的主观能动性得到充分发挥,促进教学目标的达成。除此之外,竞赛法也是常用的形式,这种方法可以激发学生的求胜欲,使学生的潜力在比赛规则内得到最大限度的挖掘,同时使学生的运动技能在实战中得到充分锻炼。但需注意的是,竞赛法由于运动强度较高,因此对学生运动技能的熟练度有一定的要求,否则容易出现损伤。此外,教学载体的选择也要做到灵活合理,充分满足学生的需求。

2.体育教学方法选择的思路

教学方法的选用是以完成教学任务、达成教学目标为目的,也就是说教学方法的选用必须服务于教学目标。在体育教学中,教学方法与教学内容存在紧密联系,所选择的方法必须能够将教学内容完整清晰地呈现出来。不同教学方法既具备优势也存在劣势,不可能适用于所有情况,这就需要教师针对不同的教学内容、目标对教学方法进行合理选择,如此才能取得最理想的教学效果。总体来讲,教学方法的选择必须从其本身特点出发,对教学内容、对象、条件等众多因素进行综合考虑。

(1)根据教学目标进行选择

教学目标的构成要素十分复杂,涉及知识、思想品质、体质、智能等多方面的内容,针对不同的教学目标应选择不同的教学方法,如此才能促进教学目标的顺利达成。例如:如果是以提升学生知识水平为目标,成效最高的方法就是讲授法;若是以培养学生体质为目标,则应付诸实践,这时候就需要更多地引导学生亲身参与到体育运动中去。

(2)根据教学内容和对象进行选择

针对不同的教学内容和对象,所选择的教学方法也应体现出一定的差异性。例如:在进行理论知识教学的过程中,应利用讲授的方法。考虑到单纯口语讲授的乏味性,可以在其中适当地掺杂一些实际案例,辅助学生对知识进行

理解掌握；而在运动技能教学中，则不适合采用讲授法，而应采用直接感知的示范教学，辅助身体等其他方法，如此才能使学生的运动技能和身体素质获得同时加强。对于较复杂的动作，则应采用分解教学法，教师可以将技术动作分解为多个小节，并按照个人技术情况对学生进行合理分组，通过学生之间的相互扶助做到共同提升。

(3)教学方法的合理组合

在现代体育教学中，教学方法的应用不存在类别、数量的限制，即为了获得更加理想的教学效果，可以结合实际情况对多种方法进行组合应用，使其形成优势互补，更好地服务于教学活动。在选择时，应充分考虑各个方法之间存在的内在联系，从而形成严密的教学方法结构，发挥综合效应。换而言之，不能对教学方法进行机械的拼凑，否则不仅无法形成合力，反而会彼此冲突，造成教学时间的浪费。

3.体育教学方法选择的有效策略

教学方法的合理应用可以促进体育教学效率和质量的提升，使学生在掌握体育知识和运动技能的基础上，培养其对体育锻炼的兴趣，逐渐形成终身体育意识。在教学改革的背景下，教师所采用的教学方法应与时俱进，和教学发展趋势以及广大学生需求相适应，更好地作用于体育教学，促进学生综合素质的提高。

(1)以学生兴趣为导向开展体育教学

对于学生而言，兴趣是推动其参与学习的重要动力之一，良好的兴趣有利于学生自主学习意识的发挥，激发其创造力。引申到体育教学中，教师应该以更加丰富的内容和形式激发学生对体育的兴趣。例如，在教学过程中设置游戏、借助多媒体进行演示教学、引入专业的体育器材等，这样可以使学生保持对体育教学的新鲜感，营造良好的学习氛围，引导学生积极参与。

(2)推动教学方法的多元化发展

在现代体育教学中，单一的教学方法所发挥的作用已经十分有限，对此，教师可以对多种教学方法进行多元化组合，这样做可以使教学方法的应用更加符合教学活动的需求。比较常见的形式有身体练习方法和游戏教学法的融合、分解练习与完整练习的结合、反复练习法和竞赛教学法的结合。上述多种方法的融合可以起到相互促进的效果，消除劣势，同时将其存在的优势最大限度地发挥出来。

(3)推动理论教学和实践教学的有机融合

长期以来,我国体育教学都存在理论、实践相互脱离的问题,以至于学生对体育学科往往不具备一个明确的概念认知。对于这种情况,在教学中必须将理论和实践进行有效衔接,促进学生体育素养的有效提升。在具体教学的过程中,教师可以在运动技能传授的过程中适时地插入一些理论性知识或是注意事项,为运动技能搭建翔实稳固的理论基础,促使学生将理论知识落实到实践中,为体育锻炼的正确开展提供依据。

(4)引入现代化信息技术

在现代体育教学中,信息技术在许多方面均可发挥有效作用。例如,在动作讲解过程中,可以采用多媒体视频展示的方式替代传统教师讲解,这样可以对一些重点、难点内容进行反复播放展示或是进行慢动作分解,帮助学生更好地掌握。再如,利用一些信息化器材对学生的身体状况进行测量,帮助学生制定科学合理的体育锻炼计划。

体育教学在新时期受到了越来越多的关注,为了提升体育教学效果,应根据新时期教学内容、目标以及学生的实际需求合理选择教学方法,提高教学效率,促进学生运动技能和身体素质的共同发展。

九、教学流程

根据教学目标、教学重点与难点合理确定课程的教学设计。教学流程基本分为三大部分:准备部分、基本部分和结束部分。准备部分是为了让学生在从事体育项目时避免心理、生理上的准备不足而对学生造成身心方面的损伤。不同的体育项目对学生身心方面的要求也不同。基本部分是体育课中的教学目标完成的最关键的部分,关于主教材和辅助教材的教学流程、组织教法、时间安排和频次等都在基本部分有详尽的体现。结束部分主要包括放松活动的安排、本堂课的总结以及清点和回收器材等。

十、教学内容的练习时间、次数安排的合理化

在体育课中的练习时间也称“延续时间”,是为了完成某一个练习所需要的全部时间,时间的长短与练习的效果和体能的负荷有直接的联系。练习次数是为了完成某一个练习内容所安排的练习数量,练习次数的多少同样与练习效果

和体能的负荷有直接的联系。所以在体育教学过程中,练习内容的时间及次数的安排影响着整堂课的动作学习的质量及目标的达成度。比如,在一份执教者的教案中看到,开始部分安排的内容分别是队列队形练习和"找朋友"游戏。安排练习时间分别是2分钟和3分钟。练习的次数分别是3～4次和1次。通过课堂中的实际观察和计算练习次数和时间,内容1练习2次,用时30秒,内容2练习1次,用时1分钟。又如,在基本部分两人一组的换位运球("石头剪子布")游戏中标注着练习时间是2分钟,次数5次。但是从实际的距离(以前后学生2.5米左右为例,四列横队站立)、练习时间及次数计算出学生的练习时间为45秒左右,练习次数为3次。通过测算,学生的练习时间、次数与教案中制定的数据出入较大。

十一、教学评价

体育教学评价是依据体育教学目标和体育教学原则,对体育的"教"与"学"的过程及其结果所进行的价值判断和量评工作。

体育教学评价贯穿教学目标确定、内容选择、组织实施的各个环节,目的是及时修正体育教学目标、解决体育教学中出现的问题以及实现体育教学资源的合理配置与组合,追求最佳效果和目标的达成,是一项实践性与操作性较强的工作。

体育教学评价内容包括:

(1)教师对学生成绩的评定。

(2)教师对学生的鼓励与反馈。

(3)学生的作为评价。

(4)学生的相互评价。

(5)教师的自我评定。

(6)教学研究和评课。

(7)学生的评教活动。

(8)教学反馈。

(一)体育教学中对学生评价的重点

1.教师对学生学习效果的总结性评价

这种总结性评价包括以下几个方面:

(1)运动技能:特长、技能面、体育锻炼知识。

(2)运动参与:积极态度、爱好。

(3)身体健康:病假率、体适能。

(4)心理健康和社会适应:开朗性格、集体融入度。

2.教师对学生学习的过程性评价

这种过程性评价包括学生的学习目标、参与程度、拼搏精神和学习效果等。

(二)体育教学中对学生都适用的评价方法

教学评价作为一种价值判断活动,是教师最常用的教学技术之一。在教学中,对学生的学习表现、学习结果、学习方法、学习习惯等作出判断,使之对学生的学习产生导向、鼓励、批评、纠正、改进等作用。

常运用的教学评价有以下几种:

(1)对学生的即时口头评价。

(2)对学生学习态度的评价。

(3)对学生课堂表现的评价。

(4)对学生完成作业情况的评价。

(5)对学生学习成绩的评价。

为了了解学生对知识的把握程度,就需要设置一些问题,即所谓的提问。首先通过学生的回答,教师可以了解学生对体育课知识的认知,同时也能了解不同学生对同一体育技能掌握的差异性。其次是为了引发学生对知识的深入思考,在教师的追问下,学生追索答案,从而引发思考。在学生回答问题后,教师就要小结,这个小结就是评价。及时有效地对学生进行评价,会起到事半功倍的效果。

十二、关注个体差异

新课标指出:"体育与健康"课程的指导思想是促进每个学生健康成长,这就要求我们在"体育与健康"课程的教学中关注学生的个体差异,让每个学生体验到体育运动带来的快乐,确保每个学生都受益。学生是有个性差异的,我们在教学中如何重视差异,把这个差异当作资源,是我们亟待解决的问题,尤其是那些体育弱势群体更应该得到我们的关注。在以往的教学中我们更多关注的是那些表现抢眼的尖子生,而对那些跑得慢、跳得近的学生的关注是十分不够的,从而在无形之中伤害了他们的心灵。"教学艺术的本质不在于传授本领,而在于激励、唤醒、鼓舞。”让孩子们享受活动的乐趣、促进学生健康成长是我们体育教学的本质。

教师要尊重学生的人格，关注个体差异，满足不同学生的学习需要，使每个学生都能得到充分的发展。因此，如何更全面地了解学生，照顾学生差异，并通过教学与评价促进学生在原有基础上的发展，是新课标实施过程中我们每一位教师必须思考和研究的问题。教师必须将学生看成是有个性的学习者，承认差异，尊重差异，使每一个学生都能得到充分的发展。

在教学中站在学生的角度应该努力做好以下几点：

1.关注学生身体条件的差异

由于受先天、生长发育、营养和生活环境的影响，虽然同一年级同一个班的学生，身体条件也各有不同，因此，在教学中采用统一的教学内容、统一的教学方法，那肯定不会有好的教学效果，这就要求我们灵活掌握教学内容和方法。比如：在跳高教学中，将场地划分成四块，每一块场地都设置体操垫进行必要的保护，消除学生的胆怯心理。学生在练习过程中可以自由地选择练习的场地，调整练习的高度，这既可以鼓励学生向自己挑战、向新高度挑战，营造一种积极向上的学习氛围，又可以使学生在原有的基础上进步与发展，让每一个学生都能获得进步，体验成功的喜悦。

2.关注学生兴趣爱好的差异

在教学中要创设情知交融的学习情境，激发培养学生对体育的兴趣。这就要求我们教师善于创造良好的情感环境，将知识、技能融于愉快的氛围之中，使学生主动地去学习，并根据具体情况，在教学中采用自由组合群体、按技能分组尝试等教学方法，充分发挥体育游戏的作用，激发学生的活动兴趣。在教学中，还要培养学生自尊、自信、团体合作和相互竞争的意识，促进学生身心健康的全面发展。

3.关注学生运动技能的差异

个体不同，运动技能也就千差万别。教师在教学中要根据学生的个体差异采用不同的方法，并为不同的学生设计不同的学习目标，选择有弹性的学习内容，利于他们发展的方法，使不同运动技能水平的学生都能很好地学习，在原有基础上得到提高，从而感觉到成功。比如在跨栏教学中，学生在跨越栏架时，就可以根据自身的情况降低栏的高度、缩短栏间的距离或跨边栏或用橡皮筋替代，等等，这样既能满足他们的学习需求，同时也可完成教学目标，更能使他们享受到自己获取成功的喜悦。

在教学中，站在教师的角度应该做好以下几点：

1.要把教师的心态“放下来”

我们常常呼唤在教学中要充满平等意识，可是如果教师不蹲下来看矮自己一截的学生，那么怎能和他们谈平等呢？更无从谈交流。我们的教学过程应该是师生互动、平等对话、情感交流的过程，在这一过程中教师不能固守“师道尊严”，高高在上，不能一味强调以教师为中心，以自己的观点意志去安排教学过程。在教学中教师要学会蹲下来看学生，以学生的心态去参与学生的活动，分享学生的快乐。始终把教师的位置定位于参与者、合作者，使学生放飞心灵，快乐玩耍。

2.要将对学生的要求“降下来”

学生是有差异的，这已成为共识。如何让有差异的学生在同一课堂内都得到不同的发展，是每位任课教师都在努力追求的。体育是以技能学习为主的课程，学生学习的结果主要体现在学生体能、技能和运动行为的改变上。只要学生认真主动地完成学习要求，一定会有提高。因此，我们在教学中不要用同一种眼光、同一种标准去要求、衡量每一个人，适当地降低要求，让每个学生都能“跳一跳摘到桃子”。

3.要把学生的优点“亮出来”

针对每个学生的弱点，我们不要一味去追究、去扩大，要让他们知道寸有所长，尺有所短，提高耐挫力。有时一个轻微的手势或一个细小的动作就足以把一个信息传送给学生，哪怕只有一个小小的“暗示”或一个“眼神”，相互间就能得到思想的沟通。

总之，在体育教学中应根据学生的自身条件、兴趣爱好、运动技能、生理发育、心理状态等，针对他们的差异性确定各自的学习目标，采用相应的教学手段，选择有弹性的教学内容，使学生在原来的基础上得到发展，体验到学习成功的喜悦，增强自信心，并主动愉快地参与到体育学习中、体育运动中去体验学习、享受成功、感受体育。

十三、场地器材的安全合理利用

体育教学器材场地是体育教学成绩的介质，同时，也是提升体育教学质量的重要保障。体育器材场地属于教学手段，它为教学内容、教学效果服务，为教学目标而存在。要想达到科学利用体育器材场地取得良好教学效果的目标，需要在完成体育器材合理配备的条件下，创新思维，不断探索，灵活运用多种教学手段。

2020 年，中共中央办公厅、国务院办公厅印发的《关于全面加强和改进新时代学校体育工作的意见》指出：建好满足课程教学和实践活动需求的场地设施、专用教室。把农村学校体育设施建设纳入地方义务教育均衡发展规划，鼓励有条件的地区在中小学建设体育场馆，与体育基础薄弱学校共用共享。小规模学校以保基本、兜底线为原则，配备必要的功能教室和设施设备。加强高校体育场馆建设，鼓励有条件的高校与地方共建共享。配好体育教学所需器材设备，建立体育器材补充机制。建有高水平运动队的高校，场地设备配备条件应满足实际需要，不满足的原则上不得招生。

（一）场地合理布局

体育锻炼的质量离不开合理的场地布局，学校设立体育场地主要用来教学、课余训练及运动会等，其中教学是设立场地的最重要的目的，所以学校在场地布局建立中首要着重考虑教学因素，不能在建立时只追求标准，忘记体育场地的基础功能。除此之外，学校在场地布局中也应将其他功能纳入其中，让学生无论是在体育课堂中还是在课余训练中都能学有所长。因此，学校在场地布局中应以提高学生兴趣为主，充分将学生的身体形态、生长发育及心理特征考虑进去。

（二）场地垂直利用

体育场地资源有限，学校应针对现有资源合理利用。平面设计通过之后，学校可以根据体育现场场地的现有空间，引入垂直资源，合理地规划，比如架设篮球架、单双杠等相关器材。这样在有效利用学校场地的同时，也不会影响学生对平常场地的使用。

（三）体育器材合理使用原则

学校体育课中有些学生对体育器材不重视，认为不是自己的东西无需珍惜。使用器材时不按照教师所讲的正确操作步骤进行，错误的操作不仅会导致器材的使用寿命缩短，而且会影响体育课的学习效果，所以学生应合理使用体育器材，认真遵循以下使用原则：

(1)学生在使用体育器材设施设备前,必须认真检查器材是否有问题,无问题后方可使用。

(2)单、双杠练习时将垫子铺好后再使用。

(3)学生攀爬肋木时,需要听教师口令,严格按照口令进行,并且体育教师也需在下面为学生做好安全措施。

(4)练习铅球、标枪要选用无人场地,严禁在有人区域内投掷。

(5)体育课投实心球,任课教师要注意安全动向。

(6)使用有棱角的器材时应将棱角包好。

(7)体育场地需清理干净,保持整洁,利于学生跑步、锻炼。

(8)在单、双杠等固定器械区域要设置字牌,比如挂上"无教师保护情况下,禁止攀爬该器械"的字牌。贴有禁止学生在无保护的情况下使用等标志的器材,学生没有经过教师批准不得使用。

(四)建立完善的管理制度

1.加强完善体育场地管理制度

学校体育场地主要是为学生提高体育教学、运动队训练和体育比赛等项目设置的场地,学校体育工作正常开展的前提是必须制定完善的体育场地管理制度,安全、合理地使用体育场地,具体包括以下几个方面:

(1)所有车辆没有经过许可,不能停放在体育场地内。

(2)学校体育场地内的设施设备,任何人员都不能占用和破坏,并严禁堆放与体育场教学和训练无关的物品。

(3)体育队训练期间,为确保安全,禁止无关人员在体育场地进行一切活动。

(4)学校体育场地一般不允许外借,特殊情况下借用,需要和学校相关部门提前取得联系确认,到体育教研组进行相关备案。

2.加强安全管理

(1)学校应坚持学生身体安全第一,无论是在体育教学中还是运动训练中都要将安全工作放在首位。在体育活动中要充分地将天气环境、体育场地、设施设备及体育器材等方面所涉及的安全因素考虑进去,避免意外事故发生。

(2)学校应设立安全领导小组,每学期定期对学校体育场地及设施器材的安全性进行检查，遇见问题及时整改处理。体育组教师也应勤对场地和器材设备进行检查，发现问题及时报告，并设置相关警示标志。

(3)体育教师在非体育场地教学时，要提前检查场地和器材，对学生的活动区域进行划分并设置相关标志。同时，学校后勤人员要将场地中的不安全因素进行考察，对场地中的杂物予以及时清理。

十四、作业

2020年9月21日，国家体育总局和教育部联合印发《关于深化体教融合促进青少年健康发展的意见》，提出要加强学校体育工作，将体育科目纳入初中、高中学业水平考试范围，纳入中考计分科目。教育部体育卫生与艺术教育司司长王登峰强调，学校要把文化课作业减下来，但是体育课作业必须加上去，确保学生掌握运动的技能。“体育课必须布置作业”一经提出，颠覆了人们的认知，随即引发了社会广泛热议。学校布置体育课作业的初衷在于让学生利用课余时间加强体育锻炼、增强身体素质。布置体育课作业，必将对增强学生体质产生积极的影响，但不容忽视的是，体育课作业的落实难免存在诸多困难，甚至衍生负面效应。比如，学生体育训练实现了常态化，但容易陷入应试的怪圈——中(高)考考什么，学校便教什么，作业便布置什么；体育课作业需要在校外完成，监督学生完成作业的责任便落在了家长身上，家长能否有效配合，作业是否“走过场”，等等，都值得考虑。

(一)体育课布置作业应遵循的原则

布置体育课后作业是扩大和改善体育课堂教学的重要措施，是教与学交流的重要环节。对学生来讲，课后体育锻炼可以让其进一步练习所学的知识，帮助他更好地掌握体育技术和技能，提高运动能力，有效弥补体育教学的不足，并使学生的课堂教学可以在课外得以继续。对教师来讲，可以通过学生的课后体育锻炼来总结自己的经验并改进教学方法。为达到成效，课后作业的布置应该遵循以下原则：

1.实际性原则

要根据体育教学中的重点、难点，结合学生自身掌握知识情况和教学实际，有针对性地适当安排作业，尤其要注意让学生在原来课堂学习的基础上，进一步地理解动作技能，并在实际练习中有进一步的提升。

2.多样性原则

体育作业是体育课堂练习的延伸，但是学生的课后练习会受到场地、器材等因素的影响，因此教师布置的作业就不能同在体育课上一样，要根据学生课后环境的特点，形式多样地布置练习内容。在练习项目与课堂内容相关联的前提下，练习的形式要多样化，让学生可以根据自己课下所处的环境，有不同的项目选择，而这些项目的练习都能够起到巩固和提升课堂动作技能的作用。

3.层次性原则

不同的学生，体质状况不尽相同，而且爱好和个性也多种多样，因此，在布置作业时应予以充分考虑和照顾。练习的安排应该是分层的，可供不同体质水平的学生选择适合自己锻炼的项目，既要面向全体，又要分别照顾到“好、中、差”的不同层次，以使学生对课堂技能掌握的不足得到弥补，让每一个学生都能在自己原来的水平基础上有所提高。

4.循序渐进原则

学生现在的课业负担比较重，得不到充分的运动和放松，这就导致了学生体质和视力的下降，严重地影响了学生身体的健康和对运动技能的掌握。因此在布置体育课后练习时要遵循运动的规律，注意要由静到动、由易到难、由简到繁、由慢到快，以符合学生身体运动发展的规律，切不可“开门见山”地直入主题，避免突然进行大运动量练习造成对身体的损伤。

（二）布置体育作业要避免应试化、形式化、功利化

1.布置体育课作业，是遵循体育教学规律的需要，应当避免“应试化”

体育作为学校教育的一部分，其作用不仅在于加强学生体育锻炼，而且在塑造学生品格方面也有着不可替代的作用。教育工作者要理性地看待体育课程，破除唯分数、唯升学等痼疾。学校方面要重视体育课程开发。严格体育教学管理，把组织学生开展体育运动和体育竞赛作为教育教学的一部分，并使之常态化。教师布置体育课作业，既要符合学科特点以及学生的年龄特征，又要注意激发学生进行体育锻炼的兴趣。要设计内容丰富、形式灵活的作业，激发学生参加体育锻炼的积极性，让学生掌握健康的知识、基本运动技能，使加强体育运动、增强身体素质的理念深入内心。

2.布置体育课作业，是实现体育教学目标的需要，应当避免“形式化”

目前学校每周固定开设两至三节体育课，但由于教学内容较多，学生要在课堂上完全掌握所学知识与技能是有困难的，尤其是课堂练习时间不足，学生运动处于分散的状态。因此，教师布置的体育课作业应难度适中，数量得当，不可盲目追求教学目标的达成而布置大量的作业，导致体育课作业“走过场”。除布置一些与教材有关的辅助练习，帮助学生掌握和提高运动技能（如篮球课的投篮、传球）之外，还要有针对性地布置巩固练习。教师应及时督促学生完成作业、检查学生作业的完成情况，有条件的学校应完善课程体系，开展线上线下师生互动，让学生在课后也能获得教师的专业辅导。

3.布置体育课作业，离不开家长的监督和指导，要避免“功利化”

无论文化课作业，还是体育课作业，都需要有家长的监督，特别是体育课作业要在校外完成，落实体育课作业的责任自然落到了家长身上。如果家长无法有效配合，体育课作业也难以取得实效。社会上各种体能班、技能培训班种类繁多，但这些体能班、培训班品质参差不齐，大部分家长缺乏足够的时间和精力一一辨别其科学性、合理性，因此，学校要引导家长树立“健康第一”的育人理念。布置体育作业不是要求每个孩子在运动项目上拿满分，也不是要求每个孩子都成为体育健将，而是让孩子学习基本的体育知识、技能，培养其热爱运动的意识，家长应尽量减少非必要的校外体育培训支出，避免追求功利化的教育目标。对学校布置的体育课作业，家长应高度重视，自觉履行监督责任，充分利用有限的时间带孩子一起参加体育锻炼（如跑步、打球等），这样既融洽了亲子关系，又培养了孩子运动的积极性。各部门、各学校应以布置体育课作业为抓手，深化体教融合目标，突出学校体育的育人功能，让学生勤于锻炼，强身健体，切实提高身体素质。

十五、其他因素的影响

（一）体育教师个人因素

1.体育教师的人口学因素

体育教师已有的知识、经验等对其教学知识水平可能有重要影响。一般认为，体育教师的教龄越长、学历越高，其知识结构可能越好。体育教师任教学校所属地区在农村还是城市，对于其教学也有一定影响。相对于农村来说，城市的人力资源和物质资源都较丰富，其教学知识可能也优于农村。

2.体育教师的个人心理因素

(1)体育教师的教学动机

动机因素是一切行为的发动性因素，这对体育教师的教育教学工作来说也不例外。体育教师要干好教育工作，首先要有强烈而持久的教育动机，有很高的工作积极性。很难设想一个对教育工作毫无兴趣的人，一个见到学生就心烦的人会努力完成好教育教学工作。目前我国教育面临的最严重的问题之一就是相当一部分体育教师的教学积极性不高。教师教学动机量表将教师的教学动机分为内在动机、外在动机和外在内化动机三个维度。内在动机定向是指体育教师的认知和行为是由其内在需要引起的，如有些体育教师从事教学活动的原因是自己发自内心地喜欢教育。外在动机定向是指体育教师的认知和行为是由外在的诱因引起的，如从事教育工作收入比较稳定或者亲人比较喜欢等。外在内化动机定向是指国家或社会对体育教师的期望在体育教师心理上的内化。体育教师教学动机会在一定程度上影响和制约着体育教师教学知识形成的速度、质量与效果。

(2)体育教师的教学效能感

教师教学效能感是指教师在教学活动中对其能有效地完成教学工作、实现教学目标的一种能力的知觉与信念。体育教师的教学效能感，一方面可能会影响到他在课堂教学情境中的行为，另一方面则可能对学生的学习表现产生作用。因为效能感较高的体育教师对个人的教学能力充满信心，其教学行为表现较为积极，而效能感较低的体育教师在教学上往往易感到挫折，教学行为也较消极。据此推定，体育教师的教学效能感对体育教师学科知识也有一定的影响，至于影响程度如何，有待进一步论证。

(3)体育教师的工作满意感

工作满意感是组织成员对所拥有的工作的一种特殊态度，即他们对工作的一种情感反映。体育教师工作满意感作为一个心理学概念，是体育教师对其所从事的职业及工作条件与环境状况的一种总体的感受与看法，它不仅与体育教师工作积极性有关，而且也与体育教师的心理健康有着密切的联系。

(二)学校环境因素

1.学校体育文化氛围

校园体育文化是指校园内所呈现的一种特定的体育文化氛围。它是以学生为主体,以课外体育文化活动为主要内容,以校园为主要空间,以校园精神为主要特征的一种群体文化。这种特定的体育文化氛围是和学校的培养目标、校风校纪、生活方式等内容相联系的。它是在一所学校内部形成的,体现了一所学校独特的风格和个性。它是无形的、看不见的,但学校成员能够深深感受到,并体现在其行为中。同样,体育教师也会受到潜移默化的影响,从而在他们的教学态度、教学行为等方面表现出来,对他们教学知识的发展产生一定影响。

2.学校客观条件

体育教学离不开学校客观环境。体育课主要在室外、室内专门的场地进行,以身体练习作为基本手段,要使用各种器材设备,比一般教学要占据更为复杂的空间环境。与之相应,学校客观条件对它的影响也很大。

(三)社会体育文化因素

1.社会体育文化氛围

有些国家对体育特别重视,家长往往以自己孩子体育成绩好而倍感光荣,从事体育的人不但有较高的工资,而且享有较高的社会地位。而有的国家对体育的热衷程度要低很多。这样的社会体育文化氛围对体育教师的工作积极性自然有影响,对他们发展自身教学知识也会带来一些负面影响。

2.社区体育环境因素

随着社会的发展,学校与社区的联系将越来越密切,社区的体育环境在很大程度上影响着体育教师教学知识的拓展,这主要通过以下几个方面施加影响:社区体育的人力资源和场地、器材、设施等物质条件及对学校的开放状况;社区体育文化传统对学校的影响;社区领导和居民对学校体育的支持程度;社区教育部门通过各种形式对体育教师的培训等。这些因素都直接或间接地影响体育教师教学知识的发展。

(四)在职培训因素

随着社会的发展与进步,人类对于知识和技能的需求也在与日俱增。人类社会的发展与进步离不开教育,而教育的发展离不开教师。伴随着世界各国教育改革的层层深入，人们越来越认识到教师在教育改革中所起的作用。没有教师的积极参与及协助，任何教育改革都不能获得明显成效。教师是我国教育事业的主要参与者，自身素质的不断提高将会对我国教育事业的发展产生重要影响。

在知识经济时代，教师已不再是单纯的知识传授者，而应该是教育的实践者和创新者。教师的发展是学生发展的前提，因此，教师必须以自身的持续发展来促进学生的健康发展。由于体育教育内容的更新换代相比其他学科而言更为频繁，所以在职培训对体育教师知识能力的提高及自身发展有着重要作用。而随着素质教育的全面实施，各大中小学校体育教育改革的进程都在加快。学校教育对体育教师的素质也提出了更高的要求，体育教师的培训迫在眉睫，只有新型的体育教师才能跟得上时代的发展，适应知识经济时代的需要，适应素质教育的需要。

近年的研究表明，体育教师对在职培训的效果评价不一。有的在职培训的内容设计不合理，有的教师授课方式也存在问题，课程人多是以讲座和“传习式”为主的方法讲授的，教学设计时没能根据主教材选择教学方法等，这些对体育教师本身的提升和教学都是不利的影响。完善在职培训体系要抓好以下几点：

(1)积极引进硕士以上学历教师，为体育教师队伍补充新鲜血液，提高中小学体育教师队伍整体水平。

(2)大力宣传在职培训的政策法规，加深中小学体育教师对在职培训政策法规的了解，增强体育教师参加在职培训的意识。

(3)转变中小学体育教师在职培训的思想观念，让体育教师意识到参加在职培训的重要性，提高体育教师参加在职培训的积极性。

(4)培训机构在组织在职培训过程中，应注重理论和实践的结合，提高在职培训内容的针对性和实用性。

(5)在保证体育教师在职培训时间的基础上，适当增加在职培训的频度，让体育教师对新的教学理念、教学方法能够及时了解。

(6)切实落实中小学体育教师参加在职培训的经费，为在职培训活动顺利开展提供有力保障。

(7)完善中小学体育教师在职培训的评价和激励机制，提高在职培训活动的质量和效果。

综上所述，影响体育教师教学知识的因素是非常多且复杂的，研究这些因素的最终目的是最大限度地控制这些因素，使不良影响降到最低。并且，体育教师教学知识的发展要受到体育教师个人、社会、学校、家庭等多种因素的交互影响，所以在对待体育教学时，必须以谦虚、诚恳的态度来实行，抓住有利因素，以求提高体育教师的工作绩效，拓展中学体育教师的教学知识，促进我国体育事业的发展。

十六、课程思政教育（德育渗透）

在全国高校思政工作会议上，习近平总书记强调，高校立身之本在于立德树人，把思想政治工作贯穿教育教学全过程，实现全程育人、全方位育人，才能开创我国高等教育事业发展新局面。我国教育肩负着为社会主义事业培养德智体美劳全面发展的建设者和接班人的重任，抓好思想政治教育，为学生一生成长奠定坚实的思想基础。在这一理念下，将课程思政融入学校体育教学当中，既是对思政课程教学的拓展延伸，也能更好地发挥体育课程的本位价值。学校体育不仅要培养学生的“体”，更要培育学生的“心”。在学校体育教学中，要充分利用体育自身的特点，通过学校体育的各种组织形式向学生进行思想品德和意志品质教育，教育学生为社会主义现代化建设事业锻炼身体，培养吃苦耐劳、艰苦奋斗、团结友爱、勇于奉献、拼搏进取的优良品质，养成终身体育锻炼的好习惯，提高学生内在的价值，以使学生在自我实现、自我价值方面有更高层次的追求，促进学生全面发展。

课程思政理念就是要求各类课程各负其责，充分发挥课程中的思政元素，将思想政治教育寓于其中，实现协同育人机制。体育本身蕴含着丰富的思想政治元素、资源、功能，激发这些功能和价值是新时代高校开展体育教学的重要使命。体育课程作为高校课程体系中的重要组成部分，决定了体育课程要贯彻落实思想政治教育，既培养学生身体素质、技能水平，又提高其体育道德品质，让学生无论是身体上还是思想上都有一个质的改变。

（一）体育教学目标中的“思政元素”

学校体育课程主要目标是：增强体质，增进健康，掌握体育基本知识、技能和方法。具体包括心理发展目标、思想品德教育目标、培养体育人才目标、社会适应能力发展目标。其中，心理发展目标、思想品德教育目标与课程思政理念息息相关。影响心理发展目标的因素有很多，如对个人心理品质、心理承受能力以及个人精神、性格、意志及个人所要达到的期望值的影响。心理发展目标教育学生能够直面挫折，勇于挑战，培养良好的心理品质；在学习过程中，懂得调节控制个人情绪，培养学生通过体育活动来改善心理状态；克服心理障碍，养成积极乐观的人生态度，以促进学生个性完善发展。思想品德教育目标要求教育学生为将来的社会主义现代化建设锻炼身体，提高社会责任感，树立群体意识，培养学生热爱集体、遵纪守法、勇敢顽强、拼搏进取等思想品质。在此过程中，要特别注意培养学生长期坚持身体锻炼的习惯，建立健康的思想道德修养。

（二）体育教学过程中的“思政元素”

在目前体育教学过程中，只重视把体育理论知识和方法与健身健康知识和方法有机地结合，把学习、掌握体育运动技术、技能与锻炼身体、增强体质、促进健康结合起来，对其中的思想政治内容关注甚少。体育教学既要教授学生体育技能技巧，更要培养学生不怕困难迎难而上的奋斗精神以及良好的心理素质、规则意识、团队精神、集体荣誉感与责任感、合作精神及坚强的意志品质。比如在篮球比赛中，可以将思想政治教育寓于其中。篮球赛是一个团体项目，队员之间除个人技术外，还要注意团队战术配合，要有集体观、大局意识；教导学生自觉遵守竞赛规则，服从裁判判决；有一颗永不服输的心，无论与对手差距多大，都不能放弃，坚持到比赛最后一秒。学校体育教学要抓住契机，把相关思政元素转化为开展德育教育的原动力，充分发挥学校体育教育课程思政的作用。

（三）体育项目内容中的“思政元素”

学校体育项目内容丰富，形式多样，主要是通过体育活动和比赛项目，帮助学生达到增强体质和提高体育素质的目的。学生可根据自己的兴趣爱好，选择适合自己的运动项目。每一个运动项目都有其独特的历史、文化内涵和人文精神，可从体育项目内容中挖掘人文价值观、思想、道德品质等思政元素。如在进行长跑运动时，有的同学哪怕摔倒了，也会站起来跑完全程，背后凭借的都是顽强的意志力和不服输的信念。又如中国女排精神凭着顽强战斗、勇敢拼搏、不畏强敌、永不言弃的精神，夺得十连冠，汇聚起了新时代中华民族伟大复兴的磅礴力量，她们的这种精神也是学生们学习的榜样。因此，体育项目中这些优秀的运动员蕴含的人文精神及道德品质，是当今学生所值得发扬和借鉴的。

十七、课后小结

在设计完成之后、设计实施之前，要对自己的设计进行全面诊断，包括检查器材、布置场地、了解学生运动能力等，这样能够帮助教师在设计实施过程中更好地应对各种教学事件，更好地在教学活动中进行设计的二度创造，教学计划更能有针对性地完成教学目标。

教学活动之后进行教学设计反思评价，目的在于总结设计的得与失。要反思教学组织情况是否合理、教学方法运用是否得当、是否解决了重难点问题等。任何一个设计都是为了更好地帮助教师在教学活动中达成教学目标，完成教学任务，况且设计与实践活动本身会存在一定的误差，理论上再合理的设计只有经过实践检验才能真正有效。

第四节　“体育与健康”课程教学设计中易存在的问题

一、正确理解“体育与健康”课程的性质

“体育与健康”课程教学必须贯彻“健康第一”的指导思想，为增进学生的身心健康服务。该课程是以身体练习为主要手段的，不是以知识传授和智力游戏为主要手段的。

与其他文化课不同，“体育与健康”课程主要是一种技能性的课程。体育与健康的知识、技能和方法，既是课程学习内容，也是实现课程各项具体目标的主要载体，而且掌握这些知识、技能和方法也是《体育与健康课程标准》要达到的一项重要目标。“体育与健康”课程虽然强调多种内容、多种功能和多种价值的整合，但仍是以体育为主要内容的一门课程。

小学和初中的健康教育内容由体育、品德与生活、品德与社会、生物或科学等相关课程共同完成，体育课程主要学习与体育密切相关的健康教育知识。

二、课时教学内容与单元教学计划内容撰写的统一化

课时教案的教学内容与单元教学计划要做到相统一。单元教学计划的设计与制定对体育教学活动的开展具有重要的作用和意义，因为任何一个运动项

目的技术学习，都要经过一个掌握、改进、巩固、提高、运用的完整过程，只有按照计划系统地开展本单元课时的教学活动，才能系统地去完成一个完整的学习过程。单元教学计划是教师备课、编写教案的重要依据，要根据单元教学计划进一步细化课时教案。在撰写教案的过程中，每一项内容都要与单元教学计划相统一。

例如，单元计划中第一课时的教学内容是行进间多种形式的运球，而课时教案的教学内容一个是行进间多种形式运球的练习方法，另一个是篮球多种步型的练习方法。这是两种完全不同的教学内容，必然形成两个完全不同的教学版本，教学内容重难点的确定也会发生变化。教案的撰写必须要了解学生情况，根据原先制定的单元课时计划进行更深层次的细化，做到课时内容与单元计划的内容统一融合。另外，如果教学进度发生变化可以将单元计划作相应的调整从而合理地安排课次内容。

三、"体育与健康"课程教案编写过程中存在的认识误区和问题

误区一：将体育教学设计等同于体育教学计划。体育教学计划是解决某一时段"上什么"的问题。它是体育教学设计的成果形式，是根据国家颁发的体育教学指导文件，参照学校所选用的体育教科书，结合学校的体育教学实际而制订的体育教学指导方案和教学过程实施方案。体育教学计划包括学段体育教学计划、学年体育教学计划、学期体育教学计划、单元体育教学计划和学时体育教学计划（教案）等。

误区二：将体育教学设计等同于课时计划。体育教学设计是解决体育课"如何上"的问题，直接指向的是课堂。可以理解为根据课程标准、教材、学生、场地器材条件、教师自身条件等诸多因素，选择教学内容，设置教学目标，采取科学有效的教学方法，按照一定的时间顺序进行合理组织与规划的过程。

教案是以课时为单位设计的实际教学实施方案，是课堂教学活动的重要依据，通常包括班级、科目、上课时间、课的类型、教学目标、教学方法、教学内容、时间分配、器材使用等。教案是体育教学设计的具体产物之一，也是体育教学设计指导体育教学过程的具体体现。教案主要考虑的是"教"的方案，而不是"学"的方案。体育教学设计也关注"学"的方案，但它并不仅仅局限于得出一套针对某一教学内容的教案，而是对教与学的各个方面进行系统分析，提出教学

方案并不断进行修正，是一个连续的、不断改进和提高的过程。

在体育教学设计的过程中，不仅容易产生以上两大误区而且还很容易出现诸如缺乏对学情和教材的分析、课程结构要素混乱、安全隐患无防范、教学流程过于全面(看似具体但不清晰)、教学目标不具体、重难点不明确、学法指导不细致等问题。

四、怎样解决教学设计过程中存在的问题

(一)注重学情分析和教材分析

由于全国各地的教案五花八门，没有相对统一的格式，因此一些教学设计的"学情分析"，有的写得比较详细，有的则比较笼统。"学情分析"是体育课堂教学设计过程中的一个重要内容，因为学生之前有没有接触过即将要教的内容，学过多少、学到什么程度、对教学内容有无真实兴趣等情况，对于体育教师实施课堂教学策略是至关重要的。有许多的体育教学设计往往只从教师自己的角度出发，并没有深入了解学生的情况来安排教学方法与教学手段，结果造成低效的教学，与课前教学预设相距甚远。因此，我们有必要对教学设计中的"学情分析"作一个比较细致的理论分析。

教材分析是教师在备课中都要做的工作，因为课程、教材以及我们学生的状态都是动态发展的，所以在教学过程中我们可从之前学过的一些教学内容中寻找一些有助于提高本堂课的辅助性练习方法以及复习之前的教学内容。对教材的分析要有高度和深度，不要流于表面。

(二)重视教学安全问题

学生的安全问题已成为社会、教育行政部门、学校关注的热点问题，更是学生家长最为关切的问题。体育课堂教学作为学校教育的重要组成部分，实际上存在着诸多的不安全因素。如果备课不充分将会出现诸如有隐患而没有防范、有防范但是防范不到位等问题，因此，要求我们体育教师在备课过程中要树立正确的安全观，要有防范意识，在教案中要体现安全措施和可能出现的安全隐患。

根据学生的年龄、性别和健康状况科学地安排活动量；在组织学生参加田径、球类等体育竞赛以及其他剧烈活动时，严禁有病、身体不适者参加。教学时

推行“互动告知”制度。即每堂体育课前，教师必须将课程可能涉及的危险告知学生，而学生也有义务将身体状况如实报告教师，教师则根据学生的个别情况安排适合每位学生的体育锻炼计划。

按照一般医学规律，脑源性、心源性等原发性病史是大部分学生运动猝死的主要原因，按照学生不同的身体情况因材施教有效避免学生出现运动伤害。对技能差、服从性差的学生做到心中有数，把课堂上可能出现的问题扼杀在萌芽状态。对有病或体弱的学生，要合理安排，不能放任自流。

体育课提供给学生使用的场地、器材必须符合安全使用的要求。课前仔细检查器材，清除已经坏了的可能会造成伤害的器械，检查单双杠的螺丝是否松动，排除器械安装不牢固等隐患。定期检查体育场地、设施、设备，及时维修和增添器材设备，这些在教学设计中都要有所体现。

(三)明确教学目标

教学目标是整个课堂教学的方向，关系着教学过程的成败，也决定着教师对教学方法和教学资源的利用，其重要性不言而喻。那么，如何合理确定教学目标呢?

1.必须要紧扣教材，理清教学内容

紧扣教材，要明确教材写了什么内容，也就是解决“教什么”的问题。脱离教材，我们的教学就成了无本之木、无源之水。教师在确定教学目标时，一定要读教材，要做到六个字——“通读”“精读”“熟读”。“通读”即把握教材中单元、课、框、目之间的内在关系。“精读”即研读教材，把握本课内容的重难点。“熟读”即准确而熟练地掌握教学内容。这是确定教学目标的基础和前提。

2.结合课标，明确教学的范围和程度

“体育与健康”课标是教学的终极目标，而教学目标达到终极目标过程中的驿站。我们要充分解读课标，从而明确所讲内容要达到的范围和程度，否则，我们教学时要么信马由缰，要么浅尝辄止，要么华不符实。

3.要深入学生，合理确定教学目标

教师要考虑学生已有的知识和运动技能、认知水平，考虑学生在情感态度方面的适应性，要深入了解学生的实际，充分考虑学生的学习差异、个性特点、兴趣爱好等，制定出翔实可行的教学目标，为不同状态和水平的学生提供适合他们最佳发展的教学条件。同时，教师要经常主动与学生交流沟通，认真听取他们的意见和建议，使教学目标制定得更具针对性、层次性、实效性和科学性。

(四)把控好重难点

随着新课标的实施和不断深入，课堂教学改革也随之进行改革和发展，教学重点难点是课堂教学的精髓，如果处理不好，会使学生思维受阻，注意力分散，造成学习障碍，从而失去学习兴趣。而要使体育课堂教学真正达到最佳效益，要做到如下几点：

一是要充分理解教学内容的技术结构特点、动作技术原理和影响动作技术的重要因素。这样才能抓住动作技术主要的和关键的部分，把握好重点和难点，这是确定动作技术重点和难点的理论基础。教师把方法带进课堂，让学生学会自己学习。“教”是为了“不用教”，学会学习是学生学习的最高目标。体育教学要让学生掌握运动的技能和方法。

二是要对运动技术有充分的学习和体验的基础，这样对动作技术的理解才能深刻、到位。充分调动学生动眼、动脑、动手、主动参与的积极性，要通过形象的语言、规范的动作引导示范，让学生通过观察、思考、展开想象，从而感悟动作的要领。如果自己对运动技术的理解和实践只停留在一知半解，那么确定的重点和难点肯定会出现偏差。对动作技术有充分的学习经验和实践体会是确定动作技术重点和难点的实践基础。

三是根据教学内容的要求，制定一个合理、明确和可靠的教学目标，依据教学目标抓住动作技术的关键和重要部分。成功的教学都必须有学生积极参与，只有学生主动地学，有兴致地学，才能取得教学成功。这就需要激发学生的学习兴趣，让他们充分享受达标后的喜悦，而这也是提高教学效益的关键。

四是明确本课在动作技术教学中要解决的问题，从要解决的问题中寻找重点和难点，先易后难，循序渐进，使学生在逐步解决各个小难点的过程中提高能力。如在教师教学生的纵箱分腿腾跃的动作时，学生很难掌握双手远撑的动作，为此，教师可以采用分步骤教学方式，第一个步是在纵箱上用粉笔画上一条线(箱的中等距离左右)，让学生有支撑手的坐标，等学生基本掌握之后，再把线画得远一点，让学生有第二个支撑手的目标，第三个目标是把线画在远端的三分之一处，通过这三个步骤的教学，可以解决学生双手远撑的教学难点。

五是确定动作技术的教学重点，从重点中确定掌握重点的难点。教学过程中，有的重点也是难点，有的重点则不是难点，这就要求教师在教学中具体问题具体分析。对于重点问题要让学生清楚明白，对于难点问题教师需运用通俗的语言深入浅出地讲解与辅助练习，让学生易于掌握。

六是在教学中要有针对性地设计与突破重点和难点相匹配的有效方法。动作教学时，要根据学生的能力将教学内容的重点和难点划分出不同的难易度，并与另一要点动作进行连接，分层递进地组织教学，这样更符合学生的认知规律。让学生阶段性地掌握要领，使学生分层地学习动作，逐步完善重、难点动作质量。这样按照学生的认知水平和身体能力，从体会重点动作到学习重点动作，继而与难点动作进行连接，初步尝试练习，不断完善动作，学生就会感到完成动作学习较容易，有效调动他们学习的积极性，提高重、难点动作的掌握水平。

(五)转变教师观念

1.教师角色的转变

教师必须从“教书匠”转变为具有反思能力和研究能力的专家型、研究型教师，在理论指导下实践研究。这就要求教师要不断学习研究，提高教学水平、德才修养等各方面的素质，以全新的眼光来观察和指导教育教学。通过教学研究，在教学中改进自己的教学，在课堂上善于观察发现教学问题，勤于反思、质疑、创新、研究教学问题，以“追踪”或汲取“他人经验”的方式解决问题，使教育理论和教学实践有机结合，从而提高教学效率。

2.从以教师为主体转变为以学生为主体

在教学改革中，新的教育理念要求教师在教学中变被动式教学为主动式教学。使体育教育过程成为教师启发诱导学生积极参与学习和自我教育的过程，以充分发挥学生的主观能动性，培养他们学会学习与自我教育的能力和习惯。教师教得如何，最终要看学生学得怎样，学生才是课堂的主人，要把以教师教为主变为以学生的学为主，要把“讲堂”变为学生的“练堂”。

3.教师教学要灵活创新

根据目标来科学、合理地安排教学内容，课程设置根据学生实际需要，选择和确定教学内容与教学形式，这是新课标的要求。课程设置了必修课和选修课的学习，如田径设为必修的内容，技术难的项目可进行适当改造，通过简化规则，简化技术、战术，降低难度要求，改造场地、器材等手段开发出新的课程内容。而选修的内容范围更广，根据学生的实际与需要，进行教学内容的自愿选项与能力分层，利于教师和学生的自主选择。对教材的安排要科学化、合理化、灵活化，课的内容要单化，形式要多样化、全面化，课的设计要新颖化、趣味化、个性化。体育教学要始终贯彻一个主题——健康第一、快乐体育、以学生为主。尽量让枯燥、单调的教学变得新颖、活泼、轻松，让学生的身、心、德、智在愉悦的活动中得到全面发展，同时还要注重学生能力的培养，特别是创造性思维的培养。体育课教学只有不断地创新，不断地探索，才能不断地进步，不断地在实践中优化体育课教学。

（六）重视学法指导

学法指导是实施主体性教育的需要，也是社会和时代发展的需要。教育作为培养人的一种社会实践活动，是人直接塑造和构建自身的实践领域。教育的本质是对受教育者主体性的培养，从这个意义上讲，教师在教学实践中应明确教育的主体是学生，要充分激发他们的自主性、积极性。为此，教会学生怎样去学习，如何学好，成为当今世界教学研究的一个重要课题。要重视学生学习方法，并进行科学指导，教师不仅要“授之以鱼”，更要“授之以渔”，让他们会学习，由单纯、机械地汲取知识变为主动地去掌握知识。

学法指导是使实施素质教育最优化，提高课堂教学和学习效率的需要。许多学生学习方法不当，导致学习效率差，教师也难教，这就要教师引导学生掌握相应的学习方法，使得学习得心应手、开心得法，主动学习新知识、新技能。因此，在体育教学中开展学法指导，应以学法定教法，以学法促教法，使学生从厌学、苦学转化为愿学、乐学，最终学会学习。只有教师把学法和教法有机地结合起来，教与学才会达到良好的效果。

在学法指导中要处理好“吃不饱”与“吃不消”的问题。中学体育课依据文化课分班教学，也有学校实行男、女分班上课，但学生体质差异很大，有体质优秀的，也有体质弱，甚至病残的学生，教学中易忽视两头学生的学习。对于以课本要求为标准，体质优秀的觉得运动量小，动作简单，造成“吃不饱”；面对体质较弱的学生，同样的标准，觉得动作太难或运动量太大，造成“吃不消”；对于病残学生缺少康复手段，失去了上体育课的意义。所以，要注意因材施教。比如，将学生按体能分组，体质优秀的为一组，一般的为一组，稍差的为一组，进行指导训练，使之弥补训练课时不足，适应比赛需要，提高运动能力，使不同层次的学生共同得到体育锻炼。

实施学法指导，要明确教育对人的创造，归根到底是在教育影响下的个体自我创造，若忽视了人在学习中的自我实在性，就失去了自我教学力量的契机，再好的教法也成为一句空话、大话。实施学法指导，要能看到教育对象的复杂性和教育发展的差异性，学生在发展过程中认识不是单调的、线性化的，因此应该把教育对象看成是发展中的主体，承认学习的创造性不是教出来的，而是通过培养，由学生自己产生出来的。允许学生在学习时多次反复探索，学会从错误和挫折中认识世界、认识自己，从错误走向正确，最终达到“教者好教”和“学者好学”的有机结合。

第三章　田径课程教学设计

第一节　跑的教学设计

一、耐久跑教学设计

耐久跑是人体在氧气供应充足情况下长时间跑步的耐力运动。练习耐久跑能使心脏收缩力加强，提高心脏供血能力，促进心脏、肺、血液循环系统的发展，提高有氧代谢能力，还有助于降低血液中胆固醇的含量。因此，耐久跑是走向终身体育的较好途径。

(一)教学内容

主教材：耐久跑教学。

辅助教材：身体素质练习。

(二)指导思想

依据新《体育与健康课程标准》的要求，以促进学生身体、心理和社会适应能力整体健康水平的提高为目标，培养学生参与运动的兴趣和爱好，使其形成坚持锻炼的习惯。通过学习耐久跑技术，让学生学会一种运动技能，激发学生的运动兴趣，培养学生吃苦耐劳的意志品质、团结互助的集体主义精神及终身体育的意识。注重激发学生的学习兴趣，发挥学生的主体地位，转变学生的学习方式，拓展体育课程资源，将枯燥、无趣的耐久跑教材变得主题鲜明，形式新颖，确保“健康第一”的指导思想落到实处，使学生健康成长。

（三）教材分析

耐久跑是中小学阶段田径教材的重点学习内容之一。在耐久跑单元的教学中，首先要求学生掌握耐久跑的基本动作技术；其次，要重点掌握耐久跑的呼吸方法以及呼吸节奏与动作节奏的配合。克服“极点”现象是耐久跑教学的难点，教学安排中要通过对“极点”解决措施的学习，消除学生的紧张心理。耐久跑是一种运动强度不大、持续时间较长的有氧运动。它对场地器材没有过高的要求，且技术简单。它贯穿于学校体育教学的全过程，也是最容易掌握和开展、终身都可参与的群众性健身项目之一。同时也是教师在教学中要对其单调、枯燥予以高度重视的项目。耐久跑是发展健康性体能的最简便的方法、最有效的途径之一。它能有效地提高人的心肺功能，发展耐久能力，增强意志品质，是培养“终身体育”的有效途径。

（四）学情分析

小学五年级的学生活泼好动，有较强的理解和模仿能力，容易接受新兴事物，但意志品质和耐性较差，对于耐久跑这种单调而枯燥的运动项目，兴趣不大，加上传统的教学方法让学生对耐久跑这个运动项目存在误解和抵触情绪，绝大多数的同学谈跑色变，怕苦、怕累，不能坚持长久。还有些同学认为，发展耐久能力，提高心肺功能，只有在操场上“跑圈”。据调查，部分学生是因体质较弱而惧怕长跑，部分学生是因为嫌累而不愿长跑，多数学生属于被动练习。那么如何使学生都能积极、主动地参加练习？教师不仅要了解学生的身体、心理状态，更重要的是要从教法上多下功夫，将枯燥、乏味的教学方法变为灵活多样的趣味教学，使学生在心理愉悦中完成授课任务和达到一定的运动量，从而达到增强体质的实效。

（五）教学目标

1.运动参与目标

学生能够积极主动地参与到本节课的教学中来，在教师的引导帮助下，充分发挥学生的主体地位。

2.运动技能目标

学生能够理解耐久跑的动作概念和技术结构，学会正确的摆臂技术、呼吸方法和节奏以及合理地分配体力，发展学生的跑的能力。

3.身体健康目标

通过耐久跑的练习，提高学生的耐久跑的能力，发展学生耐力、协调性、灵敏度等身体素质。

4.心理健康和社会适应目标

通过耐久跑的练习，学生初步建立良好的组织纪律观念、竞争意识、团结协作精神，培养学生勇于克服困难的意志品质。

（六）教学重点与难点

1.重点

掌握耐久跑的呼吸方法和跑动节奏。

2.难点

克服“极点”现象。

（七）教学方法

1.教法

主要采用讲解示范法、情境教学法、探究式教学法、小组合作法、分组教学法、游戏竞赛法等。

2.学法

主要运用自主学习法、探究学习法、合作学习法等。

（八）场地与器材

秒表、实心球4个、跳高架、体操垫、竹竿、跳箱盖、栏架、录音机1台、磁带1盒等。

（九）教学流程

1.准备部分

（1）课堂常规

体育委员整队集合，检查人数并向教师汇报，师生问好。教师宣布本次课的内容和要求，安排见习生。

(2)准备活动

进行“喊数抱团”游戏,并在游戏热身之后进行定位徒手操的练习,活动各关节、肌肉。

(3)专项准备活动

小步跑、高抬腿跑、后踢腿跑、跨步跑的练习。

2.基本部分

(1)摆臂练习

两脚前后开立,肩部放松,以肩关节为轴,肘部发力,前后摆动。

(2)呼吸节奏练习

启发性地引导学生掌握耐久跑的呼吸和跑步节奏的结合。

(3)解决重点、克服难点

组织四人同步跑练习、越野障碍接力赛等,调动同学们的跑动积极性,使之积极主动地参与到跑动当中来。在此过程中强调学生的安全,关注学生的个体差异,提醒学生注意克服“极点”现象,解决本节课的重难点。

(4)身体素质练习

进行平板支撑、肩肘倒立、双手倒立练习。

3.结束部分

集合,领做放松舞蹈《幸福拍手歌》。总结本次课的情况,布置作业,安排学生安全有序地归还器材,宣布下次课的内容,师生道别。

(十)教学评价

进行学生自我评价、学生之间的相互评价、师生评价。

(十一)德育渗透

通过对马拉松跑的简单介绍,激发学生对长跑的兴趣,提升学生对健康的认识。培养学生不怕吃苦、集体合作的精神,增强学生的竞争意识。

（十二）教案设计

授课年级：五年级（水平三）　　　　**授课类型：新授课**

<table>
<tr><td>教学内容</td><td colspan="6">1.田径：耐久跑。
2.身体素质练习。</td></tr>
<tr><td>教学目标</td><td colspan="6">1.运动参与目标：学生能够积极主动地参与到本节课的学习中来，在教师的引导帮助下，充分发挥学生的主体地位。
2.运动技能目标：学生能够理解耐久跑的动作概念和技术结构，学会正确的摆臂技术、呼吸方法和节奏以及合理地分配体力，发展学生的跑的能力。
3.身体健康目标：通过耐久跑的练习，提高学生的耐久跑能力，发展学生耐力、协调性、灵敏度等身体素质。
4.心理健康和社会适应目标：通过耐久跑练习，学生初步建立良好的组织纪律观念、竞争意识、团结协作精神，培养学生勇于克服困难的意志品质。</td></tr>
<tr><td rowspan="2">课程结构</td><td rowspan="2">教学内容</td><td rowspan="2">教与学</td><td colspan="3">运动负荷</td><td rowspan="2">德育渗透</td></tr>
<tr><td>时间</td><td>次(拍)数</td><td>强度</td></tr>
<tr><td>准备部分(约7′)</td><td>一、课堂常规
1.体育委员整队。
2.清点人数。
3.师生问好。
4.安排见习生。
5.检查服装。</td><td>一、组织形式
如图 1 所示：

图 1
二、教学要求
集合做到快、静、齐。
三、教学方法
教师讲解，学生配合。</td><td>2′</td><td>1～2 次</td><td>小</td><td>增强学生的纪律观念，明确本次课的目标、任务。</td></tr>
</table>

续表

课程结构	教学内容	教与学	运动负荷			德育渗透
			时间	次(拍)数	强度	
准备部分(约10′)	二、准备活动 1.游戏:“喊数抱团”。 2.配乐韵律操: (1)膝部运动。 (2)体侧运动。 (3)体转运动。 (4)侧压腿运动。 (5)踝关节运动。 (6)跳跃运动。	一、组织形成 如图 2 所示: 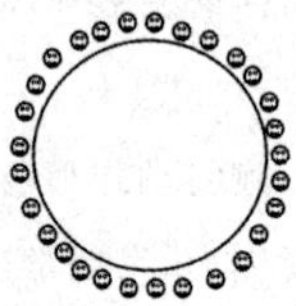 图 2 二、教学要求 1.安全第一。 2.遵守纪律、听从指挥。 3.动作舒展到位。 三、教学方法 教师讲解游戏方法,学生按教师要求进行练习。	2′	1 次 4×8 拍	中	培养学生的关注力、竞争意识和纪律意识。
	三、专项准备活动 进行小步跑、高抬腿跑、后踢腿跑、跨步跑的练习。	一、组织形式 如图 2 所示。 二、教学要求 动作整齐、一致、协调。 三、教学方法 在教师口令下练习。	3′	2 次	中	提升学生对准备活动的认知:做好身体准备活动,预防运动损伤的发生,为以下教学做好准备。

续表

课程结构	教学内容	教与学	运动负荷			德育渗透
			时间	次(拍)数	强度	
基本部分(约30′)	一、摆臂练习 1.保持肩部放松，做提肩接肩下沉练习。 2.前后直臂放松，自由摆动过渡到屈肘摆动。 3.原地摆臂练习：快慢变换节奏练习。 4.慢快跑练习：跑动中体会上体姿势的摆臂练习。	一、组织形式 如图2所示。 二、教学要求 1.注意安全。 2.服从指挥，遵守纪律。 3.动作到位。 三、教学方法 教师讲解示范，学生练习，教师巡回指导，及时纠正错误动作。	约4′	多次	小到中	体会肩关节的放松，理解正确的摆臂方法，形成正确的技术概念，能够判断正确的摆臂技术，并且能够正确地运用到跑动中。
	二、耐久跑练习 1.呼吸方法和呼吸节奏。 (1)提问：正确的呼吸方法是什么？并说出理由。 (2)自己找出答案，分别用两种方法进行实验。 2.进行4人同步跑练习：注意4人的步长和步频一致。 3.越野障碍接力赛跑：在跑道路线上设置若干"障碍"，分为4组，结束后先到达终点的为优胜队。	一、组织形式 如图3所示： 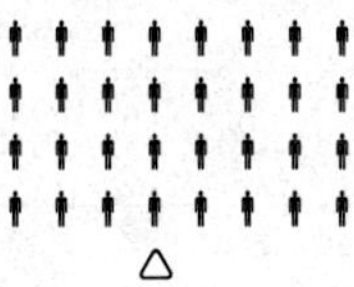 图3 二、教学要求 学生积极配合。 三、教学方法 先让学生自己说出自己认为正确的呼吸方法。 学生甲：用鼻呼吸。 学生乙：鼻嘴同时呼吸。 两人对比：每人各跑100米，然后讲出体会。	约22′	多次	中到大	通过提问，让学生开动脑筋，说出自己的看法，然后通过实践，得出正确答案。培养学生的创造性思维能力。
	三、身体素质练习	一、组织形式 分成若干组，每组4人，如图4所示：  图4 二、教学要求 安全有序，在规则下完成。	约4′	2次	大	在跑动中对正确的呼吸方法和节奏加以运用，同时培养学生不怕吃苦、集体合作的精神，增强学生的竞争意识，巩固所学技术。

续表

<table>
<tr><th rowspan="2">课程结构</th><th rowspan="2">教学内容</th><th rowspan="2">教与学</th><th colspan="3">运动负荷</th><th rowspan="2">德育渗透</th></tr>
<tr><th>时间</th><th>次(拍)数</th><th>强度</th></tr>
<tr><td>结束部分(约3′)</td><td>1.集合,放松舞蹈《幸福拍手歌》。
2.总结本次课的情况。
3.布置作业。
4.安排学生归还器材。
5.宣布下课。</td><td>一、组织形式
如图 2 所示。
二、教学要求
轻松、快乐。
三、教学方法
教师边讲解边示范,在音乐的伴奏下师生一起做。</td><td>约 2′
约 1′</td><td>多次
1 次</td><td>小</td><td>培养学生韵律感、协调性和美感,使学生的生理、心理都得到放松。</td></tr>
<tr><td rowspan="3">场地与器材</td><td rowspan="3">秒表、实心球 4 个、跳高架、体操垫、竹竿、跳箱盖、栏架、录音机 1 台、磁带 1 盒等。</td><td>练习密度</td><td colspan="4">55%～70%</td></tr>
<tr><td>平均心率</td><td colspan="4">120～130 次/分</td></tr>
<tr><td>最高心率</td><td colspan="4">160～170 次/分</td></tr>
</table>

(十三)课后反思

新《体育与健康课程标准》以“健康第一”为指导思想,教学中要重视学生的主体地位,重视学生学习兴趣的培养。耐久跑是一项重要的教学项目,现在学生的体质与健康的考核中,800 米、1000 米成绩较差,考核成绩不理想,这就充分体现了耐久跑的重要性。本节课以游戏的方法引入上课内容,通过学生们的实际行动来体会跑步与呼吸节奏的配合;通过改变跑的形式,让学生亲身体验耐久跑的方法;通过有氧多级跑,进一步锻炼学生跑步与呼吸节奏的配合,注重学生的学习兴趣的激发,发挥学生的主体地位,转变学生的学习方式,拓展体育课程资源,同时在潜意识里加强了学生的思想品德教育。在教学过程中充分体现了以学生发展为本的教学思想,通过充分利用场地,利用多种教学形式,有效地激发了学生的学习兴趣和热情,培养其良好的意志品质,发展其耐力素质。同时教学中为学生提供自主、合作学习的机会,重视学生的需要和情感的体验,使学生在教师的引导和启发下,培养自主、合作学习意识,以取得更好的教学效果。

二、快速跑教学设计

快速跑是以最快的速度跑完规定距离，提高学生奔跑能力的教学内容。学习快速跑重点是发展学生的反应速度、运动速度和位移速度，发展快速跑能力，提高机体无氧代谢耐力，发展腿部肌肉后蹬力量，在练习和比赛中培养竞争意识，体验快速跑的乐趣。快速跑教学中可采取多种形式的练习，如追逐跑、躲闪跑、让距跑、听信号跑、自定目标距离跑等，以激发学生学习兴趣，使学生主动学习，达到身心健康的目标。

（一）教学内容

主教材：快速跑教学。

辅助教材：游戏“换物接力”。

（二）指导思想

依据新《体育与健康课程标准》的要求，以促进学生身体、心理和社会适应能力整体健康水平的提高为目标，培养学生参与运动的兴趣及爱好，形成坚持锻炼的习惯。通过学习耐久跑技术，让学生学会一种运动技能，激发学生的运动兴趣，培养学生吃苦耐劳的意志品质、团结互助的集体主义精神及终身体育意识。注重激发学生的学习兴趣，发挥学生的主体地位，转变学生的学习方式，拓展体育课程资源，将枯燥、无趣的快速跑教材变得主题鲜明、形式新颖，确保“健康第一”的指导思想落到实处，使学生健康成长。以身体练习为主要手段，根据学生身心特点紧紧围绕“以学生为主体，教师为主导”这个主线进行教学，注重学生的个体差异和运动体验，培养学生的实践和创新能力，在练习过程中实时渗透德育，使学生身心得到全面发展。

（三）教材分析

快速跑是田径教学的重要内容，通过快速跑练习不仅可以提高学生各种快速反应能力、机体无氧代谢能力，而且可以培养青少年勇往直前、奋发向上的精神，对于促进学生生理、心理健康起着积极作用。以快速跑为主教材、游戏为辅教材展开的活动，不仅可以满足学生的精神需求，还可以使学生享受运动的喜悦，体验跑的乐趣，激发学生参与活动的热情，发展学生快速跑的能力，掌握快速跑的基本技术与技能，以积极进取的态度和行为参与快速跑锻炼。

(四)学情分析

“水平四”年龄段的学生,正处于生长发育的关键期,有较强的模仿能力;好奇心强,学习意识较好,对新鲜事物兴趣较高,但是力量较弱。“水平四”的学生在小学已学过快速跑,但并不知道步频和步幅之间的关系。快速跑也是学生认为最枯燥的一项内容。学生的身心活泼好动、对新事物的接受能力强,但注意力容易分散。在教学上首要措施就是激发学生的兴趣,采用体验式、讲解示范等组织教法和竞争式、小组评价等多种练习手段来引导学生积极锻炼。在有序练习次序、合理练习强度的锻炼中发展学生的快速跑能力,让学生体验式练习、自我归纳总结,通过练习来验证总结;采用以小组为单位练习,通过小组评价提升团队合作意识;教师以点、面的评价贯彻整个练习过程,让学生通过帮助、自我纠正提升解决问题的能力。而游戏是学生比较感兴趣的活动,所以安排一个游戏集中学生的注意力,为基本部分打下良好的基础。

(五)教学目标

1.运动参与目标

学生能够积极主动地参与到本节课的学习中来,在教师的引导下,充分发挥学生的主体地位。

2.运动技能目标

学生能有意识地通过摆臂加大步幅、增快步频来进一步改进起跑后的加速跑技术动作,步频和步幅有效结合,发展学生的快速跑的能力。

3.身体健康目标

学生通过耐久跑的练习,发展速度、协调、灵敏等身体素质,提高快速跑能力。

4.心理健康和社会适应目标

通过快速跑的练习,学生能认真、积极地奋力奔跑,不甘落后,初步建立良好的组织纪律观念、竞争意识、团结协作精神,培养学生勇于克服困难的意志品质。

(六)教学重点与难点

重点:摆臂协调、身体重心前倾、前脚掌着地。

难点:步频和步幅的协调衔接。

（七）教学方法

1.教法

本节课主要采用“体悟式”教学方法，采用讲解、示范、传授、启发、设问、游戏竞赛等方法，把学生的“思、学、练、评”有机地结合起来，注重激发学生对知识技能的兴趣，满足学生的学习目标和探究动作顺序的好奇心，从而解决重点，突破难点，达成教学目标。

2.学法

通过有序、自主、合作练习的游戏，激发学生的学习热情，培养团队协作和勇于竞争的精神，让每一个学生都能分享、体验成功的乐趣。

（八）场地器材

田径场直道场地、秒表1块、空易拉罐每人两个、多功能播放机1台。

（九）教学流程

1.准备部分

（1）课堂常规：体育委员整队集合，清点人数并汇报，师生问好。教师宣布本次课的内容和要求，安排见习生。

（2）准备活动：游戏“喊数抱团”，并在游戏热身之后进行定位徒手操的练习，活动各关节肌肉。

（3）专项准备活动：小步跑、高抬腿跑、后踢腿跑、跨步跑的练习。

2.基本部分

（1）摆臂练习：两脚前后开立，肩部放松，以肩关节为轴肘部发力前后摆动，身体重心前倾。

（2）呼吸节奏练习：启发性地引导学生掌握耐久跑的呼吸和跑步节奏的结合。

（3）解决重点、克服难点：学生分成6个小组（男女各3组）。将易拉罐间隔30厘米依次直线排列，学生在正确的快速跑动作下快速跑过练习，然后将间隔调整为50厘米、80厘米、110厘米、150厘米、200厘米、250厘米、300厘米、350厘米。学生讨论在哪个间隔跑得最舒服、用的时间最短，然后找出恰当距离，再次练习。在此过程中强调学生的安全，关注学生的个体差异，提醒学生们注意克服“极点”，解决本节课的重难点。

（4）游戏“换物接力”。

3.结束部分

集合,在音乐的伴奏下做放松操,总结本次课的情况,布置作业,安排学生安全有序地归还器材,宣布下次课的内容,师生道别。

（十）教学评价

1.评价学生学习快速跑练习时,做到语言简洁,及时有效。采用诊断性评价方式,帮助学生学会技术方法,提高自我,体验学习成功的乐趣,促进学生自我发展。

2.评价游戏时,采用激励性评价方式,充分肯定学生学习过程中的自主参与、互助合作。

（十一）德育渗透

本堂课有目的地将德育渗透到教学过程中,准备部分的队列队形练习中学生懂得令行禁止的要求,明白集体活动中的纪律;基本部分的小组练习,意在培养小组之间的互助、合作意识;自主练习时,让学生选择目标并向着目标努力练习争取达标,培养学生正确的自我评价意识并明确竞赛不仅仅是战胜对手,更主要的是战胜自我;做"换物接力"游戏时,培养学生遵守规则、努力拼搏、团结进取的意志品质。

（十二）教案设计

授课年级:七年级(水平四) **授课类型:新授课**

教学内容	1.田径:快速跑。 2.游戏:"换物接力"。
教学目标	1.运动参与目标:学生能够积极主动地参与到本节课的学习中来,在教师的引导下,充分发挥学生的主体地位。 2.运动技能目标:学生能有意识地通过摆臂加大步幅、增快步频来进一步改进起跑后的加速跑技术动作,步频和步幅有效结合,发展学生的快速跑的能力。 3.身体健康目标:学生通过耐久跑的练习,发展速度、协调、灵敏等身体素质,提高快速跑能力。 4.心理健康和社会适应目标:通过快速跑的练习,学生能认真、积极地奋力奔跑,不甘落后,初步建立良好的组织纪律观念、竞争意识、团结协作精神,培养学生勇于克服困难的意志品质。
重点难点	重点:摆臂协调、身体重心前倾、前脚掌着地。 难点:步频和步幅的协调衔接。

续表

课程结构	课程内容	指导与练习	德育渗透	运动负荷	
				次(拍)数	时间
开始部分(约8′)	一、课堂常规 1.集合整队，清点人数。 2.师生问好。 3.宣布课任务，提出目标与要求。 4.检查服装，安排见习生。 5.队列队形练习。	一、组织形式 如图1所示(♂表示女生，♀表示男生，★表示教师；下同)： ♂♂♂♂♂♂♂♂♂♂ ♂♂♂♂♂♂♂♂♂♂ ♀♀♀♀♀♀♀♀♀♀ ♀♀♀♀♀♀♀♀♀♀ ★ 图1	培养学生遵守纪律意识。	1次	约2′
	二、引导学生慢跑(螺旋跑)	二、教学要求 1.集合做到快、静、齐。 2.积极动脑，加强合作学习。 三、教学方法 教师讲解，学生积极学习。	学生懂得令行禁止的要求，明白集体活动中的纪律。	1次	约2′
	三、热身操 1.一般准备活动 (1)头部运动。 (2)扩胸运动。 (3)体转运动。 (4)腹背运动。 (5)弓步压腿运动。 (6)侧压腿运动。 (7)腕、踝关节运动。	一、组织形式 如图2所示： ♂♂♂♂♂♂♂♂♂ ♂♀ ♂♀ ♂★♀ ♂♀ ♂♀ ♀♀♀♀♀♀♀♀♀ 图2 二、教学要求 注意安全、遵守纪律、动作到位。 三、教学方法 1.教师讲解方法，口令提示。 2.学生跑动积极，有秩序。	锻炼学生的柔韧性、协调性、节奏感和频率。	2×8拍	约2′

续表

课程结构	课程内容	指导与练习	德育渗透	运动负荷	
				次(拍)数	时间
开始部分(约8′)	2.专项准备活动 (1)站立,两手叉腰,交替活动踝关节。 (2)半蹲,两手扶膝活动膝关节。 (3)两腿交替高抬腿,活动髋关节。 (4)两手叉腰旋腰,活动腰部。 (5)一手扶持,依次前后踢腿、活动髋、膝关节。 (6)前后弓箭步压腿;左右压腿,牵扯腿部韧带。	一、组织形式 如图3所示: ♂♂♂♂♂♂♂♂♂ ♂♀ ♂♀ ♂★♀ ♂♀ ♂♀ ♀♀♀♀♀♀♀♀♀ 图3 二、教学要求 注意安全、遵守纪律、动作到位。 三、教学方法 1.教师示范并领做。 2.学生跟教师动作认真练习。		2次	约2′
基本部分(约34′)	一、学习快速跑 1.动作要领:后蹬腿充分蹬直,摆动腿积极向前摆动,髋部前送;两臂以肩为轴积极前后摆动,放松而有力;前摆时手臂不超过下颚,大小臂夹角小于90°,后摆时胳膊肘稍外展,大小臂夹角大于90°;上体尽量保持直立;上下肢协调配合,以最快速度跑完全程。	一、组织形式 如图4所示: ♂♂♂♂♂♂♂♂♂ ♂♀ ♂♀ ♂★♀ ♂♀ ♂♀ ♀♀♀♀♀♀♀♀♀ 图4	了解安全运动方法,在确保安全的条件下练习。	多次	约28′

续表

课程结构	课程内容	指导与练习	德育渗透	运动负荷	
				次(拍)数	时间
基本部分(约34′)	2.教学重点：用前脚掌着地跑，跑姿正确，轻松。 3.教学难点：跑得自然、协调，摆腿蹬地有力；身体平稳，跑成直线。 4.易犯错误：后蹬无力、步幅小、步频慢。 5.纠正方法：做后蹬跑、弓箭步走、原地高抬腿跑。 6.安全措施：各组成员一定要听从小组长口令，确保安全练习。	二、教学要求 注意安全、遵守纪律、动作到位。 三、教学方法 1.讲解动作要领并做完整示范，并强调注意安全。 2.学生做初步尝试练习，并在练习中体会动作。 3.根据学生回答带领学生做发力和身体协调练习。 4.学生再次做完整练习。 5.教师展示坐立快速跑和前倾快速跑，让学生回答哪种情况跑得快。 6.学生体会前倾快速跑，再次练习。 7.找优秀生示范。 8.学生再次练习并且每组选出一名最快的同学决出班级冠军。	小组练习时，培养同学之间的互助合作意识、正确的自我评价意识并明确竞赛不仅仅是战胜对手，更主要的是战胜自我。		
	二、游戏："换物接力" 学生排成四路纵队，各队排头同学各拿一接力棒，听到教师发令后，快速跑到对面把接力棒放在呼啦圈内换成小旗子，跑回队伍，将旗子交给第二个同学，第二个同学拿旗子，换成接力棒，以此类推，以最快的那路纵队为胜队。 过程中对一些犯规情况进行点评，然后再组织学生进行一次游戏。	一、组织形式 如图 5 所示： 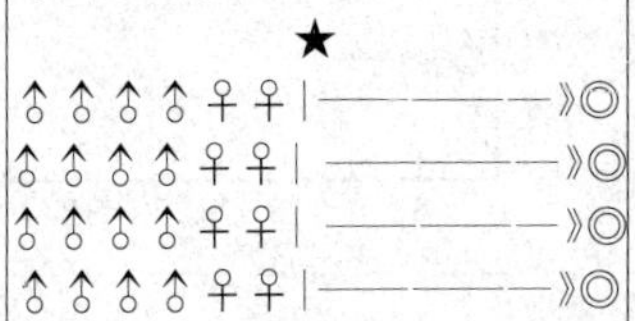 图 5 二、教学要求 注意安全、遵守纪律、动作到位。 三、教学方法 1.教师进行完整的动作示范，以利于学生更清晰地知道游戏的方法。 2.学生分组进行游戏一次。 3.教师针对学生在游戏过程中的错误进行点评，再组织一次。	培养学生遵守规则、努力拼搏、团结进取的意志品质。	2 次	约 6′

续表

<table>
<tr><td rowspan="2">课程结构</td><td rowspan="2">课程内容</td><td rowspan="2">指导与练习</td><td rowspan="2">德育渗透</td><td colspan="2">运动负荷</td></tr>
<tr><td>次(拍)数</td><td>时间</td></tr>
<tr><td>结束部分（约3′）</td><td>一、放松练习
二、集合小结
三、布置作业
四、归还器材
五、宣布下课</td><td>一、组织形式
如图1所示。
二、教学要求
注意安全、遵守纪律，动作到位。
三、教学方法
教师示范，学生积极放松身体。</td><td></td><td>1次</td><td>约3′</td></tr>
<tr><td>场地与器材</td><td colspan="5">田径场直道场地、秒表1块、空易拉罐每人2个、多功能播放机1台。</td></tr>
<tr><td>预计运动负荷</td><td colspan="5">练习密度：≥60%
平均心率：120～140次/分</td></tr>
<tr><td>心率变化曲线图</td><td colspan="5">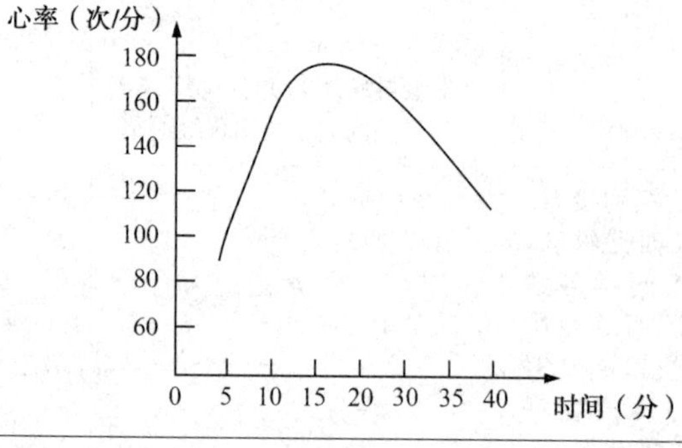
</td></tr>
</table>

（十三）课后反思

在传统教学中，教师的主导性较强，学生只是被动地听讲和练习，思维没有得到充分的激发和调动，学习和练习的效率比较低，所以应重视学生的参与性。运用和谐互助模式，充分调动学生的积极性，学生主动参与，学习效果会更好。采用灵活多样的教学方法，既考虑了全体学生的需求又注重了学生的个体差异。教学采取教师示范讲解，学生自主练习，自评、互评，相互纠错等形式进行，为学生营造了一个学习、娱乐、竞争、团结协作、积极进取的良好学习氛围，极大地调动了学生参与学习的积极性，收到了良好效果。教学中充分体现了教育教学的新思想、新观念，把发展学生个性与展示自我相结合，把学习运动技能与游戏比赛相结合，充分体现了活泼、自由、愉快的课堂新模式，力求学生在轻松愉快的游戏活动中学习和掌握知识，享受体育锻炼的乐趣。

三、迎面接力跑教学设计

（一）教学内容

1.主教材：迎面接力跑。

2.辅助教材：素质体能练习。

（二）指导思想

本课以“健康第一”的指导思想，以学生的发展为中心，重视学生主体地位，培养学生自主练习、合作练习的能力。以“快乐练习、积极引导”为教学策略，体现“学、练、赛”的教学理念。课中通过教师的积极引导，激发学生的学习兴趣；重视学习的过程与能力的展示和提高，让学生在愉悦有趣的课堂氛围中学习技术动作。

（三）教材分析

本课教学内容是人民教育出版社三年级（水平二）跑类教材中“30～40 米迎面接力跑的动作方法”。让学生在练习中能够完成立棒交接、错肩行进，使学生在体能练习中发展上肢力量和腰腹力量，提高学生的协调性。通过接力跑的练习学生掌握了交接棒技术动作，提升学生跑的能力，同时培养学生团结合作、敢为人先的精神。

（四）学情分析

本课的教学对象为三年级的学生。三年级的学生的共同的特点是活泼好动，模仿能力强，好奇心强，但集中注意力时间短，自我约束力差。因此，在课堂中应注意如何使学生真正地融入本课中，调动他们的积极性，使其缺点变为优点，更好地学习本课教学内容。可以通过设置不同的练习方法，同时逐步提高难度，来充分提高学生的学习兴趣以及逐渐地掌握和突破重难点。

（五）教学目标

1.运动参与目标

学生对迎面接力跑有一个整体、清晰的认识，知道迎面接力交接棒的完整动作要领，能说出迎面交接棒的动作方法，并能够积极主动地参与到课程中来。

2.运动技能目标

在教师讲解示范和多媒体教学手段的帮助下，75%的学生能基本掌握动作要领，并能做出迎面接力跑立棒交接和错肩行进的动作，且动作连贯、协调。

3.身体健康目标

通过迎面接力跑的练习，学生的快速跑能力得到提升。通过交接棒的练习，学生的身体灵活性、协调性逐步得到锻炼。

4.心理健康和社会适应目标

学生在练习中能够相互激励、互帮互评、互相指导，敢于挑战自我，体验成功的快乐，能够培养吃苦耐劳、团结合作、顽强拼搏的精神。

（六）教学重点和难点

重点：立棒交接、错肩行进。

难点：交接棒准确到位。

（七）教学方法

1.教法：采用循序渐进的教学方法，不断提高难度。教师通过示范与讲解，指导学生完成各种练习内容。

2.学法：根据教师的示范与讲解动作技术，不断完成教师布置的内容，规范动作，抓住要点，循序渐进，克服心理障碍。

（八）教学流程

具体如图 3-1 所示：

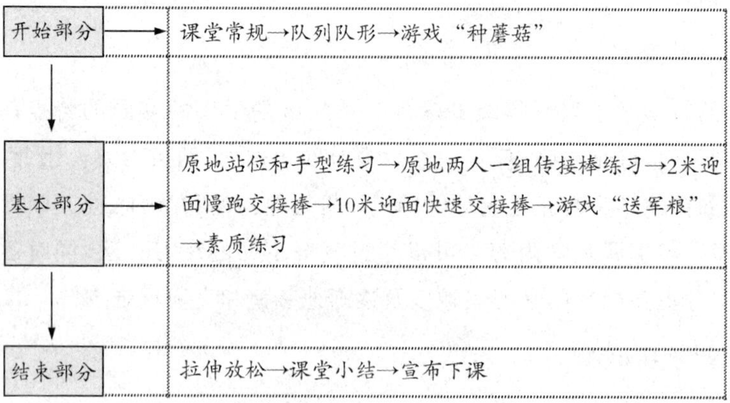

图 3-1　教学流程

（九）场地器材

篮球场、音响1套、标志碟41个、接力棒21根。

（十）教案设计

授课年级：三年级（水平二）　　　　**授课类型：新授课**

教学内容	1.田径：迎面接力跑。 2.素质体能练习。				
教学目标	1.运动参与目标：学生对迎面接力跑有一个整体、清晰的认识，知道迎面接力交接棒的完整动作要领，能说出迎面交接棒的动作方法，并能够积极主动地参与到课程中来。 2.运动技能目标：在教师讲解示范和多媒体教学手段的帮助下，75%的学生能基本掌握动作要领，并能做出迎面接力跑立棒交接和错肩行进的动作，且动作连贯、协调。 3.身体健康目标：通过迎面接力跑的练习，学生的快速跑能力得到提升。通过交接棒的练习，学生的身体灵活性、协调性逐步得到锻炼。 4.心理健康和社会适应目标：学生在练习中能够相互激励、互帮互评、互相指导，敢于挑战自我，体验成功的快乐，能够培养吃苦耐劳、团结合作、顽强拼搏的精神。				
重点难点	重点：立棒交接、错肩行进。 难点：交接棒准确到位。				
教学过程	教学内容	教师指导	学生活动	次数	时间
准备部分（约7′）	一、课堂常规 二、队列练习 1.四面转发。 2.原地踏步、齐步走、跑步走。 3.列队合队练习。 三、热身游戏 1.游戏："种蘑菇"。 2.自编体能操。	1.提出要求：体育委员整队，做到快、静、齐。 2.学生能够做到步调一致，跟上节奏。 3.在教师的带领下能积极地参与到游戏中来，遵守游戏规则，跟随音乐节奏。	1.队形：四列横队。 ♂♂♂♂♂♂♂ ♂♂♂♂♂♂♂ ♀♀♀♀♀♀♀ ♀♀♀♀♀♀♀ ★ 2.安全提示：游戏时保持合理的间距，避免发生碰撞。散点站位。	1次 2次 1次	约1′ 约2′ 约4′

续表

教学过程	教学内容	教师指导	学生活动	次数	时间
基本部分（约30′）	一、迎面接力跑 1.站位和手型练习。 2.站位练习。 3.原地手型动作练习。 4.交接棒的组合练习。 5.两人一组原地交接棒练习。 6.两人一组2米迎面慢跑交接棒练习。 7.小组10米迎面快速交接棒练习。	1.两脚前后站立，站在标志盘的左边练习。 2.练习握棒两端，接棒时虎口张开向前。 3.练习错位站立，相互配合能够完成交接棒。 4.练习错肩行进，传棒时立棒交接，接棒动作正确，做到不掉棒。 5.练习错肩行进，交接棒准确到位，顺利完成交接棒。	1.队形如下图所示。 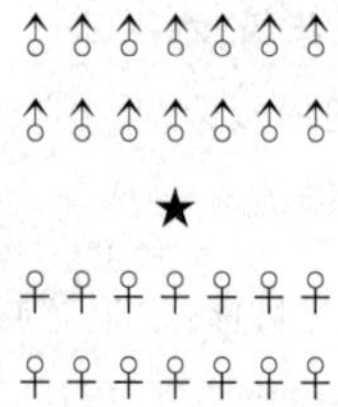 2.安全提示：听从教师指挥，自己不要随意练习。	多次	约23′
	二、“送军粮”游戏	游戏中既要护送“军粮”，又要做到错肩行进，传棒时立棒交接，接棒动作正确，做到不掉棒。	1.队形如下图所示。 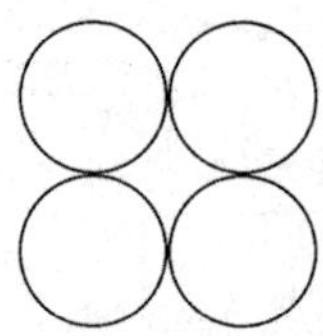 2.安全提示：跑动时注意安全，避免交接棒时相互碰撞。	2次	约4′
	三、素质练习	1.高抬腿练习。 2.立卧撑练习。 3.单脚跳。 4.跨步跳。 动作正确，肢体协调配合。		2次	约3′

续表

教学过程	教学内容	教师指导	学生活动	次数	时间
结束部分（约3′）	1.瑜伽放松：拉伸。 2.评价小结。 3.归还器材。 4.宣布下课，师生道别。	1.围圈而坐，调整呼吸，充分拉伸各肌肉群。 2.自我评价，师生互评。 3.归还器材，宣布下课。	1.队形：同上。 2.安全提示：保持合理左右之间距离。	1次	约3′
场地与器材	篮球场、音响一套、标志碟41个、接力棒21根。				
预计运动负荷	练习密度：55％左右 平均心率：120～130次/分				

（十一）课后反思

在教学设计时，考虑不周全，实施中存在很多不合理，如安全问题、纪律问题、组织问题、教学方法问题等，通过课堂的实施得到了验证，教师作出了以下改进：

1.预先了解学生身体、场地、器材状况。

2.做好充分的热身活动，在练习中不断地进行安全提示，注意学生间距以及练习秩序，强调交接棒时两人的错位跑动，避免相碰撞，安全第一。

3.注意场地合理布置，避免落地扭伤，结束部分要让学生自然放松。

4.随时关注学生的体征变化，合理控制运动负荷。

四、跨栏跑教学设计

（一）指导思想

落实立德树人根本任务，树立“健康第一”教育理念，深化体育教学改革，强化“教会、勤练、常赛”，构建科学、有效的“体育与健康”课程教学新模式，帮助学生掌握一两项运动技能，促进中小学生运动能力、健康行为、体育品德等核心素养的形成。

(二)教学内容

1.主教材:跨栏跑。

2.辅助教材:身体素质训练。

(三)教材分析

跨栏跑是一项技术比较复杂,对身体素质要求较高的径赛项目。为了能让学生更好地掌握动作技术,提高教学质量和教学效率,根据跨栏跑技术特点,结合教材,在进行跨栏跑教学过程中,应该注重激发学生兴趣,鼓励学生参与,这样才能发挥学生的潜能,达到一定的锻炼效果。跨栏跑是一种技术性很强且存在一定危险的项目,其练习的单调与乏味很难提起学生的锻炼热情。这样既影响锻炼效果,又容易发生意外事故。所以本堂课希望通过诱导,潜移默化地激发学生的学习兴趣,通过练习使学生获得基本的跨栏跑知识,掌握正确的过栏技术。在课的结构上,设置为:准备→诱导→练习→纠错→再练习→展示→放松。

(四)学情分析

授课对象为初中二年级的学生,经过前期的体育课学习,学生们已具备了一定的身体素质和运动能力,掌握了一定的运动技巧。男女生对体育的喜欢程度也不同,男生大部分喜欢运动,女生则喜欢程度不一。大部分学生心理素质比较稳定,过栏技术有一定的难度,同时也充满了挑战,很适合这个阶段的学生学习。

(五)教法与学法

1.教法

(1)根据实际,循循善诱:遵循教学规律和学生的认知规律,采用直观演示法、讲解示范法、观察法、讨论法、评价法等多种教学手段进行教学。

(2)因材施教,区别对待:设置不同的教学情景,如不同栏高、不同等距等引导学生,丰富内容,增加自主性和趣味性,消除学生的畏惧心理。

2.学法

(1)学生自行设计、安排本人的起跑线到第一栏的距离、栏间距、栏高等学练条件,灵活教学,增强练习的乐趣和实际效果。

(2)学生通过跨栏学练,体验成功,增强自信心,培养勇于拼搏、克服困难的品质。

(六)教学目标

1.运动参与目标

通过学习,学生有规律地参与到跨栏跑练习中来,并将体育活动作为生活中不可缺少的组成部分;掌握科学的跨栏跑动作技能,强调学生对科学锻炼身体的理论和方法的掌握与应用。

2.运动技能目标

基本做出摆动腿抬伸攻栏、起跨腿展拉跨栏动作,80%以上学生能以正确动作跨越栏架,20%左右学生能以较快速度连续跨越3个低栏;提高跨栏跑运动技能水平,增强跨栏跑运动技能的运用能力。

3.身体健康目标

具有安全地进行体育活动的能力,提高预防疾病的意识和能力;理解营养、环境和生活方式对身体健康的影响,形成健康的生活方式,改善身体健康状况。

4.心理健康与社会适应目标

通过跨栏跑一系列课程的学习,明确学生主体地位,培养积极的自我价值感,提高调控情绪的能力,形成坚强的意志品质;具有预防心理障碍和保持心理健康的能力,提高预防和消除心理障碍的意识和能力;具有和谐的人际关系、良好的合作精神,能够表现出良好的体育道德、团队意识和行为;具有积极的社会责任感,了解个人参与体育与健康活动的权利和义务,在体育与健康问题上表现出有责任感的社会行为,关心社会的体育与健康问题。

(七)教学重点与难点

重点:摆动腿的抬、伸、压,起跨腿的提、拉、送。

难点:过栏快,上下肢协调配合过栏。

(八)教学流程

1.准备部分:由教师组织活动来达到热身运动的目的,激发学生的参与热情,使学生以轻松愉快的心情进行练习。

2.基本部分:跨栏跑过栏技术的学习,打破传统"教师示范,学生练习"的教学方法,通过图片展示、师生探究来学习过栏技术,满足学生自主探究学习的兴趣,分层学习和成果展示使他们的个性再次得到张扬,他们之间合作更加密切,交流更加频繁,促进了同学之间的合作与交流。

3.最后通过师生共同放松,使学生从兴奋状态过渡到相对安静状态,结束本课教学。

(九)教案设计

授课年级:八年级(水平四) **授课类型:新授课**

教学内容	1.田径:跨栏跑。 2.身体素质练习。
教学目标	1.运动参与目标:通过学习,学生有规律地参与到跨栏跑练习中来,并将体育活动作为生活中不可缺少的组成部分;掌握科学的跨栏跑动作技能,强调学生对科学锻炼身体的理论和方法的掌握与应用。 2.运动技能目标:基本做出摆动腿抬伸攻栏、起跨腿展拉跨栏动作,80%以上学生能以正确动作跨越栏架,20%左右学生能以较快速度连续跨越3个低栏;提高跨栏跑运动技能水平,增强跨栏跑运动技能的运用能力。 3.身体健康目标:具有安全地进行体育活动的能力,提高预防疾病的意识和能力;理解营养、环境和生活方式对身体健康的影响,形成健康的生活方式,改善身体健康状况。 4.心理健康与社会适应目标:通过跨栏跑一系列课程的学习,明确学生主体地位,培养积极的自我价值感,提高调控情绪的能力,形成坚强的意志品质;具有预防心理障碍和保持心理健康的能力,提高预防和消除心理障碍的意识和能力;具有和谐的人际关系、良好的合作精神,能够表现出良好的体育道德、团队意识和行为;具有积极的社会责任感,了解个人参与体育与健康活动的权利和义务,在体育与健康问题上表现出有责任感的社会行为,关心社会的体育与健康问题。
重点难点	重点:摆动腿的抬、伸、压,起跨腿的提、拉、送。 难点:过栏快,上下肢协调配合过栏。

续表

教学流程	教学内容	组织形式	教法和要求	时间
准备部分（约 8′）	一、课堂常规 1.体育委员整队，检查人数。 2.师生问好，宣布课的内容。 3.检查服装，安排见习生。 二、热身活动 1.沿栏架慢跑。 2.准备活动。 三、针对性练习 正踢腿、侧踢腿、外摆腿、高抬腿、后踢腿和跨栏坐等的练习。	 图 1 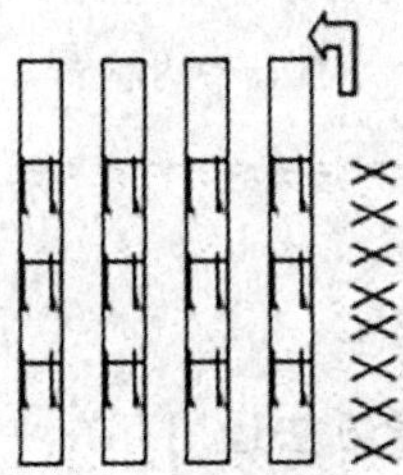 图 2	一、教法 教师领做，学生跟做。 二、要求 1.集合做到快、静、齐。 2.动作到位，活动充分。	约 8′
基本部分（约 34′）	一、跨栏技术学习 1.摆动腿栏侧过栏。 2.起跨腿栏侧过栏。 3.跨越一个低栏练习。（用胶带代替栏板） 4.连续跨越两栏练习。 5.根据不同水平的学生分层练习跨越 3 栏。 （1）两道胶带栏。 （2）3 道胶带栏。 （3）两道胶带栏＋1 道标准栏。 （4）3 道标准栏。（高度可适当提高） 6.优秀学生展示。	1.跨完后从两侧返回。 2.间距适当，前面跨完后面再跨。 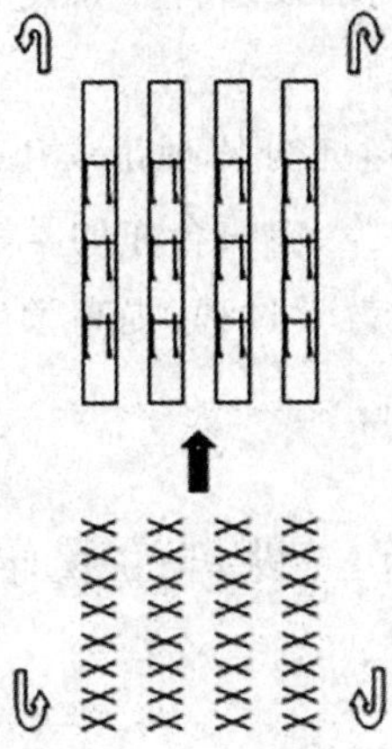	一、教法 1.教师完整示范。 2.分解示范讲解。 3.分解动作练习。 4.降低难度完整动作练习。 5.巡回指导，纠错。 6.分层练习。 7.优秀生展示、评价。 二、要求 注意安全，遵守纪律，动作到位。	约 29′
	二、身体素质练习 上肢力量：俯卧撑，单臂支撑转体。		一、教法 教师示范，组织练习。 二、要求 听从教师口令。	约 5′

续表

教学流程	教学内容	组织形式	教法和要求	时间
结束部分 (约 3′)	一、做放松操 二、课堂总结 三、回收器材 四、师生道别	♂♂♂♂♂♂♂ ♂♂♂♂♂♂♂ ♀♀♀♀♀♀♀ ♀♀♀♀♀♀♀ ★	一、教法 教师示范，师生同做。 二、要求 动作舒展到位。	约 3′
场地与器材	田径场、栏架 12 个。	预计平均心率	120～140 次/分	

(十)教学反思

在跨栏跑教学设计中，教学方法运用存在一些问题。分解教学法和完整教学法是田径技术教学中最基本的教学方法，其他的教学方法都是在这两种方法的基础上建立的，跨栏跑是由“跑”和“跨”两个基本技术组成。在跨栏跑中，跑和跨又必须紧密结合才能取得好成绩，是一种典型的完整—分解—再完整的过程。因此，在教学中要根据不同的技术特点和技术复杂程度，灵活选用两种教学方法。

同时要以学生发展为主体，充分体现出学生的主体地位和教师的主导作用，面向全体学生，营造自主体验、愉快合作的学习氛围；提供让学生思考的空间，倡导学有所思、思而后学的教学过程，提高学生参与练习的兴趣，促进其心理健康，增强其社会适应能力。

第二节　投掷的教学设计

一、原地侧向投掷沙包教学设计

(一)指导思想

本节课是以新《体育与健康课程标准》为指针，坚持“健康第一”的指导思想，以学生的发展为目的，以学生的自主学习为突破口，用创设与教学内容相适应的氛围,引入课堂教学,从学生的兴趣着手,避免了学习过程的枯燥,并关注个体差异与不同需求,确保每一个学生受益。让学生享受活动的乐趣,同时让学生在活动中健身、在活动中合作、在活动中创新,在活动中培养学生对于体育课的兴趣和认识。通过各种游戏调动学生学习轻物投远技术动作的积极性,更好地提高教学质量。

(二)教学内容

1.主教材:原地侧向投掷沙包。

2.辅助教材:体能练习。

(三)教材分析

原地侧向投掷沙包是小学二年级的重点学习内容之一,是必修课程。根据单元计划的要求,本课重点解决侧向投掷方向掷远的动作方法(蹬地、转体、快速挥臂),发展投掷能力。考虑到上下肢协调发展,安排了体能练习,发展学生下肢力量,培养学生的创造思维能力,以求得到身体的全面发展。经常进行投掷锻炼,对于增强学生腰腹、肩带及上肢肌肉力量,提高上肢的爆发力,发展身体灵敏性、协调性,提升学生参与投掷运动的能力,培养学生积极进取、勇敢顽强、团结协作的精神以及自信、果断的品质具有积极促进作用。

(四)学情分析

本次授课对象为小学二年级(水平一)的学生。该阶段学生正处于生长发育的关键时期,他们在身体素质方面呈现身高增长较快、力量素质发展较慢的特点,这也是他们柔韧性、协调性发展的最佳时期,把握好这个时期对于发展学生的柔韧性、协调性和灵敏度等素质都有很大的益处。此外,该阶段学生的运动基础较薄弱,但乐于参加体育活动,并乐于向同伴展示运动动作。他们比较活泼、思维反应敏捷,对动作的模仿能力和接受能力较强。通过本课的学习,使学生掌握投掷的动作要领,体会投掷中各部位逐步发力,出手时有鞭打抖腕动作;另外,学生之间通过相互学习与交流,形成团结合作的意识。

(五)学习目标

1.让学生知道原地侧向投掷沙包的动作要领,在学练中掌握原地持轻物投远的方法。

2.学会原地蹬地、转体、快速挥臂甩腕，要求动作连贯、协调有力，提高投掷的能力。

3.发展学生的灵敏性、协调性和上肢力量，培养学生积极参与体育运动的态度和行为。

4.让学生树立规则意识和安全意识，培养学生顽强拼搏、自信果断的意志品质以及积极进取、勇敢顽强、团结协作的精神。

（六）教学重点与难点

重点：蹬地、转体、肩上屈肘、快速挥臂甩腕。

难点：出手角度、用力动作连贯、协调用力。

（七）教学方法

在原地侧向投掷沙包教学时，综合运用练习、思考、探索、讨论等教学方法，在教师引导下，逐渐完成探索过程。这样不但学会了原地持轻物投远的动作，而且培养了学生分析问题、解决问题的能力。通过合作学习，互相观察，相互评价、提建议，共同进步。在教学中，让学生自己选择、设计、尝试、改进、练习、评价，充分发挥学生的主体地位。

（八）教案设计

授课年级：二年级（水平一）　　　　**授课类型：新授课**

<table>
<tr><td>教学内容</td><td colspan="3">1.田径：原地侧向投掷沙包。
2.体能练习。</td></tr>
<tr><td>学习目标</td><td colspan="3">1.让学生知道原地侧向持轻物投远的动作要领，在学练中掌握原地持轻物投远的方法。
2.学会原地蹬地、转体、快速挥臂甩腕，要求动作连贯，协调有力，提高投掷的能力。
3.发展学生的灵敏性、协调性和上肢力量，激发学生积极参与体育运动的热情。
4.让学生树立规则意识和安全意识，培养学生顽强拼搏、自信果断的意志品质以及积极进取、勇敢顽强、团结协作的精神。</td></tr>
<tr><td>教学重点</td><td>蹬地、转体、肩上屈肘、快速挥臂甩腕。</td><td>教学难点</td><td>出手角度、用力动作连贯、协调用力。</td></tr>
</table>

续表

教学过程	教学内容	教师活动	学生活动	学练队形及要求	德育渗透	时间与次数	
						时间	次(拍)数
开始部分(约 8′)	一、课堂常规 1.体育委员整队报告人数，师生问好。 2.教师宣布课程内容及要求。检查服装，安排见习生。	教师精神饱满，语言简洁清晰。	体育委员整队，学生精神饱满，注意力集中。	一、组织形式 如下图 1 所示： ♂♂♂♂♂♂♂ ♂♂♂♂♂♂♂ ♀♀♀♀♀♀♀ ♀♀♀♀♀♀♀ ★ 图 1	对学生进行“规则”教育，让其明白集体活动中纪律的重要性。	约 1′	1
	二、队列队形练习 三、游戏“声东击西”	教师讲解练习要求，指挥学生练习。	学生服从指挥，认真练习。	二、教学要求 1.快、静、齐，穿着运动服。 2.动作正确，声音洪亮；明确路线，整齐划一。	让学生懂得令行禁止的要求。	约 1′ 约 3′	2 2
	四、热身操 1.头部运动。 2.肩部运动。 3.扩胸运动。 4.体转运动。 5.弓步压腿。 6.踝腕运动。	播放音乐，教师用口令提示并领做。	学生在音乐的伴奏下，模仿动作。	3.跟随音乐节奏，动作欢快准确，充分活动身体的各个关节和韧带。	锻炼学生的协调性、节奏感。	约 3′	4×8 拍

续表

教学过程	教学内容	教师活动	学生活动	学练队形及要求	德育渗透	时间与次数	
						时间	次(拍)数
基本部分(约28′)	一、原地持轻物投远 1.专项练习：放风筝、砸钉子。 2.自由玩沙包。 3.尝试原地侧向投掷沙包。 4.分解动作练习：一蹬、二转、三挥臂。 5.蹬地、转体练习，快速挥臂甩腕练习。 6.解决出手角度练习。 7.教师讲解、示范完整动作。 8.学生挑战自我。 9.小组展示。	教师发口令，引导学生思考、探究，总结方法。 纠正学生的错误动作，总结练习要点。强调规则和安全。	学生认真练习，相互交流。 体验动作，掌握动作要领，发展投掷能力。 积极参与师生活动，主动探究，主动展示，主动评价。	一、组织形式 如图2所示。 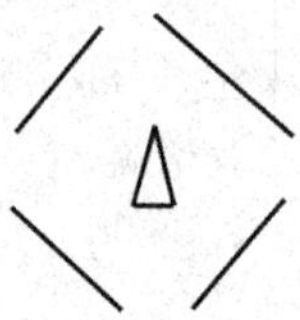 图2 二、教学要求 1.认真听讲，积极参与，主动尝试，刻苦练习。 2.积极参赛，文明观赛。	培养集体主义精神，学会团结协作。 积极参与练习，学会评价自己、评价他人，体验成功的喜悦。	约20′	多次
	二、体能练习 进行开合跳、提膝击掌、高抬腿、蹲起等练习。	教师讲解方法和规则，强调运动安全。	下肢力量练习。	一、组织形式 如图2所示。 二、教学要求 遵守纪律、注意安全、积极主动。	培养学生顽强拼搏、勇敢坚强的意志品质。	约8′	2次

续表

<table>
<tr><th rowspan="2">教学过程</th><th rowspan="2">教学内容</th><th rowspan="2">教师活动</th><th rowspan="2">学生活动</th><th rowspan="2">学练队形及要求</th><th rowspan="2">德育渗透</th><th colspan="2">时间与次数</th></tr>
<tr><th>时间</th><th>次(拍)数</th></tr>
<tr><td>结束部分(4′)</td><td>一、放松活动(《荷塘月色》)
二、师生总结
三、收还器材
四、师生道别</td><td>教师口令指引并领做。</td><td>学生模仿,身心放松。</td><td>一、组织形式
如图2所示。
二、教学要求
自评、互评、总评。</td><td>学会心理调适。
正确评价自己,学会欣赏他人。</td><td>3′
1′</td><td>4×8拍</td></tr>
<tr><td colspan="2">场地与器材</td><td colspan="6">沙包41个、音响1台。</td></tr>
<tr><td colspan="2">预计运动负荷</td><td colspan="6">平均心率:120～130次/分钟
练习密度:60%～75%</td></tr>
</table>

(九)课后反思

学生是学习的主人,是课堂上主动求知、主动探索的主体,教师教学的过程要顺应学生学习的过程。在教师的引导下通过三种方式的体验练习领会原地侧向投掷沙包技术的动作,并在分解动作练习后,以小组为单位进行尝试练习,通过学生的观察,提出问题,解决问题,遵循发力的顺序,从下往上逐步解决本节课的重难点。充分发挥学生的主体作用是优化教学过程、提高教学效率的关键。

在本堂课的教育教学中,设置一个亲切和谐、灵活宽松的课堂氛围,使学生真正体验到体育活动的乐趣。除了采用指令性集体练习外,也采用了非指令性的结伴练习形式,同时强调学生个体自由发挥的练习形式,为学生提供发展能力的广阔空间。

二、原地侧向投垒球教学设计

(一)指导思想

以习近平新时代中国特色社会主义思想为指导,全面贯彻党的教育方针,落实立德树人根本任务,树立"健康第一"教育理念,深化体育教学改革,强化

"教会、勤练、常赛",构建科学、有效的"体育与健康"课程教学新模式,帮助学生掌握原地侧向投垒球运动技能,促进小学生运动能力、健康行为、体育品德等核心素养的形成,为实现"健康中国""体育强国"作出体育学科的贡献。

(二)教学内容

1.主教材:原地侧向投垒球。

2.辅助教材:体能训练。

(三)教材分析

本课主教材原地侧向投垒球是小学四年级的教材内容,也是《课标》要求学会的基本动作之一。根据四年级学生的实际情况,从教与学的各个层面对学生的腰腹力量、投掷能力等都提出了新的要求。坚持"健康第一"的指导思想,遵循"课堂教学以学生需求为中心"的课程理念,在体育学习中以学生全面发展为中心,营造宽松、和谐的教学环境,使学生能够主动积极地进行创造性学习,掌握科学的自我锻炼、自我评价方法,使他们的身心得到和谐发展。

(四)学情分析

本课授课对象为四年级(水平二)学生。该阶段学生正处于生长发育的关键时期,他们在身体素质方面呈现出身高增长较快、力量素质发展较慢的特点,这个时期是他们的柔韧性、协调性发展的最佳时期,把握好这个时期对于发展学生的身体素质有很大的好处。此外,从学情上分析,该阶段学生运动基础薄弱,但乐于参加运动,喜欢展示自我,同时,他们的思维敏捷、性格活泼,对动作的模仿能力和接受能力较强。通过投掷的练习,发展学生的上肢力量、全身的协调性,培养学生自主学习、团队合作等能力。

(五)教学目标

1.运动参与目标

学生能够了解原地侧向投垒球的动作过程,建立正确的动作概念,培养兴趣,积极参与到课堂中来。

2.运动技能目标

学生能够了解蹬地转体、肩上屈肘、快速挥臂的动作过程,在教师的示范或挂图的帮助下,80%的学生能够初步完成原地侧向投垒球动作。

3.身体健康目标

通过一系列投掷的练习，发展学生的灵敏、柔韧、力量等身体素质和相关肌肉力量，同时提升学生的协调性、连贯性，促进学生的身体发育。

4.心理健康和社会适应目标

培养学生小组合作探究、创新能力及互帮互助的优良品质。具有积极的社会责任感，了解个人参与体育与健康活动的权利和义务，在体育与健康问题上表现出有责任感的社会行为，关心社会的体育与健康问题。

（六）教学重点与难点

重点：蹬地转体，肩上屈肘，快速挥臂。

难点：出手角度，协调用力，动作连贯。

（七）教学方法

教师提出问题，让学生在练习中思考寻找答案。教学中，教师运用了直观示范法的同时，并通过学生的模仿学习、探究学习、合作学习、根据学生能力的自主练习等多种教学手段，调动学生的学习积极性，使学生在宽松快乐的氛围中逐步体会蹬地转体、肩上屈肘、快速挥臂的时机，加深了学生对动作的印象。

（八）教案设计

授课年级：四年级（水平二）　　　　**课程类型：新授课**

<table>
<tr><td>教材内容</td><td>1.田径：原地侧向投垒球。
2.体能训练。</td><td>第1次课</td></tr>
<tr><td>教学目标</td><td colspan="2">1.运动参与目标：学生能够了解原地侧向投垒球的动作过程，建立正确的动作概念，培养兴趣，积极参与到课堂中来。
2.运动技能目标：学生能够了解蹬地转体、肩上屈肘快速挥臂的动作过程，在教师的示范或挂图的帮助下，80％的学生能够初步完成原地侧向投垒球的动作。
3.身体健康目标：通过一系列投掷的练习，发展学生的灵敏、柔韧、力量等身体素质和相关肌肉力量，同时提升学生协调性、连贯性，促进学生的身体发育。
4.心理健康和社会适应目标：培养学生小组合作探究、创新能力及互帮互助的优良品质。具有积极的社会责任感，了解个人参与体育与健康活动的权利和义务，在体育与健康问题上表现出有责任感的社会行为，关心社会的体育与健康问题。</td></tr>
<tr><td colspan="2">教学重点：蹬地转体，肩上屈肘，快速挥臂。</td><td>教学难点：出手角度，动作连贯，协调用力。</td></tr>
</table>

续表

课程顺序	教学内容	教师的指导	学生学习活动方式	组织形式	德育渗透	次(拍)数	时间
开始部分 (约 1′)	1.体育委员整队,报告人数。 2.师生问好,教师宣布学习任务和要求。	宣布本课的内容,提出学习的要求。	认真听教师宣布学习任务和要求。	♂♂♂♂♂♂♂ ♂♂♂♂♂♂♂ ♀♀♀♀♀♀♀ ♀♀♀♀♀♀♀ ★	激发学生的学习兴趣,树立自尊、自信。	1 次	约 1′
准备部分 (约 6′)	1.慢跑。 2.做热身操。 3.专项辅助练习。 (1)快速挥臂。 (2)两人一组协做蹬地转体练习。	1.教师提出练习要求。 2.播放音乐并引导学生游戏。 3.教师讲解练习要求。	1.听教师口令,跟随节拍按要求做准备活动。 2.在教师引导下尝试快速挥臂动作。 3.注意体会动作的要求和方法。	♂♂♂♂♂♂♂ ♂♂♂♂♂♂♂ ♀♀♀♀♀♀♀ ♀♀♀♀♀♀♀ ★	进一步激发学习兴趣,并使身体进行了充分的准备活动,为下一步学习新动作做准备。	1 次 4×8 拍	约 6′

续表

课程顺序	教学内容	教师的指导	学生学习活动方式	组织形式	德育渗透	次(拍)数	时间
基本部分(约30′)	一、原地侧向投垒球 1.尝试练习。 2.动作讲解与示范。 3.分组进行完整练习。 4.学生进行展示。	1.提出尝试练习要求。让学生尝试体会怎样投会投得更远。 2.介绍动作并示范。 3.讲解动作要领。 4.找学生尝试。 5.让学生合作练习。 6.巡视指导,并及时纠正动作。 7.及时点评总结。	按照教师的指令,听清练习要求,积极参与练习活动。 1.仔细观察,大胆尝试,体验发现。 2.学生徒手模仿练习。 3.主动参与、合作练习投垒球动作。 4.练习中注意听教师引导,及时改进动作。 5.投过一定高度的横绳。 6.根据能力选择练习方法。	♀♂♂♂♂♂♂ ♀　　　　　♂ ♀　　★　　♂ ♀　　　　　♂ ♀　　　　　♂ ♀♀♀♀♀♀♂	充分发挥学生的想象力,让学生探究模仿练习,独立思考,并努力找到正确解决问题的方法。 通过合作探究学习,使学生进一步学习并掌握动作要领,培养学生的独立判断能力。	多次	约20′

续表

课程顺序	教学内容	教师的指导	学生学习活动方式	组织形式	德育渗透	次(拍)数	时间
基本部分（约30′）	二、接力比赛 游戏规则 (1)将学生分成九组进行比赛。 (2)每组第一位同学从起点出发，跑向终点后将垒球放至指定区域，快速跑回起点，与下一名同学击掌进行接力比赛。 (3)首先完成的小组为胜利组。	1. 教师讲解游戏方法与规则。 2. 提出游戏要求和注意事项。 3. 组织学生进行游戏。	1. 学生认真倾听游戏方法和规则。 2. 学生认真听游戏要求和注意事项。 3. 学生在教师的带领下进行游戏。	♂♂♂♂♂♂ ♂♂♂♂♂♂ ♀♀♀♀♀♀ ♀♀♀♀♀♀ ↓↓↓↓↓↓★		2次	约6′
	三、体能训练 (1)轻松跑。 (2)波比跳。 (3)高抬腿。 (4)开合跳。	1. 教师带领并组织学生进行体能练习。 2. 教师积极评价练习情况。	学生按要求进行体能练习，克服练习困难。	♀♂♂♂♂♂♂ ♀　　　　　♂ ♀　　★　　♂ ♀　　　　　♂ ♀　　　　　♂ ♀♀♀♀♀♀♂	让学生体验游戏的快乐，并使其养成团结合作、公平竞争的意识，克服困难，积极参与。	2次	约4′

续表

<table>
<tr><th>课程
顺序</th><th>教学
内容</th><th>教师的
指导</th><th>学生学习
活动方式</th><th>组织
形式</th><th>德育
渗透</th><th>次(拍)
数</th><th>时间</th></tr>
<tr><td>结
束
部
分
(约 3′)</td><td>1.集合整队。
2.放松练习。
3.小结评价。
4.回收器材。
5.师生道别。</td><td>1. 集合整队。
2. 放松练习。
3. 小结评价。
4. 回收器材。
5. 师生道别，宣布下课。</td><td>1. 学生在教师的带领下做放松活动。
2. 积极回答教师提出的问题。
3. 师生道别。</td><td>♀♂♂♂♂♂♂
♀　　　　　♂
♀　　★　　♂
♀　　　　　♂
♀　　　　　♂
♀♀♀♀♀♀♂</td><td>使学生身心在轻松愉悦的音乐中得到放松。</td><td>1 次</td><td>3′</td></tr>
<tr><td rowspan="2">场地
器材</td><td colspan="3" rowspan="2">垒球 42 个、收录机 1 台、标志圈 9 个。</td><td>平均心率</td><td colspan="3">120～130 次/分</td></tr>
<tr><td>练习密度</td><td colspan="3">≥50%</td></tr>
</table>

（九）课后反思

教学方法比较单一，从头到尾都是传统的体育教学模式，对小学阶段的孩子来说缺乏趣味性，学生积极性不高。如果采用形象式教学方法，效果会更好。比如把投掷练习放在“八路军投掷手榴弹”的情景之中，在投掷后再针对问题让学生进行讨论，得出“满弓投出”的技术原理，还可以用枪炮的录音加以配合。练习设计修改成“设计场景—问题讨论—游戏”的过程，可根据学生的不同技术水平灵活选用，适当分组，关注个体差异。

三、轻物(塑料瓶)抛远教学设计

（一）教学内容

1.主教材：轻物（塑料瓶）抛远。

2.辅助教材：抛、接瓶游戏。

(二)指导思想

本课根据新《体育与健康课程标准》的精神要求,始终以“健康第一”为指导思想,同时坚持以教师为主导、学生为主体的理念。在教学过程中,通过改变教学策略和学生的学习方式,在游戏过程中、在互帮互学的热身激趣中,充分发展学生的身体、心理以及社会适应能力等综合素质,营造一种积极向上、欢快愉悦的课堂环境,使学生在体育课堂上体会到成功的乐趣,加深对体育课的热爱。

(三)教材分析

适当的练习上肢抛投动作能增进人的爆发力和全身协调性,在体育教学中占有举足轻重的地位。然而,抛投动作的教学也被学生和教师认为是比较乏味、枯燥的教学内容,学生学起来感到无聊,练起来又比较辛苦。如何才能激发学生的兴趣、调动学生的学习积极性就成为本堂课教学的关键。因此,在本课的设计中可用游戏来引导学生,用比赛的形式来取代枯燥、烦闷的投掷力量练习,从而更好地完成轻物抛远的教学内容。同时,本课以矿泉水瓶子为教具,使学生既锻炼了身体,又培养了保护环境的优秀品质。

(四)学情分析

本次授课对象是小学四年级的学生,正处于“水平二”阶段,他们在心理上更加注意教师和同学对自己的态度,团队意识逐渐加强,对集体性的游戏项目产生浓厚的兴趣。通过类似“抢瓶子”的集体游戏项目来证明自我,达到增强学生自信,更好地融入集体的目的。本课在教学设计上先让学生自主学习抛投动作,然后教师充分运用循序渐进的诱导式学习,让学生在不知不觉中掌握一系列的轻物抛远学习任务。

(五)教学目标

1.初步掌握背后过肩、前上屈肘、前上挥臂的侧向投掷动作,并应用到游戏活动中,发展投掷和快速跑的能力。

2.通过掷远的练习,学生可以看到自己的进步,使85%以上的学生能够体验到成功的乐趣。

3.练习中加强安全教育,注意交流合作,发扬体育精神,形成积极进取、顽强拼搏的生活态度。

(六)教学重点与难点

重点:背后过肩、肩上屈肘、前上挥臂。

难点:出手角度、蹬转协调、动作连贯。

(七)场地器材

塑料水瓶子 74 个、呼啦圈 4 个、跳高架 2 副、皮筋 2 条。

(八)安全措施

1.以装有彩水的矿泉水瓶子作为器材,不仅安全而且实用,能有效调动学生学习的兴趣,从而提高课堂教学的效率。

2.游戏中,有清晰的标志线、呼啦圈等标志物,目标清晰又安全,为学生创设良好的练习环境。

3.利用哨声指挥、提示性语言、练习方法讲解示范等方式,培养学生听从指挥、遵守规则的安全意识。

(九)教学流程

根据“目标引领内容”的原则,确定学习目标,选择恰当的教学内容,深入挖掘教材,采用合理的教学方法,有效突破教学的重难点,从易到难,层层递进地实施教学。借助游戏,补充主教材未能完成的目标,从而促进学习目标高效全面地达成。具体教学流程如下:

1.热身活动

利用“抢瓶子”游戏激发学生的学习兴趣,在动感音乐的伴奏下进行热身操练习,使学生身体得到充分活动,为下面的学习做好准备。

2.基本部分

教师引导学生体验生活,激发学生的学习兴趣;讲解示范动作要领,建立动作概念;徒手模仿,形成动作概念;双人拉肩,突破重点;完整体验,解决难点;完整练习,掌握动作;个别展示,学生评价,发现问题;投掷彩带,纠正出手角度;掷远比赛,体验成功乐趣。

通过以上教学环节,将学习的重难点贯穿于不断变化的活动之中,让学生在不知不觉中突破重难点,完成技术动作的学习,并在掷远比赛中体验成功的喜悦。最后通过“中国梦、太空梦”游戏,对所学的内容进行适当的提升和应用,既锻炼了体能，同时又对学生进行了爱国主义教育。

3.结束部分

教师带领学生拍打放松，让学生谈体会和收获，进行总结评价。

(十)教案设计

授课年级：四年级(水平二)　　　　**授课类型：新授课**

<table>
<tr><td>学习内容</td><td colspan="4">1.田径：轻物(塑料瓶)抛远。
2.抛、接瓶游戏。</td></tr>
<tr><td>学习目标</td><td colspan="4">1.初步掌握背后过肩、前上屈肘、前上挥臂的侧向投掷动作，并应用到游戏活动中，发展投掷和快速跑的能力。
2.通过掷远的练习，学生可以看到自己的进步，使85%以上的学生能够体验到成功的乐趣。
3.练习中加强安全教育，注意交流合作，发扬体育精神，形成积极进取、顽强拼搏的生活态度。</td></tr>
<tr><td>重点难点</td><td colspan="4">重点：背后过肩、肩上屈肘、前上挥臂。
难点：出手角度、蹬转协调、动作连贯。</td></tr>
<tr><td>顺序</td><td>教学内容</td><td>教师活动</td><td>学生活动</td><td>组织要求</td></tr>
<tr><td>开始部分(约7′)</td><td>一、课堂常规，
1.体委整队，师生问好，报告人数，检查服装，安排见习生。
2.宣布课程内容和任务。
二、准备活动
1.“抢瓶子”游戏。
2.徒手操。
三、专项准备活动</td><td>1.教师语言要清晰、简练。
2.教师讲解课程要求和任务。
3.教师带领学生一起做游戏。
4.教师讲解徒手操的动作和要求。
5.师生一同练习。</td><td>1.学生围圈站立。
2.学生和教师一同做“抢瓶子”游戏。
3.学生认真听讲、精神饱满。</td><td>1.基本队形
如下图所示：
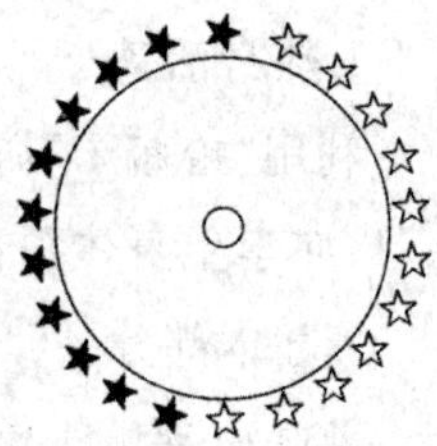
2.要求
集合做到快、静、齐。</td></tr>
</table>

续表

顺序	教学内容	教师活动	学生活动	组织要求
基本部分（约24′）	一、学生自主探究投掷方法	1.请学生开动脑筋，想出多种投掷的姿势，并进行尝试（如从身体侧面投掷、单双手抛投、从体前向前抛投等）。 2.讨论后，教师归纳原地侧向投掷。教师示范，建立动作概念。 3.双人拉肩练习。 4.投高练习。 5.投远练习。 6.小结，集体讲解动作要领。（左脚前，右脚后，肩上曲肘，用力投） 7.完整练习：分组轮换练习。 8.学生两人一组合作练习。 9.掷远比赛。	1.认真思考、大胆尝试、积极练习、遵守纪律。 2.学生徒手模仿，形成动作概念。 3.通过拉肩动作，突破重点，学生认真练习，积极体会动作。 4.投高练习，体会出手角度。 5.掷远练习，体会力量的重要性。 6.认真听教师讲解，仔细观察动作。 7.互相观察。 8.交流合作，认真练习。 9.积极参加比赛。	1.基本队形 如下图所示： 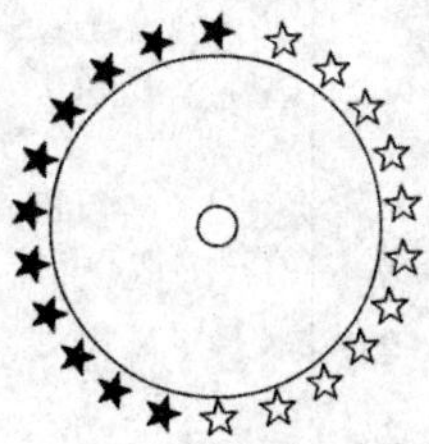 2.要求 认真体会重难点，听从指挥，注意安全。

续表

<table>
<tr><th>顺序</th><th>教学内容</th><th>教师活动</th><th>学生活动</th><th colspan="2">组织要求</th></tr>
<tr><td>基本部分
(约6′)</td><td>二、游戏
“中国梦、太空梦”。</td><td>1.教师讲解示范游戏方法、规则,强调摆放瓶子的方法。
2.组织学生进行游戏。
3.启发攻方学生快速、机智、果断地摆放神州火箭的造型。</td><td>1.学生认真听讲,搞清游戏方法和规则。
2.学生积极参与游戏,在教师启发下,开动脑筋,放开手脚,大胆创新。
3.学生进行游戏。</td><td colspan="2">1.基本队形
如下图所示:
♂♂♂♂♂♂♂
♂♂♂♂♂♂♂
♀♀♀♀♀♀♀
♀♀♀♀♀♀♀
★
2.要求
(1)跑动积极,摆放瓶子一定要站立,瓶子倒了扶起后才能进入下一个环节。
(2)前面同学返回起点线后,下一个同学才能接着进行。</td></tr>
<tr><td>结束部分
(约3′)</td><td>一、放松练习
二、课程小结
三、宣布下课</td><td colspan="2">1.跟教师一起进行放松活动。
2.教师总结本次课的情况。
3.师生道别。</td><td colspan="2"></td></tr>
<tr><td>预计运动负荷</td><td colspan="2">心率预计:120～130次/分。
密度预计:65%±5。</td><td>器材</td><td colspan="2">矿泉水瓶子74个,呼啦圈4个,皮筋彩带2根。</td></tr>
<tr><td>心率变化曲线图</td><td colspan="5">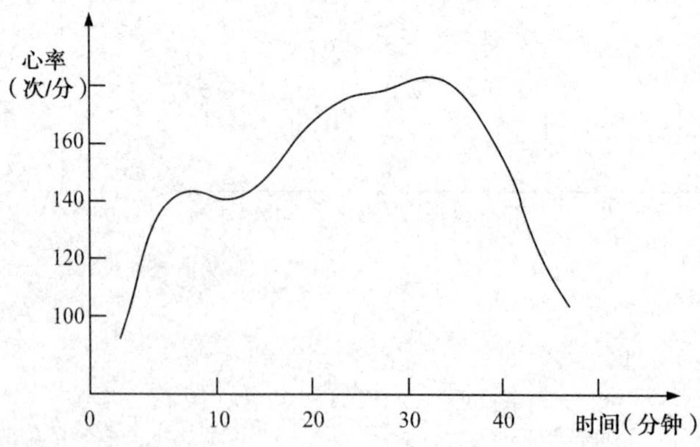
</td></tr>
</table>

(十一)课后小结

1.学生基本能掌握技术要领,自主练习的积极性较高。

2.培养了学生团结协作的精神。

3.增强了学生的创新思维。

四、原地侧向彩球掷远教学设计

(一)教学内容

1.主教材:原地侧向彩球掷远。

2.辅助教材:游戏“金色的小池塘”。

(二)指导思想

依据《体育与健康课程标准》的精神要求,坚持“健康第一”的指导思想,以学生发展为中心,帮助学生学会学习和锻炼,注重与学生的学习和生活经验相联系,激发学生的运动兴趣,培养学生体育锻炼的意识和习惯,合理地开发、创新、使用器材,运用有效的教学方法和评价手段,努力使每位学生都能掌握一定的体育与健康知识、技能和方法。

(三)教材分析

投掷项目是体育教材的一项重要内容,这个项目可以很好地发展学生的上肢力量和全身协调能力。“金色的小池塘”这个游戏可以培养学生创造性思维以及团结合作的优秀个性品质、遵守规则的意识和奋勇争先的集体主义精神。原地侧向彩球掷远这个技术动作的重点是背后过肩、肩上屈肘、前上挥臂,难点是蹬地、转体、最后用力的协调配合。主教材是投掷,运动强度较小,所以搭配的辅助教材是一个发展学生灵敏素质的小游戏,以跳跃和快速跑为主。全员同时进行,提高运动负荷。

(四)学情分析

小学六年级学生富于想象,有较强的求知欲和表现欲,对投掷活动有了一些认识,具有一定的投掷能力,也具备了合作学习和探究学习的基本能力。本节课以彩球为器材贯穿整个教学过程,通过合作学习、游戏活动等方式,调动学生学习的积极性,引导学生逐步掌握原地侧向投掷的动作方法,通过超越自我让全体学生都体会到成功的快乐,培养学生体育锻炼的意识和习惯。

(五)教学目标

1.通过学习使学生初步掌握背后过肩、肩上屈肘、前上挥臂的原地侧向投掷动作,发展力量、灵敏、协调等身体素质和快速跑能力。

2.在掷远比赛中,通过移动彩球落点处的标志物,让学生看到自己的进步,使学生体验到成功的乐趣。

3.通过游戏提高学生的主动参与意识和竞争意识,培养学生自信、勇敢、团结的意志品质。

(六)教材重难点

重点:背后过肩、肩上屈肘、快速挥臂。

难点:蹬转协调,动作连贯。

(七)场地器材

自制彩球 37 个、卡纸 37 张、标志物 4 个、标志杆 4 个。

(八)教案设计

授课年级:六年级(水平三)　　　　**授课类型:新授课**

教学内容	1.田径:原地侧向彩球掷远。 2.游戏"金色的小池塘"。
教学目标	1.通过学习使学生初步掌握背后过肩、肩上屈肘、前上挥臂的原地侧向投掷动作,发展力量、灵敏、协调等身体素质和快速跑能力。 2.在掷远比赛中通过设置不同难度的任务,让学生看到自己的进步,使大多数学生体验到成功的乐趣。 3.通过游戏提高学生的主动参与意识和竞争意识,培养学生自信、勇敢、团结的意志品质。

续表

<table>
<tr><th rowspan="2">课程
结构</th><th rowspan="2">课程内容</th><th rowspan="2">指导与练习</th><th colspan="2">运动负荷</th></tr>
<tr><th>次
(拍)数</th><th>时间</th></tr>
<tr><td>开
始
部
分
(约 2′)</td><td>课堂常规
1.体委整队,报告人数。
2.师生问好,检查服装,宣布教学内容。
3.安排见习生。</td><td>一、组织形式
如图 1 所示:
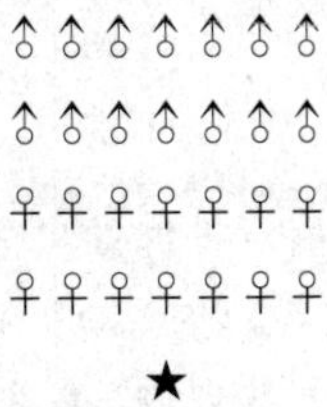
图 1
二、练习要求
1.集合做到快、静、齐。
2.积极动脑,加强合作学习。</td><td>1 次</td><td>约 2′</td></tr>
<tr><td>准
备
部
分
(约 5′)</td><td>一、慢跑热身
二、热身操
1.踏步热身。
2.伸展运动。
3.体转运动。
4.肩肘运动。
5.跳跃运动。
6.腕踝运动。</td><td>一、组织形式
如图 2 所示:
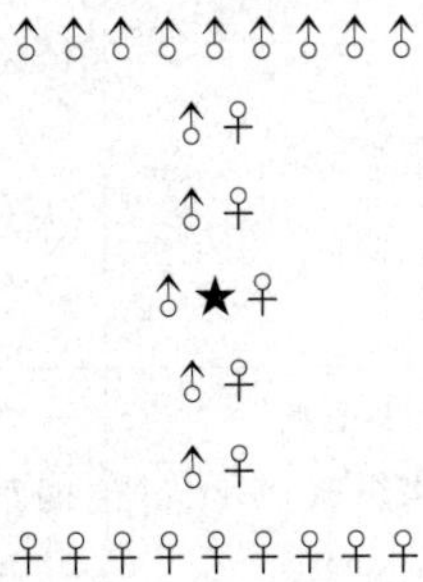
图 2
二、教学方法
1.教师讲解。
2.伴随音乐,教师领做。
三、教学要求
积极模仿,动作规范,韵律感强。</td><td>1 次
4×8 拍</td><td>约 2′
约 3′</td></tr>
</table>

续表

<table>
<tr><td rowspan="2">课程结构</td><td rowspan="2">课程内容</td><td rowspan="2">指导与练习</td><td colspan="2">运动负荷</td></tr>
<tr><td>次(拍)数</td><td>时间</td></tr>
<tr><td rowspan="2">基本部分(约30′)</td><td>一、原地侧向彩球掷远
1.熟悉器材。
(1)游戏热身:“踩龙尾”“放烟火”。
(2)投掷彩球。
2.动作要领:身体侧对投掷方向,两脚左右开立,左(右)脚在前,右(左)手持轻物向侧后方向引伸。右(左)腿微屈,然后右(左)腿蹬地、转体、挥臂,将轻物经肩上向前上方远处掷出。
3.教学重点:背后过肩、肩上屈肘、前上挥臂。
4.教学难点:蹬转协调,动作连贯。</td><td>一、组织形式
散点队形。
二、教学方法
1.语言导入,讲解游戏方法。
2.鼓励学生自己动手把彩带“变”成彩球并在空中划出美丽的“彩虹”。
3.徒手模仿。
4.持球完整体验。
5.通过甩响炮体会鞭打动作并强调出手角度和时机。
6.小组完整练习。
7.个别展示,师生评价 。
8.掷远比赛:设置不同距离的标志线,通过不断超越自己,体验成功的乐趣。
三、要求
认真体会重难点,听从指挥,注意安全。</td><td>2 次

多次</td><td>约 2′

约 24′</td></tr>
<tr><td>二、游戏“金色的小池塘”
1.游戏方法:四路纵队,学生讨论摆放“荷叶”的图案。
2.游戏规则:各小组提前摆放好“荷叶”,准备好接力棒。游戏开始后,第一名同学快速跳过全部“荷叶”跑至标志物后绕回将棒交给第二名同学,第二名同学继续游戏,以此类推。</td><td>一、组织形式
四路纵队。
二、教学方法
1.师生共同示范并讲解游戏方法与规则。
2.小组讨论图形摆放方案。
3.分组比赛。
4.总结评价。
三、要求
团结协作,遵守规则,注意安全。</td><td>2 次</td><td>约 4′</td></tr>
</table>

续表

<table>
<tr><th rowspan="2">课程结构</th><th rowspan="2">课程内容</th><th rowspan="2">指导与练习</th><th colspan="2">运动负荷</th></tr>
<tr><th>次(拍)数</th><th>时间</th></tr>
<tr><td>结束部分（约 3′）</td><td>一、做放松操
二、总结评价
三、回收器材
四、师生道别</td><td>一、队形
如图 2 所示。
二、教法
1.教师讲解示范。
2.学生模仿。
三、要求
回顾学习，畅谈感受，归还器材。</td><td>2 次
1 次</td><td>约 2′
约 1′</td></tr>
<tr><td>器材</td><td colspan="4">1.彩球 37 个、卡纸 37 张、标志物 4 个、标志杆 4 个。
2.音乐播放设备 1 套。</td></tr>
<tr><td rowspan="2">心率变化曲线图</td><td colspan="2" rowspan="2">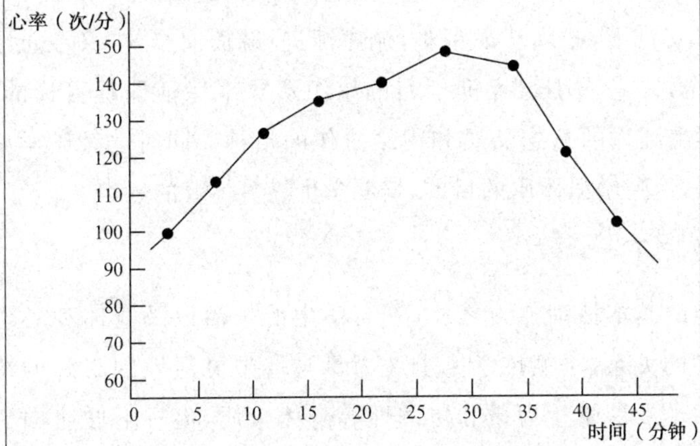
</td><td>练习密度</td><td>60%～75%</td></tr>
<tr><td>平均心率</td><td>120～130次/分</td></tr>
</table>

（九）教学反思

1.教学目标制定得不够明确，内容不够详细，彩球利用得不够充分，还可尝试体验更多的轻物投掷方法。

2.组织形式应更加灵活多样，可以尝试不同距离、不同角度的投掷练习。

3.教学方法和措施应具有针对性，利用器材要考虑安全及器材的损害程度。

五、原地双手头上前抛实心球教学设计

原地双手头上前抛实心球是投掷类项目中一种发展上肢力量的练习，是田径教学的主要内容之一，它是学习较复杂投掷动作的基础，也是一种自我力量练习的基本方法。本节课在激发能力拓展中让学生掌握本项运动知识和技能。

(一)教学内容

1.主教材:原地双手头上前抛实心球。

2.辅助教材:游戏“传球接力”。

(二)指导思想

构建科学、有效的“体育与健康”课程教学新模式，帮助学生掌握双手头上前抛实心球运动技能，促进中小学生运动能力、健康行为、体育品德等核心素养的形成，为实现“健康中国”“体育强国”作出体育学科的贡献。

在课的练习安排上，必须从易到难，循序渐进，既面向全体，又注重个性发展，注意运动安全，并采用小组互助学习的组织形式来保证课程目标的实现。在教学中培养学生顽强的意志品质和团结协作的精神。同时也教给学生锻炼身体的科学方法，达到增强体质的目的，培养学生终身体育的意识。

(三)教材分析

投掷是人体的基本活动能力之一，它与学生的生活以及身体和心理的发展有着非常密切的关系，是锻炼学生上肢力量与肩带灵活性的很好的练习形式。通过投掷教学发展学生力量和协调性等身体素质，促进上肢肌肉、关节、韧带的发展，培养学生遵守纪律、听从指挥的优良品质，促进学生对体育运动的感情认同，达到自主练习、主动探究的目的，从而启蒙学生终身锻炼的意识。双手正面头上前抛实心球是中小学田径投掷教材中的一项重要学习内容，对发展学生的投掷能力具有重要意义，这就要求我们体育教师在进行教学时，一定要尽量规范学生的动作。投掷项目具有一定的危险性，这就要求我们教师在教学的过程中一定要组织好学生。双手原地头上前抛实心球能够发展学生身体各部肌肉力量，培养学生健壮的体魄、充沛的精力、开朗的心情，促进其身心健康发展。

（四）学情分析

跑、跳、投是人类最原始的运动技能，其对人身体素质提高的重要性不言而喻。投掷项目对人体本身的爆发力、协调性发展都有很大帮助。中学生对体育运动有良好的参与意识，同学之间能团结合作，集体荣誉感较强。他们对动作的认识有自己的分析、理解，掌握较快。因此，教师在教学中少讲解，多提示，多用激励手段激发学生的学习兴趣。通过以前掷实心球的相关学习，学生对此动作有了一定的了解，但是由于教学目标不同，学生存在着上下肢动作不协调、不能调动全身力量投掷、出手速度慢等毛病。本课主要解决的问题就在于通过将整套动作分解、组合练习，让学生更直接地体会下肢及全身自下而上地用力。以此技术为基础，通过教师引导，与个人习惯结合，找到一套更加适合自身的动作，让学生在学习过程中享受创造的喜悦和成就感。本阶段的学生对新鲜事物都充满着好奇心与求知欲，我们要充分发挥学生的主动求知欲望，让学生带着疑问一点一点地了解课的内容，让同学们能够在生活中找到学习项目的类似应用，让学生充分了解学习的重要性与必要性。

（五）教学目标

1.认知目标

通过教学，学生能熟记并说出向前抛实心球的用力顺序，知道出手角度以及背躬的重要性。

2.技能目标

在教师的指导下，90％的学生能基本掌握抛实心球的出手位置和角度，一半以上的学生能熟练做出完整的前抛实心球动作。

3.情感目标

通过学练，培养学生积极参与、互帮互学的精神。

（六）教学重点和难点

重点：用力顺序及出手的角度。

难点：上下肢的协调配合，合理发力。

(七)教学方法

1.教法

本节课主要采用体悟式教学方法，采用讲解、示范、传授、启发、设问、游戏竞赛等方法，把学生的“思、学、练、评”有机地结合起来，注重激发学生对知识技能的兴趣，引导学生学习和练习的兴趣，满足学生的学习目标和探究动作顺序的好奇心，从而解决重点，突破难点，达成教学目标。

2.学法

通过有序、自主、合作练习的游戏，激发学生的学习热情，培养团队协作精神和勇于竞争的精神，让每一个学生都能充分体验成功的乐趣。

(八)场地器材

空地一块、实心球 47 个、米尺 1 个、多功能播放机 1 台。

(九)教学流程

1.准备部分

(1)课堂常规:体育委员整队集合，检查人数并汇报，师生问好。教师宣布本次课的内容和要求，安排见习生。

(2)准备活动:游戏“喊数抱团”，并在游戏热身之后进行定位徒手操的练习，活动各关节、肌肉。

(3)专项准备活动:小步跑、高抬腿跑、后踢腿跑、跨步跑等。

2.基本部分

(1)持球练习。

(2)采用游戏体验法，进行游戏传球接龙。方法与规则:学生一路纵队站立，每人通过背躬姿势，把实心球经过头顶由前往后传递。

(3)无球完整投掷动作的练习。

(4)双手头上前抛实心球练习。动作顺序:准备姿势—蹬地—摆体收腹—挥臂—甩腕、拨指。注意出手的位置。

(5)出手角度的练习。双手上步前抛实心球，利用一定距离，一定高度拉起的红线，能更好地在正确的出手角度掷出。

(6)游戏“传球接力”。

3.结束部分

集合,在音乐的伴奏下做放松操。总结本次课的情况,布置作业,安排学生安全有序地归还器材,宣布下次课的内容,师生道别。

（十）教学评价

1.评价学生学习快速跑练习时,做到语言简洁、及时有效,采用诊断性评价方式,帮助学生学会技术方法,提高自我,体验学习成功的乐趣,促进学生自我发展。

2.评价游戏时,采用激励性评价方式,充分肯定学生学习过程中的自主参与、互助合作。

（十一）德育渗透

本堂课有目的地将德育渗透至教学过程中:准备部分的队列队形练习中学生懂得令行禁止的要求,明白集体活动中的纪律;基本部分的小组练习,意在培养小组之间的互助合作意识;自主练习时,让学生选择目标并向着目标努力练习争取达标,培养学生正确的自我评价意识并明确竞赛不仅仅是战胜对手,更主要的是战胜自我;传球接力游戏时,培养学生遵守规则、努力拼搏、团结进取的意志品质。

（十二）教案设计

授课年级:六年级(水平四)　　　　**授课类型:新授课**

教学内容	1.田径:原地双手头上前抛实心球。 2.游戏:“传球接力”。
教学目标	1.认知目标:通过教学,学生能熟记并说出向前抛实心球的用力顺序,知道出手角度以及背躬的重要性。 2.技能目标:通过教学使学生初步掌握抛实心球的出手位置和角度。 3.情感目标:通过学练,培养学生积极参与、互帮互学的精神。
重点难点	重点:用力顺序及出手角度。 难点:上下肢的协调配合,合理发力。

续表

课程结构	课程内容	指导与练习	德育渗透	运动负荷	
				次(拍)数	时间
开始部分(约 8′)	一、课堂常规 1.集合整队,清点人数。 2.师生问好。 3.宣布课程任务,提出目标与要求。 4.检查服装,安排见习生。 5.队列队形练习。 二、引导学生慢跑(螺旋跑)	一、组织形式 如图 1 所示: 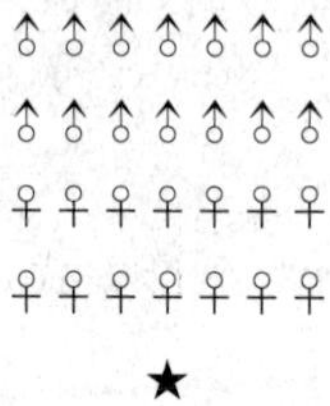 图 1 二、教学要求 1.集合做到快、静、齐。 2.积极动脑,加强合作学习。	培养学生的遵纪意识。学生懂得令行禁止的要求,明白集体活动中的纪律。	1 次 1 次	约 2′ 约 2′
	三、热身操 1.一般准备活动 (1)头部运动。 (2)扩胸运动。 (3)体转运动。 (4)腹背运动。 (5)弓步压腿运动。 (6)侧压腿运动。 (7)腕、踝关节运动。 2.专项准备活动。 (1)压肩活动。 (2)拉弓射箭。	一、组织 如图 2 所示:  图 2 二、教学要求 注意安全、遵守纪律、动作到位。 三、教学方法 1.教师示范并领做。 2.学生跑动积极,有秩序。 3.学生跟教师动作认真练习。	锻炼学生的柔韧性、协调性,节奏感。	2×8 拍 4 次	约 3′ 约 1′

续表

课程结构	课程内容	指导与练习	德育渗透	运动负荷	
				次(拍)数	时间
基本部分(约34′)	一、学习原地双手头上前抛实心球 1.动作要领：面对投掷方向，两脚前后开立，力量大的一条腿在后，身体重心落在后腿上，两膝微屈，双手举球至头的后上方，两臂自然伸直，然后利用双脚蹬地，收腹，利用挥臂的力量将球用力由头后向前上方（斜上方45度角）掷出。 2.用力顺序：由下往上，两腿用力蹬地，送髋收腹，两臂用力挥出掷球。出手速度要快，用力要猛，出手角度要掌握好。 3.安全事项：各组成员一定要听从小组长口令，确保安全练习。	一、组织形式 如图2所示。 二、教学要求 注意安全、遵守纪律、动作到位。 三、教学方法 1.讲解动作要领，做完整示范，并强调注意安全。 2.学生做初步尝试练习，并在练习中体会快速与慢速以及坐式与站式哪种方式掷得远。 3.根据学生回答带领学生做发力练习。 4.学生再次做完整练习。 5.教师出示弓箭（轻拉弓和用力拉弓演示对比），让学生回答哪种情况箭射得远。 6.学生体会背弓，再次练习。 7.再次出示弓箭（三个角度拉弓演示对比），哪种情况箭射得远。 8.学生判断出手角度，加标志线再次练习。 9.找优秀生示范。 10.学生再次练习并且每组选出一名投掷最远的同学决出班级冠军。	了解安全运动方法，在确保安全条件下练习。 小组练习时，培养小组同学之间的互助、合作意识。 自主练习时，培养学生正确的自我评价意识并明确竞赛不仅仅是战胜对手，更主要的是战胜自我。	多次	约26′

续表

课程结构	课程内容	指导与练习	德育渗透	运动负荷	
				次(拍)数	时间
基本部分（34′）	二、游戏:“传球接力”	一、组织形式 如图 3 所示: 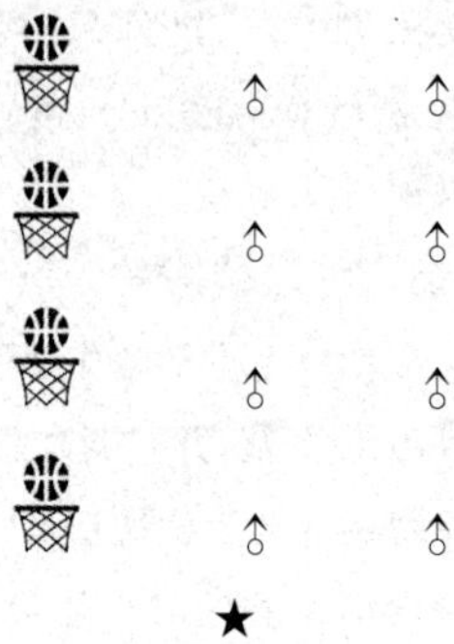 图 3 二、教学要求 注意安全,遵守纪律,动作到位。 三、教学方法 1.教师讲解练习方法。 2.学生积极有序地进行练习。	培养学生遵守规则、努力拼搏、团结进取的意志品质。	2 次	约 8′
结束部分（约 3′）	一、放松练习 二、集合小结 三、布置作业 四、归还器材 五、宣布下课	一、组织形式 如图 1 所示。 二、教学要求 注意安全、遵守纪律、动作到位。 三、教学方法 教师示范,学生积极放松身体。		1 次	约 3′
场地与器材	空地一块、实心球 45 个、15 米卷尺 1 个、篮球 20 个。				

续表

预计运动负荷	练习密度:≥60% 平均心率:120～140次/分
心率变化曲线图	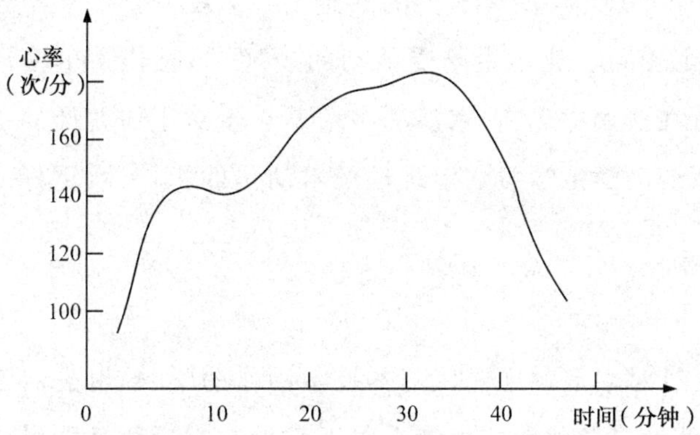

(十三)课后反思

反思各环节的组织情况和练习效果是否顺利完成本次课的学习目标。在哪些地方还存在不足,找出存在不足的环节,妥善地进行改正,以达到二次备课的目的。体育课如何发挥学生的主体作用,如何体现学生的主体性,确实是一个令人深思的问题。而在体育教学中,教师给学生创设一个宽松的学习环境,可以使学生发挥主观能动性,变学生被动学习为积极主动学习,使教师的教和学生的学融为一体,从而收到事半功倍的效果。

第三节　跳远的教学设计

一、立定跳远教学设计

(一)教学内容

1.主教材:立定跳远。

2.辅助教材:"单脚跳接力"游戏。

(二)指导思想

本节课是以新《体育与健康课程标准》为指针，坚持“健康第一”的指导思想，以学生的发展为目的，以学生的自主学习为突破口，用创设与教学内容相适应的氛围，引入课堂教学，并从学生的兴趣着手，关注个体差异与不同需求，确保每一个学生受益。让学生享受活动的乐趣，同时让学生在活动中健身、在活动中合作、在活动中创新，在活动中培养学生对于体育课的兴趣和认知。通过各种游戏调动学生学习立定跳远技术动作的积极性，更好地提高教学质量。

(三)教材分析

本节课学生通过对立定跳远项目基本技术动作的学习，对发展学生下肢力量、灵敏性和协调性以及跳跃能力都有很大帮助。立定跳远能增强学生腿部力量、弹跳能力，还能培养学生不畏困难、勇敢和果断的意志品质以及勇于拼搏战胜自我的精神，是学生较喜欢的一种体育项目，对增强学生体质、提高学生的体能和运动技巧都起到很好的作用，所以在小学体育教学中占有重要的地位。

(四)学情分析

跳跃是人体的基本活动之一，同时也是具有实用意义的体育项目，深受青少年的喜爱。本单元有三个组成部分：简单的各种方式的双脚跳、双脚跳上跳下 20 厘米物体和立定跳远。这些学习内容可以培养学生跳跃的正确姿势，发展学生的跳跃能力。因为部分三年级学生身体协调能力较差，还没有足够的力量在瞬间完成蹬地跃起后展腹、展髋、身体充分伸展，然后收腹、举腿、向前跃出这样复杂的动作过程。因此，本年级立定跳远主要是使学生掌握双脚蹬地跃起，向前上方跳出，并能双脚落地的方法。

(五)学习目标

1.学生知道立定跳远的动作要领，在学练中掌握立定跳远的方法。

2.学会两脚用力蹬、展体向前上方跳出，并且能做到收腹、提膝、屈膝缓冲轻巧落地，提高跳跃的能力。

3.发展学生的灵敏性、协调性和下肢力量，培养学生积极参与体育运动的态度和行为。

4.培养学生的规则意识、安全意识以及顽强拼搏的意志品质，学会合作，拥有集体主义荣誉感和爱国精神。

(六)教学重点与难点

重点：弹性屈伸与快速有力起跳相结合。

难点：上下肢体动作协调配合。

(七)设计理念

学生是学习的主人，是课堂上主动求知、主动探索的主体，教师教学的过程要顺应学生学习的过程，在教师的引导下经过小组讨论得出立定跳远技术动作完整概念，然后在教师讲解示范正确动作后，以小组为单位进行讨论，在改正自己动作问题后进行实测，对比测试成绩。充分发挥学生的主体作用，是优化教学过程、提高教学效率的关键。

1.组织形式要合理、新颖

教学过程中，要设置一个亲切和谐、灵活宽松的课堂氛围，使学生真正体验到体育活动的乐趣。除了采用指令性集体练习外，还可采用非指令性的结伴练习形式，同时强调学生个体自由发挥的练习形式，为学生提供发展能力的广阔空间。

2.教学方法要有实效性

在立定跳远教学时，综合运用练习、思考、探索、讨论等教学方法，在教师引导下，逐渐完成探索过程。这样不但让学生学会了立定跳远的动作，而且培养他们分析问题、解决问题的能力。在教学中，通过合作学习，让他们互相观察，请学生演示、评价、提建议，互相纠正，互相学习。让学生自己选择、设计、尝试、改进、练习、评价，充分发挥学生的主体地位。

(八)教案

授课年级:三年级(水平二) **授课类型:新授课**

<table>
<tr><td>教学内容</td><td colspan="7">1.田径:立定跳远。
2.游戏:“单脚跳接力”。</td></tr>
<tr><td>学习目标</td><td colspan="7">1.学生知道立定跳远的动作要领,在学练中掌握立定跳远的方法。
2.学会两脚用力蹬、展体向前上方跳出,并且能做到收腹、提膝、屈膝缓冲轻巧落地,提高跳跃的能力。
3.发展学生的灵敏性、协调性和下肢力量,培养学生积极参与体育运动的态度和行为。
4.培养学生的规则意识、安全意识以及顽强拼搏的意志品质,学会合作,拥有集体主义荣誉感和爱国精神。</td></tr>
<tr><td>教学重点</td><td colspan="2">弹性屈伸与快速有力起跳相结合。</td><td>教学难点</td><td colspan="4">上下肢体动作协调配合。</td></tr>
<tr><td rowspan="2">教学过程</td><td rowspan="2">教学内容</td><td rowspan="2">教师活动</td><td rowspan="2">学生活动</td><td rowspan="2">学练队形及要求</td><td rowspan="2">渗透德育教育</td><td colspan="2">时间与次数</td></tr>
<tr><td>时间</td><td>次(拍)数</td></tr>
<tr><td rowspan="2">准备部分(约8′)</td><td>1.课堂常规:整队,报告人数,师生问好。教师宣布课的内容及要求,检查服装。</td><td>教师精神饱满,语言简洁、清晰。</td><td>体育委员整队,学生精神饱满,注意力集中。</td><td>1.队形
如图1所示:
♂♂♂♂♂♂♂
♂♂♂♂♂♂♂
♀♀♀♀♀♀♀
♀♀♀♀♀♀♀
★
图1</td><td>对学生进行规则教育,明白集体活动中纪律的重要性。</td><td>约1′</td><td>1次</td></tr>
<tr><td>2.队列队形练习:齐步走、跑步走。</td><td>教师讲解练习要求,指导学生练习。</td><td>学生服从指挥,认真练习。</td><td>2.要求
(1)快、静、齐,穿运动服。
(2)动作正确,声音洪亮;明确路线,整齐划一。</td><td>通过练习,让学生懂得令行禁止的要求。</td><td>约3′</td><td>2~4次</td></tr>
</table>

续表

<table>
<tr><th rowspan="2">教学过程</th><th rowspan="2">教学内容</th><th rowspan="2">教师活动</th><th rowspan="2">学生活动</th><th rowspan="2">学练队形及要求</th><th rowspan="2">渗透德育教育</th><th colspan="2">时间与次数</th></tr>
<tr><th>时间</th><th>次(拍)数</th></tr>
<tr><td>准备部分
(约8′)</td><td>3.热身操：
①头部运动。
②肩部运动。
③腹背练习。
④开合跳练习。
⑤吸腿跳练习。
⑥预摆屈伸练习。</td><td>教师播放音乐，口令提示并领做。</td><td>学生在音乐的伴奏下模仿动作。</td><td>(3)跟随音乐节奏，动作欢快准确，充分活动身体的各个关节和韧带。</td><td>锻炼学生的协调性和节奏感。</td><td>4′</td><td>4×8拍</td></tr>
<tr><td>基本部分
(约29′)</td><td>1.新授：立定跳远。
(1)复习：双脚起跳、双脚落地。
(2)向前上方起跳。体会双起双落两臂向上摆，向前上方跳起动作。
(3)从高处向前上方起跳，体会挺身、展髋、膝踝关节伸展的动作。
(4)跳过一定高度物体，体会收腹、提膝、两小腿上举前伸、落地屈膝缓冲的动作。
(5)教师讲解示范。跳过不同距离的标志线。
(6)分组展示、评价。</td><td>1.教师发口令，引导学生练习。
2.纠正学生的错误动作，总结练习要点。</td><td>1.学生认真练习，相互交流。
2.体验动作，掌握动作要领，发展跳跃能力。
3.积极参与师生活动，主动探究、主动展示、主动评价。</td><td>1.队形
如图2所示：

图2
2.要求
认真听讲，积极参与，主动尝试，刻苦练习。</td><td>1.培养学生顽强拼搏、勇敢坚强的意志品质。
2.积极参与练习，学会评价自己、评价他人，体验成功的喜悦。</td><td>约21′</td><td>多次
2～4次
2～4次
2～4次
2～4次
2～4次
2～4次</td></tr>
</table>

续表

教学过程	教学内容	教师活动	学生活动	学练队形及要求	渗透德育教育	时间与次数	
						时间	次(拍)数
基本部分(约29′)	2.游戏:“单脚跳接力”。	教师讲解游戏方法和规则,强调安全。	1.学生遵守规则,保持整齐队形,激情高昂进行比赛。 2.下肢力量练习。	1.队形 如图2所示。 2.要求 积极参赛,文明观赛。	培养集体主义精神,学会团结协作。	约8′	2次
结束部分(约3′)	1.放松活动:“我和我的祖国”。 2.课程总结。 3.归还器材。 4.师生道别。	教师口令指引并领做。	学生模仿,放松身心。	1.队形 如图2所示。 2.要求 自评、互评、总评。	学会心理调适。正确评价自己,学会欣赏他人。	约2′ 约1′	4×8拍
预计运动负荷		练习密度:≥65% 平均心率:120~130次/分		场地与器材	体操垫41块、音响1台。		

二、蹲踞式跳远教学设计

蹲踞式跳远是以最快的速度踏板起跳,发展爆发力素质的教学内容。它是田径的重要内容。

学习蹲踞式跳远重点是发展学生的反应速度、运动速度和位移速度,发展腿部肌肉爆发力,在练习和比赛中培养竞争意识,体验蹲踞式跳远的乐趣。蹲踞式跳远教学中应采取多种形式的练习,如立定跳远、上前一步单脚跳等,以激发学生学习兴趣,使学生主动学习,达到身心健康的目标。

(一)教学内容

主教材:蹲踞式跳远。

辅助教材:游戏“翻山越岭”。

（二）指导思想

本课以“健康第一”为指导思想，以身体练习为主要手段，根据九年级学生身心特点紧紧围绕“以学生为主体、教师为主导”这个主线进行教学，注重学生的个体差异和运动体验，培养学生的实践和创新能力，在练习过程中实时渗透德育，使学生身心得到全面发展。

（三）教材分析

发展跳跃能力是初中跳跃教学的主要目标。跳跃是一项需要一定力量的运动，发展学生上下肢、腰腹部力量和身体协调素质是教学的重点。本次课通过学生的感官和体验去了解体会动作的基本形式，让学生体会加速助跑、找准步点、积极踏板、腾空摆臂、伸腿落地缓冲。让学生充分认识到只有发展力量和掌握合理的技术才能达到目标。

（四）学情分析

“水平四”学段的学生在小学已学过跳远，但并不了解起跳脚和踏板对接之间的关系。蹲踞式跳远也是学生认为较枯燥的一项内容。学生的身心活泼好动，对新事物的接受能力强，但注意力容易分散，所以在教学上首要措施就是激发学生的兴趣，采用体验式、讲解示范等组织教法和竞争式、小组评价等练习手段来引导学生积极锻炼。让学生体验式练习、自我归纳总结，通过练习来验证结论；采用以小组为单位练习，通过小组评价提升团队合作意识；教师以点、面结合的评价贯穿整个练习过程，让学生通过互相帮助、自我纠正来提升解决问题的能力。而游戏是学生比较感兴趣的活动，所以安排一个游戏可以集中学生的注意力，为基本部分打下良好的基础。

（五）教学目标

1.运动参与目标

学生能够积极主动地参与到本节课的学习中来，在教师的引导下，充分发挥学生的主体地位。

2.运动技能目标

学生能有意识地通过摆臂加大步幅、增快步频来进一步改进起跑后的技术动作，步频和步幅有效结合，发展学生的蹲踞式跳远的加速能力。

3.身体健康目标

学生通过蹲踞式跳远的练习，发展弹跳力、协调性、柔韧性等身体素质，提高蹲踞式跳远的能力。

4.心理健康和社会适应目标

通过蹲踞式跳远的练习，学生能认真、积极地奋力奔跑跳跃，初步建立起良好的组织纪律观念、竞争意识、团结协作精神，培养学生勇于克服困难的意志品质。

（六）教学重点与难点

重点：摆臂协调、加速充分、踩踏板、身体重心上移。

难点：起跳脚和踏板的对接。

（七）教学方法

本课主要采用尝试练习法、对比学习法、小组合作学习法等。首先让学生在尝试练习中发现自身动作的问题。在练习中通过学生间相互对比、评价、交流，在探讨中悟出动作要领，理解含义。最后通过集体表演、个人展示相结合，解决所发现的问题。促进学生积极主动地参与学习，提高其学习的自主性。

（八）场地与器材

沙坑、体操垫子 2 个、标志线 4 条、障碍物 2 个。

（九）教学流程

1.准备部分

(1)课堂常规：体育委员整队集合，检查人数并汇报，师生问好。教师宣布本次课的内容和要求，安排见习生。

(2)准备活动：进行定位徒手操的练习，活动各关节、肌肉。

(3)专项准备活动：①高抬腿；②弓步跳；③收腹跳；④上一步练习单跳双落地；⑤三步练习起跳。

2.基本部分

(1)助跑：放松自然，逐渐加速，最后几步加快步频，步点准确。

(2)起跳：起跳脚踏上起跳板后，蹬伸用力起跳快，摆臂摆腿配合快。

(3)腾空：腾空步后，起跳腿向前上方提举，身体呈团身蹲踞姿势。

(4)落地:两腿前伸落沙坑,屈膝缓冲安全着地。

用力顺序:由下往上,蹬地,腾空,缓冲落地。

3.游戏

“翻山越岭”。

4.结束部分

集合,在音乐的伴奏下做放松操。总结本次课的情况,布置作业,安排学生安全有序地归还器材,宣布下次课的内容,师生道别。

(十)教学重点与难点

教学重点:加速助跑,积极踏板,迅速腾空,缓冲落地。

教学难点:助跑与起跳的衔接。

(十一)教学评价

1.评价学生学习蹲踞式跳远练习时,做到语言简洁、及时有效。采用诊断性评价方式,帮助学生学会技术方法,提高自我,体验学习成功的乐趣,促进学生自我发展。

2.评价游戏时,采用激励性评价方式,充分肯定学生学习过程中的自主参与、互助合作。

(十二)德育渗透

本堂课有目的地将德育渗透至教学过程中:准备部分的队列队形练习中,学生懂得令行禁止的要求,明白集体活动中的纪律;基本部分的小组练习,意在培养小组之间的互助、合作意识;自主练习时,让学生选择目标并向着目标努力争取达标,培养学生正确的自我评价意识并明确竞赛不仅仅是战胜对手,更主要的是战胜自我;做“翻山越岭”游戏时,培养学生遵守规则、努力拼搏、团结进取的意志品质。

（十三）教案设计

授课年级：九年级（水平四） **授课类型：新授课**

教学内容	1.田径：蹲踞式跳远。 2.游戏："翻山越岭"。				
教学目标	1.运动参与目标：学生能够积极主动地参与到本节课的学习中来，在教师的引导下，充分发挥学生的主体地位。 2.运动技能目标：学生能有意识地通过摆臂加大步幅、增快步频来进一步改进起跑后的技术动作，步频和步幅有效结合，发展学生的蹲踞式跳远的加速能力。 3.身体健康目标：学生通过蹲踞式跳远的练习，发展弹跳力、协调性、柔韧性等身体素质，提高蹲踞式跳远的能力。 4.心理健康和社会适应目标：通过蹲踞式跳远的练习，学生能认真、积极地奋力奔跑跳跃，初步建立起良好的组织纪律观念、竞争意识、团结协作精神，培养学生勇于克服困难的意志品质。				
重点难点	重点：加速助跑，积极踏板，迅速腾空，缓冲落地。 难点：助跑与起跳的衔接。				
课程结构	课程内容	指导与练习	德育渗透	运动负荷 次（拍）数	运动负荷 时间
开始部分（约8′）	一、课堂常规 1.集合整队，清点人数。 2.师生问好。 3.宣布课程任务，提出目标与要求。 4.检查服装，安排见习生。 5.队列队形练习。	一、组织形式 如图1所示： ♂♂♂♂♂♂♂ ♂♂♂♂♂♂♂ ♀♀♀♀♀♀♀ ♀♀♀♀♀♀♀ ★ 图1 二、教学要求 1.集合做到快、静、齐。 2.积极动脑，加强合作学习。	培养学生遵守纪律意识。 学生懂得令行禁止的要求，明白集体活动中的纪律。	1次	约2′

续表

课程结构	课程内容	指导与练习	德育渗透	运动负荷	
				次(拍)数	时间
开始部分 (约 8′)	二、引导学生慢跑(螺旋跑)	一、组织形式 如图 2 所示： 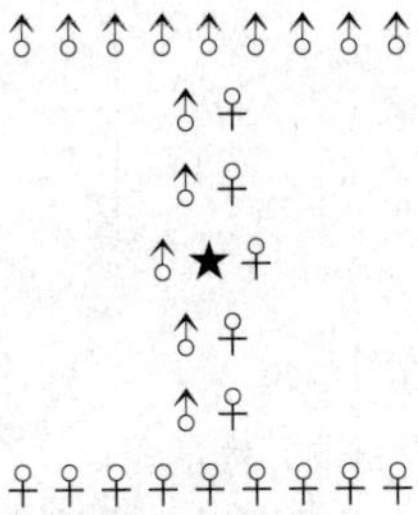 图 2 二、教学要求 注意保持队形，紧跟前面同学。 三、教学方法 1.教师讲解方法，口令提示。 2.学生跑动积极、有秩。	锻炼学生的柔韧性、协调性以及节奏感。	2 次	约 2′
	三、热身操 1.一般准备活动 ①头部运动。 ②扩胸运动。 ③体转运动。 ④腹背运动。 ⑤弓步压腿运动。 ⑥侧压腿运动。 ⑦腕、踝关节运动。 2.专项准备活动 ①高抬腿。 ②弓步跳。 ③收腹跳。 ④上一步练习单跳双落地。 ⑤三步练习起跳。	一、组织形式 如图 2 所示。 二、教学要求 动作舒展，准备活动充分。 三、教学方法 1.积极主动地完成各项辅助练习。 2.集中注意力看示范。 3.试着做蹲踞式跳远完整动作，大胆提出疑问。 4.认真看示范，注意听讲解。 5.认真体会助跑起跳动作。		2×8 拍 2 次	约 2′ 约 2′

续表

课程结构	课程内容	指导与练习	德育渗透	运动负荷	
				次(拍)数	时间
基本部分(约34′)	一、学习蹲踞式跳远 1.动作要领 ①助跑：放松自然，逐渐加速，最后几步加快步频，步点准确。 ②起跳：起跳脚踏上起跳板后，蹬伸用力起跳快，摆臂摆腿配合快。 ③腾空：腾空步后，起跳腿向前上方提举，身体呈团身蹲踞姿势。 ④落地：两腿前伸落沙坑，屈膝缓冲安全着地。 用力顺序：由下往上，蹬地、腾空、缓冲落地。 2.教学重点 加速助跑，积极踏板，迅速腾空，缓冲落地。 3.教学难点 助跑与起跳的衔接。 4.安全措施 各组成员一定要听从小组长口令，确保安全练习。	一、组织形式 如图3所示： 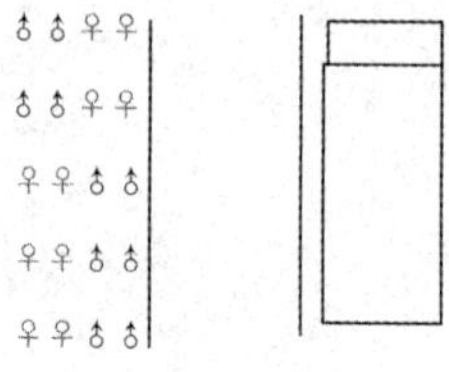 图3 二、教学要求 注意安全，遵守纪律，动作到位。 三、教学过程 1.示范蹲踞式跳远完整动作。 2.让学生试着做蹲踞式跳远完整动作并鼓励提出问题。 3.讲解、示范蹲踞式跳远的助跑与起跳。 4.助跑速度快，节奏稳定，踏板前达到最快速度，起跳脚上板快，两臂和摆腿配合摆动快，起跳腿蹬伸起跳快。 5.组织学生进行助跑起跳练习。 (1)把学生分成3～4组。 (2)助跑3～5步在踏板上起跳，落在沙坑里或体操垫上。 (3)助跑起跳。 6.指出易犯错误与纠正方法。 7.让部分学生展示及组织学生继续练习。 8.找优秀生示范。 9.学生再次练习并且每组选出一名跳得最远的同学决出班级冠军。	了解安全运动方法，在确保安全条件下练习。 小组练习时，培养小组同学之间的互助、合作意识。 自主练习时，培养学生正确的自我评价意识并明确竞赛不仅仅是战胜对手，更主要的是战胜自我。	多次	约30′

续表

<table>
<tr><th rowspan="2">课程结构</th><th rowspan="2">课程内容</th><th rowspan="2">指导与练习</th><th rowspan="2">德育渗透</th><th colspan="2">运动负荷</th></tr>
<tr><th>次(拍)数</th><th>时间</th></tr>
<tr><td>基本部分（约34′）</td><td>二、游戏
“翻山越岭”。</td><td>一、组织形式
如图 4 所示：
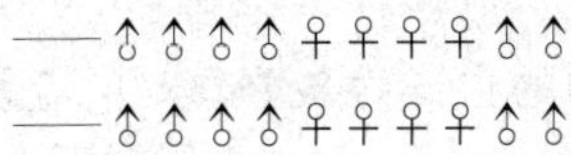
图 4
二、教学要求
1.教师讲解练习方法。
2.学生积极有序地练习。</td><td>培养学生遵守规则、努力拼搏、团结进取的意志品质。</td><td>2</td><td>约 4′</td></tr>
<tr><td>结束部分（约 3′）</td><td>一、放松练习
二、集合小结
三、布置作业
四、归还器材
五、宣布下课</td><td>一、组织形式
如图 1 所示。
二、教学要求
注意安全，遵守纪律，动作到位。
三、教学方法
教师示范，学生积极放松身体。</td><td></td><td>1 次</td><td>约 3′</td></tr>
<tr><td>场地与器材</td><td colspan="5">沙坑、体操垫子 2 个、标志线 4 条、音箱 1 台、障碍物 2 个。</td></tr>
<tr><td>预计运动负荷</td><td colspan="5">练习密度：≥75％
平均心率：120～140 次/分</td></tr>
<tr><td>心率变化曲线图</td><td colspan="5">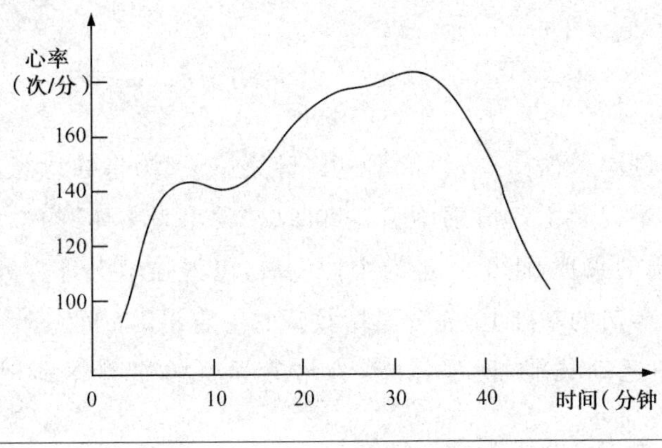</td></tr>
</table>

(十四)课后反思

通过认真备课和教学后发现学生易犯错误如下:助跑起跳点不准确;助跑与起跳脱节;起跳不充分。采用以下教学进行纠正:反复跑确定助跑的步数;从上步开始逐渐加速起跑;积极蹬伸起跳腿,充分起跳。

在传统教学中,教师的主导性较强,学生只是被动地听讲和练习,思维没有得到充分的激发和调动,学习和练习的效率比较低,所以应重视学生教学过程的参与。运用和谐互助模式,充分调动学生的积极性,学生主动参与,学习效果良好。教学中充分体现了教育教学的新思想、新观念,把发展学生个性与展示自我相结合,把学习运动技能与游戏比赛相结合,充分体现了活泼、自由、愉快的课堂新模式,力求学生在轻松愉快的游戏活动中学习和掌握知识,享受体育锻炼的乐趣。

三、挺身式跳远教学设计

学习挺身式跳远技术,并通过多种多样的发展跳跃能力的练习提高弹跳力,使下肢富有弹性;培养学生勇敢、果断、积极进取的优良品质,使他们战胜自我,获得自信,体验成功的乐趣,促进社会适应能力的发展。挺身式跳远教学中应采取多种形式的练习,如单腿跳接力游戏、助跑 2～3 步空中挺身练习等,以激发学生的学习兴趣,使学生主动学习,达到身心健康的目标。

(一)教学内容

主教材:挺身式跳远。
辅助教材:游戏“搬运工”。

(二)指导思想

本课以《体育与健康课程标准》为依据,以“健康第一”为指导思想,遵循初中生身心发展规律,重视学生的情感体验。贯彻以“学生为主体”的教学理念,激发学生对体育运动的兴趣,注重学生的个性发展,以增强学生身心健康为目的,在提高学生主动参与的基础上,充分发挥教师的主导作用;激发学生学习的积极性,提高学生的运动技能,增强体能,为培养学生的终身体育理念奠定基础。

（三）教材分析

跳远是九年义务教育教材《体育与健康》跳跃部分中的第二节内容。它由助跑、起跳、腾空、落地四部分组成。本节课为第二课次。挺身式跳远重点体验和学习腾空、落地技术动作，采用多种跳跃练习方法练习达成教学目标，发展学生身体的灵敏、协调等素质，提高弹跳力，培养学生克服困难、不断向新的目标挑战的优良品质。

（四）学情分析

1.教学对象

教学对象为初一女生。她们处于青春发育期，具备一定观察、分析、解决问题的能力，有较强的求知欲和模仿能力，但身体素质水平参差不齐，协调性一般。

2. 学生的学习起点分析

将近一半的学生从未接触过这个项目，还有一半直升的学生在小学阶段学习过挺身式跳远，对动作技术并不陌生。作为过程性考核的重点教学内容，为了夯实基础，先从助跑起跳入手，系统学习挺身式跳远技术。在第一课时学生学会助跑、起跳的方法，基本掌握助跑、起跳技术。

3.可能遇到的问题

本班也有个别体弱生，运动能力偏弱，掌握动作比较慢，需要教师因材施教。在教学中运用多种教学手段和练习方法，激发学生的练习兴趣，便于学生更好地学习新技术。

（五）教学目标

1.运动参与目标

学生能够积极地参与到挺身式跳远练习中来，并在学完之后，能说出其动作要领，了解其技巧，并运用到生活中。

2.运动技能目标

通过挺身式跳远内容的教学，85％的学生都能完成腾空挺身、落地屈身屈膝缓冲技术动作，并且男生能达到 3 米、女生达到 2.5 米的距离。

3.身体健康目标

发展学生身体的协调性，加强其腿部力量和奔跑速度，提高学生身体素质。

4.心理健康与社会目标

通过整堂课的教学，让学生在实践中克服困难，超越自我，体验成功的喜悦，同时，培养学生间团结合作的品质，提高学生观察模仿能力，调动学习积极性。

(六)教学重点与难点

重点：空中挺身。

难点：下放摆动腿。

(七)教学方法

本节课主要采用体悟式教学方法，采用讲解、示范、传授、启发、设问、游戏竞赛等方法，把学生的思、学、练、评有机地结合起来，注重激发学生学习和练习的兴趣，满足学生的探究的愿望，解决重点，突破难点，进而达成教学目标。通过有序、自主、合作练习的游戏，激发学生的学习热情，培养学生勇于竞争的精神，让每一个学生都能分享、体验成功的乐趣。

(八)场地器材

大海绵垫 8 块、踏板 6 个、米尺 1 个。

(九)教学流程

1.准备部分

(1)课堂常规：体育委员整队集合，清点人数并向教师汇报，师生问好。教师宣布本次课的内容和要求，安排见习生。

(2)准备活动：游戏“喊数抱团”。在游戏热身之后进行定位徒手操的练习，活动各关节、肌肉。

(3)专项准备活动：单足跳、立定跳远。

2.基本部分

(1)游戏引导：“抓青蛙”。通过游戏，导入基本部分内容，目的是活跃学习气氛，提升学习兴趣，使学生在游戏中达到锻炼和增强身体素质、培养优秀品质的目的。

(2)教授内容：挺身式跳远。

①完整技术动作示范教学。

动作要领:助跑快速,大跳有力,腾空挺身,落地缓冲。

起跳脚上板快,摆动腿及两臂协调配合摆动快,起跳脚蹬伸快。腾空后,起跳腿前提与摆动腿屈膝并拢,在空中完成挺身式姿势。落地身体前倾,屈膝缓冲落地,同时两臂由身后向前摆动。

②强调重点,将学生分组实行练习。

③给予技术指导及准确评价。

④采取因材施教的方法实行教学。

⑤请优秀学生做完整动作展示。通过观摩和教师的即时点评,学生对跳远技术有了更清楚的了解,对比自身练习情况,改进动作技术,进一步激发练习热情,努力练习。

⑥点评。

(3)游戏:“搬运工”。

①看清动作示范,认真听讲。

②遵守游戏规则。

③分组游戏。

3.结束部分

集合,在音乐的伴奏下做放松操。教师总结本次课的情况,布置作业,安排学生安全有序地归还器材,宣布下次课的内容,师生道别。

(十)教学评价

1.评价学生学习挺身式跳远练习时,做到语言简洁,及时有效,采用诊断性评价方式,帮助学生学会技术方法,提高自我,体验学习成功的乐趣,促进学生自我发展。

2.评价游戏时,采用激励性评价方式,充分肯定学生学习过程中的自主参与、互助合作。

（十一）教案设计

授课年级：七年级（水平四）　　　　　**授课类型：新授课**

<table>
<tr><td>教学内容</td><td colspan="5">1.田径：挺身式跳远。
2.游戏：“搬运工”。</td></tr>
<tr><td>教学目标</td><td colspan="5">1.运动参与目标：学生能够积极地参与到挺身式跳远练习中来，并在学完之后，能说出其动作要领，了解其技巧，并运用到生活中。
2.运动技能目标：通过挺身式跳远内容的教学，85%的学生都能完成腾空挺身、落地屈身屈膝缓冲技术动作，并且男生能达到 3 米、女生能达到 2.5 米的距离。
3.身体健康目标：发展学生身体的协调性，加强其腿部力量和奔跑速度，提高学生身体素质。
4.心理健康与社会目标：通过整堂课的教学，让学生在实践中克服困难，超越自我，体验成功的喜悦，同时，培养学生间团结合作的品质，提高学生观察模仿能力，调动学习积极性。</td></tr>
<tr><td>重点难点</td><td colspan="5">重点：空中挺身。
难点：下放摆动腿。</td></tr>
<tr><td rowspan="2">课程结构</td><td rowspan="2">课程内容</td><td rowspan="2">指导与练习</td><td rowspan="2">德育渗透</td><td colspan="2">运动负荷</td></tr>
<tr><td>次(拍)数</td><td>时间</td></tr>
<tr><td>开始部分（约 8′）</td><td>一、课堂常规
1.集合整队，清点人数。
2.师生问好。
3.宣布课程任务，提出目标与要求。
4.检查服装，安排见习生。
5.队列队形练习。</td><td>一、组织形式
如图 1 所示：
♂♂♂♂♂♂♂♂
♂♂♂♂♂♂♂♂
♀♀♀♀♀♀♀♀
♀♀♀♀♀♀♀♀
★
图 1
二、教学要求
1.集合做到快、静、齐。
2.积极动脑，加强合作学习。</td><td>培养学生遵守纪律意识。
学生懂得令行禁止的要求，明白集体活动中纪律的重要性。</td><td>1 次</td><td>约 2′</td></tr>
</table>

续表

<table>
<tr><th rowspan="2">课程结构</th><th rowspan="2">课程内容</th><th rowspan="2">指导与练习</th><th rowspan="2">德育渗透</th><th colspan="2">运动负荷</th></tr>
<tr><th>次(拍)数</th><th>时间</th></tr>
<tr><td rowspan="2">开始部分(约8′)</td><td>二、引导学生慢跑(螺旋跑)</td><td>一、组织组织
如图2所示:
♂♂♂♂♂♂♂♂
♂♀
♂♀
♂★♀
♂♀
♂♀
♀♀♀♀♀♀♀♀
图2
二、教学要求
安全第一、遵守纪律、技术标准。
三、教学方法
1.教师讲解方法,口令提示。
2.学生跑动积极、有序。</td><td>锻炼学生的柔韧性、协调性、节奏感和频率。</td><td>1次

4×8拍</td><td>约2′

约2′</td></tr>
<tr><td>三、热身操
1.一般准备活动
(1)头部运动。
(2)扩胸运动。
(3)体转运动。
(4)腹背运动。
(5)弓步压腿运动。
(6)侧压腿运动
(7)腕、踝关节运动。
2.专项准备活动
(1)单足跳游戏。
学生2～3路纵队,左手依次搭于前者左肩,右腿直膝前举,前者依次握其踝关节,各队按“1—2—2”口令有节奏地前跃。
(2)立定跳远练习。</td><td>一、组织形式
如图3所示:
♂♂♂♂♂♂♂
♂♂♂♂♂♂♂
♀♀♀♀♀♀♀
♀♀♀♀♀♀♀
★
图3
二、教学要求
安全第一、遵守纪律、技术标准。
三、教学方法
1.教师示范并领做。
2.学生跟教师动作认真练习。</td><td>了解安全运动方法,在确保安全的条件下练习。</td><td>2次</td><td>约2′</td></tr>
</table>

续表

课程结构	课程内容	指导与练习	德育渗透	运动负荷	
				次(拍)数	时间
基本部分(约34′)	一、挺身式跳远 1.游戏:“抓青蛙”。 2.挺身式跳远。	一、组织形式 如图 4 所示:  图 4 二、教学要求 注意安全、遵守纪律、动作到位。 三、教学方法 1.讲解动作要领并做完整示范。 2.学生初步尝试练习,体会动作。 3.根据学生回答带领学生做发力和身体协调练习。 4.学生再次做完整练习。 5.教师展示空中挺身式动作、落地屈身、屈膝动作。 6.学生体会,再次练习。 7.找优秀生示范。 8.学生再次练习并且每组选出一名跳得最远的同学决出班级冠军。	小组练习时,培养小组同学之间的互助、合作意识。 自主练习时,培养学生正确的自我评价意识,并明确竞赛不仅仅是战胜对手,更主要的是战胜自我。	多次	约 29′

续表

课程结构	课程内容	指导与练习	德育渗透	运动负荷	
				次(拍)数	时间
基本部分(约34′)	二、游戏： “搬运工”。	一、组织形式 如图5所示： 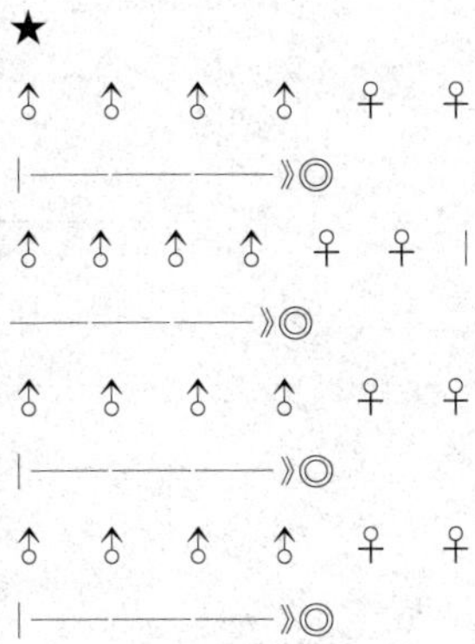 图5 二、教学要求 安全第一、遵守纪律、技术标准。 三、教学方法 1.教师讲解练习方法。 2.学生积极有序地练习。	培养学生遵守规则、努力拼搏、团结进取的意志品质。	2次	约5′
结束部分(约3′)	一、放松练习 二、集合小结 三、布置作业 四、归还器材 五、宣布下课	一、组织形式 如图1所示。 二、教学要求 安全第一、遵守纪律、技术标准。 三、教学方法 教师示范，学生积极放松身体。		1次	约3′
场地与器材	大海绵垫8块、踏板6个、米尺1个。				

续表

预计运动负荷	练习密度：≥75% 平均心率：120～140次/分
心率变化曲线图	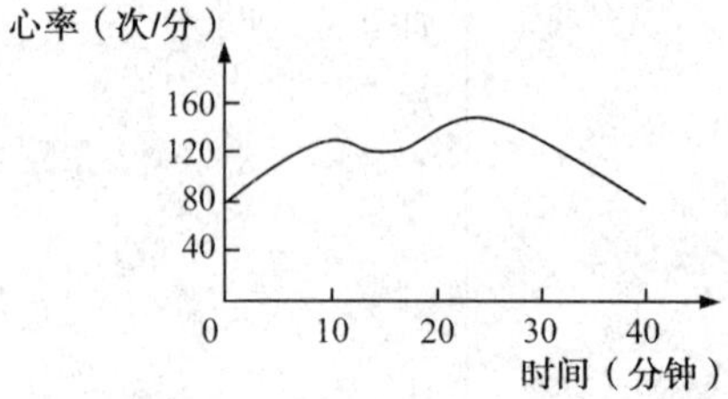

（十二）课后反思

1.在上课过程中学生易犯的错误

（1）摆动腿不下放或动作质量差。

（2）过早挺身。

（3）挺腹代替挺身。

2.纠正办法

（1）加深对动作结构的理解，反复模仿练习，也可以在单杠上或双杠上支撑做下摆动腿的练习，体会空中放退、挺身、展体动作和肌肉用力的感觉，同时加强身体的协调性练习。

（2）多做腾空步练习，腾空后听到信号或越过标记再下放摆动腿。

（3）短距离助跑起跳，腾空时头部正直，下放摆动腿时先向下伸展髋部后稍向后摆，在空中呈挺身姿势；支撑或悬垂在器械上（单杠、双杠），模仿挺身动作。

第四节　跳高的教学设计

一、跨越式跳高的教学设计之一

跨越式跳高是小学体育教学的基本项目之一，也是小学生喜爱的体育项目,它是最接近生活中跑与跨跳的自然动作。其动作结构可分为助跑、起跳、过杆和落地四个部分,这四个部分是相互联系的有机整体,不能截然分开。它的具体动作就是通过助跑,身体向空中腾起,并越过一定高度的横杆。从技术上分析,助跑与起跳是关键,对于小学三年级学生,起跳的教学尤为重要。另外,过杆的姿势也很重要,在各种过杆姿势中,跨越是最基本的一种。根据小学体育课程标准和三年级小学生作为初学者的实际情况,以跨越式跳高为教学重点,有助于学生掌握助跑、起跳的技术及正确方法。增强学生的下肢力量,提高其弹跳能力,发展身体的协调性,培养学生勇敢、顽强和相互合作的精神。

（一）教学内容

1.主教材:跨越式跳高。

2.辅助教材:游戏“投准、障碍接力”。

（二）指导思想

体育学科是以身体练习为主要手段,以增进学生健康为终极目的一门活动课程,因此在教学内容、方法和手段的选择上,要坚持以人为本,以学生自主自我发展为基础,大胆吸收课改成果,敢为人先,强调教学设计和思路创新。通过探究性学习、合作学习及各种教学手段提高学生学习兴趣,发展学生个性,培养学生终生体育意识,把体育知识的传授及良好品德的培养作为体育教学重要内容,寓德于教。

（三）教材分析

本课的教学内容是跨越式跳高,它是跳跃教材的主要内容。教材要求学生学会助跑 3～5 步起跳,逐渐加速,借助冲力,迅速腾空,两腿依次跨越过杆。通过选择易学易练的辅助练习,让学生循序渐进地体会学习跨越式跳高的动作,树立自信心,增强力量、爆发力和协调性等。跨越式跳高是最基本的跳高技术,接近生活中跑与跨越的自然动作,具有一定的实用价值。它不仅可以健体强身,还可以提高身体的灵敏性、协调性、柔韧性,使人轻盈矫健,既健身又健美。把跨越跳高定为主教材,并将游戏引入课堂,为学生营造一个愉悦和谐的体育氛围，激发学生对体育的兴趣，创新练习方式，提高学生的体育技能，为学生终身体育打下基础。

（四）学情分析

小学三年级学生以前已经学过多种方式的跳，具有了一定的跳跃能力，对跳高项目较有兴趣，这对实现教学目标极为有利。但小学生安全意识差，自我保护能力差，容易出现伤害事故。教师要加强安全教育，加强保护与帮助，采取切实可行的安全防范措施，防患于未然。跨越式跳高是小学阶段教材的重要内容，占有相当的比例，教学中也占有十分重要的地位。本课安排跨越式跳高练习，是以学生的生理、心理特点为依据的，这个时期学生的骨骼弹性好，关节活动范围不太大，神经灵活性高，反应快，容易接受、学习新的动作，是发展弹跳素质的较好时期。但是由于跨越式跳高的技术动作较为繁杂，学生掌握得并不是十分理想，因此应进行反复教学。结合小学三年级学生的认知水平，以"快乐体育"为宗旨的教育模式为指导，充分发挥教师的主导作用和学生的主体作用，使学生在参与、体验过程中，体会学习之乐、游戏之乐和与人合作之乐。

（五）教学目标

1.认知目标

积极参与体育课的学习并利用已有的场地器材练习跨越式跳高的过杆技术。

2.技能目标

发展弹跳力、灵敏性、协调性等综合能力，为终身体育打下基础。

3.情感目标

培养学生勇敢、顽强、果断、吃苦耐劳的意志品质，树立勇于战胜困难和挫折的信心，战胜自我、超越自我，体验成功的乐趣，促进心理健康水平的提高。

（六）教学重点与难点

重点：体会摆动腿过杆后内旋并下压。

难点：跨越式跳高助跑与起跳相结合。

(七)教学方法

1.教法

本节课采取由简到难、循序渐进、动态分组、自我选择的方法,结合游戏、音乐方式,通过辅助练习、模仿练习、合作练习等多种方法,使师生之间互动互学、互相指导评价,体验到学习和运动的乐趣,共同完成学习目标。利用学生模仿能力强、好动及爱表现自己的特点,应用规范优美的完整动作示范,激发学生的学习兴趣。在学生练习过程中,应用个别指导与纠正错误相结合的方法,引导学生学习规范的动作。

2.学法

通过分组练习使学生的自主学习、交互学习和探究学习的过程成为学生发现问题、提出问题、分析问题和解决问题的过程,充分调动学生的积极性和主动性。为了避免学生受伤、帮助他们克服胆怯心理,可利用橡皮筋取代横杆进行跨越式跳高教学,这样试跳的机会多,练习密度大,降低了难度,使学生的身心都能处于高度的和谐与兴奋之中,因而能够充分满足学生的运动欲,较好地完成体育课的任务。

(八)场地器材

空地 1 块、秒表 1 块、橡皮筋 4 条、体操垫 4 块。

(九)教学流程

1.准备部分

(1)课堂常规:集合整队,清点人数,宣布上课内容。

(2)准备活动:慢跑,做趣味小游戏,做热身操活动各关节、肌肉。

(3)专项准备活动:小步跑、高抬腿、后踢腿、提膝摆腿、单摆腿起跳。

2.基本部分

(1)跨越式跳高动作技术教学:原地两腿摆动练习;上一步起跳直腿摆动跨跳练习;正面助跑起跳。屈腿越过橡皮筋;侧面助跑踏跳,两腿依次越过橡皮筋。

(2)教师讲解、示范跨越式跳高的动作要领:助跑—跨跳—过杆—落地。

(3)分步骤解决跨越式跳高的重难点。教师指导练习,自定目标,开展互学、互帮、互纠、互评的教、学、练相长活动。展示与评价:进行自我展示和集体展示,提倡自评、互评和教师评价。学生讨论在练习中出现的问题,然后询问教师,解决问题后继续练习。在此过程中强调学生的安全,关注学生的个体差异,提醒同学们注意克服困难,解决本节课的重难点。

(4)游戏:"障碍跑接力"。

3.结束部分

(1)整队,散开。

(2)舞蹈放松,调整呼吸。

(3)小结,布置课后作业和下次课的内容。

(4)师生道别,组织学生送还器材。

(十)教学评价

1.评价学生跨越式跳高练习时,应做到语言简洁、及时有效,采用诊断性评价方式,帮助学生学会技术方法,提高自我,体验学习成功的乐趣,促进学生自我发展。

2.评价游戏时,应采用激励性评价方式,充分肯定学生学习过程中的自主参与、互助合作。

(十一)德育渗透

本堂课有目的地将德育渗透至教学过程中。在准备部分的队列队形练习中,让学生懂得令行禁止的要求,明白集体活动中的纪律;基本部分的小组练习,意在培养小组之间的互助、合作意识;自主练习时,让学生选择目标并向着目标努力练习争取达标,培养学生正确的自我评价意识并明确竞赛不仅仅是战胜对手,更是战胜自我;做游戏时,培养学生遵守规则、努力拼搏、团结进取的意志品质。

(十二)教案设计

授课年级:三年级(水平二)　　　　　　　　　**教课类型:新授课**

<table>
<tr><td>教学内容</td><td colspan="5">1.田径:跨越式跳高。
2.游戏:“投准、障碍接力”。</td></tr>
<tr><td>教学目标</td><td colspan="5">1.认知目标:通过本课进一步学习跨越式跳高的过杆技术,使学生理解腾空时两腿依次积极上摆过杆的动作要领。
2.技能目标:进一步掌握跨越式跳高提膝摆腿直腿过杆技术动作,发展学生的弹跳力和上下肢协调能力等。
3.情感目标:使学生体验跳跃的乐趣,培养学生乐于沟通的合作精神,增强人际交往能力;通过游戏培养学生克服困难、团结进取的学习精神。</td></tr>
<tr><td>重点难点</td><td colspan="5">重点:腾空后屈膝摆腿、大腿贴近胸部。
难点:摆动腿过杆后外摆下压,过杆动作协调连贯。</td></tr>
<tr><td rowspan="2">课程结构</td><td rowspan="2">课程内容</td><td rowspan="2">指导与练习</td><td rowspan="2">德育渗透</td><td colspan="2">运动负荷</td></tr>
<tr><td>次(拍)数</td><td>时间</td></tr>
<tr><td>开始部分
(约 8′)</td><td>一、课堂常规
1.整队集合,清点人数。体育委员向老师报告人数。
2.师生问好。
3.宣布本课内容。
4.队列练习。</td><td>一、组织形式
如图 1 所示:
♂♂♂♂♂♂♂
♂♂♂♂♂♂♂
♀♀♀♀♀♀♀
♀♀♀♀♀♀♀
★
图 1
二、教学要求
1.集合做到快、静、齐。
2.学生队列整齐,精神饱满。</td><td>培养学生遵纪意识。让学生懂得令行禁止的要求,明白集体活动中的纪律。</td><td>1 次</td><td>约 2′</td></tr>
</table>

续表

课程结构	课程内容	指导与练习	德育渗透	运动负荷	
				次(拍)数	时间
开始部分(约 8′)	二、引导学生热身跑(2 圈) 三、热身操 1.一般准备活动 (1)头部运动。 (2)扩胸运动。 (3)体转运动。 (4)腹背运动。 (5)弓步压腿运动。 (6)侧压腿运动。	一、组织形式 如图 2 所示: 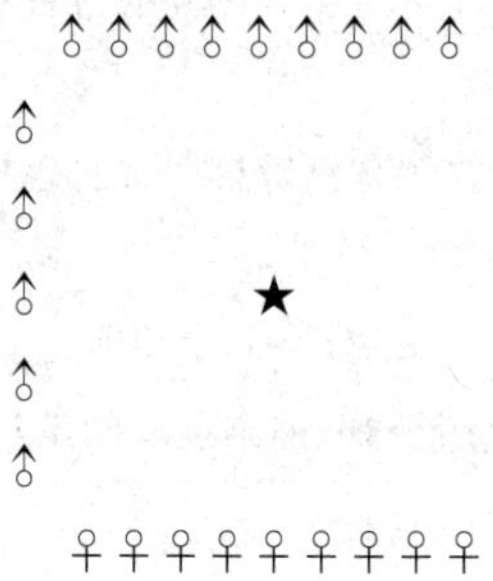 图 2 二、教学要求 1.学生积极配合、听从指挥。 2.学生队列整齐,积极性高。	锻炼学生的柔韧性、协调性以及节奏感。	1 次 4×8 拍	约 2′ 约 2′
	2.专项准备活动 (1)小步跑。 (2)高抬腿。 (3)后踢腿。 (4)提膝摆腿。 (5)单摆腿起跳。	一、组织形式 如图 1 所示。 二、教学要求 1.学生队形变化快、静、齐。 2.学生积极主动,充分热身,以免受伤。 3.教师示范规范到位。 4.教师声音洪亮。		2 次	约 2′

续表

课程结构	课程内容	指导与练习	德育渗透	运动负荷	
				次(拍)数	时间
基本部分(约29′)	一、跨越式跳高 动作要领： 侧面直线助跑速度逐渐加快，最后一步稍大些，用有力脚起跳，起跳腿稍屈膝，先以脚跟着地，过渡到全脚掌，同时摆动腿向前上方摆起，两臂随之上摆。上体前倾，当摆动腿摆至横杆上时稍内旋，起跳腿迅速离地向上摆起，两腿相继过杆。落地时摆动腿先着地，起跳腿跟着落地。	一、组织形式 如图3所示： ♂♂♂♂♀♀♀♀ ★ ♂♂♂♂♀♀♀♀ 图3 二、教学方法 1.完整示范动作。 2.讲解动作要领与要求。 3.辅助练习。 4.两人一组，在对方的保护与帮助下，尝试完整练习。 5.教师巡回指导，纠正错误。 6.教师示范完整动作一遍。 7.讲解完整动作技术要领。 8.同学们分组练习3～5次。 9.教师巡回指导，总结点评。 三、教学要求 1.注意安全。 2.运用保护与帮助。 3.态度积极认真。 4.重复练习动作5次以上。	了解安全运动方法，在确保安全的条件下练习。 小组练习时，培养小组同学之间的互助、合作意识。	多次	约25′

续表

课程结构	课程内容	指导与练习	德育渗透	运动负荷	
				次(拍)数	时间
基本部分(约29′)	二、游戏“投准、障碍接力” 1.穿过障碍接力。 2.投准并跨过障碍接力。 游戏规则: 1.听教师信号出发。 2.比赛过程中,大组间队员不可相互干扰,否则即判失败。	一、组织形式 如图 4 所示: 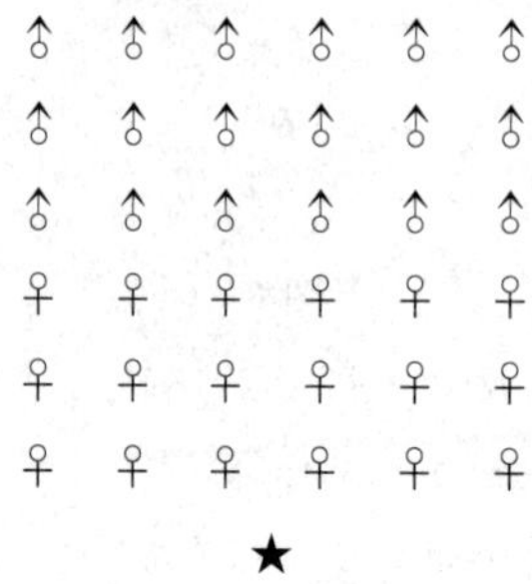 图 4 二、教学要求 1.学生积极听从教师分配。 2.明白游戏规则。 3.注意安全,“友谊第一,比赛第二”。	培养学生遵守规则、努力拼搏、团结进取的意志品质。	2 次	约 4′
结束部分(3′)	一、放松练习 二、集合总结 三、归还器材 四、师生道别	一、组织形式 如图 1 所示。 二、教学要求 1.学生积极放松身体。 2.教师正确示范。		1 次	约 3′
器材	垫子若干、皮筋若干、小铃铛 5 个、标志碟 5 个、展板、材料若干。				
安全措施	1.教师提示学生在教学和练习中要注意安全。 2.教师及时观察处理偶发事件。				
预计运动负荷	练习密度:≥65% 平均心率:120～130 次/分				

（十三）课后反思

1.学生跳跃能力差

在教学中有比较多的学生跳不起来，跳高成了“跨高”，这种现象不仅是技术和心理问题，更主要的是学生弹跳力弱，腿部的肌肉、关节力量差。所以在学习跨越式跳高之前应多进行一些跳跃的练习，如单脚跳、跨跳、纵跳摸高等身体素质方面的练习，提高学生跳跃能力与腿部、关节的力量。

2.加强助跑与起跳的衔接

本课利用上横杆练习，使用小垫子与橡皮筋来辅助教学，让学生在无心理负担的状态下多练习助跑起跳的衔接练习，在练习过程中感受越过器材的成功感，等动作熟练、定型后再上杆，效果非常明显。

二、跨越式跳高教学设计之二

（一）教学内容

1.主教材：跨越式跳高。

2.辅助教材：“拱桥”游戏。

（二）指导思想

本课以“健康第一”为指导思想，以促进学生身心发展及兴趣爱好为出发点，运用自主、合作等学习方式，培养学生的创新意识与实践能力，充分体现学生的主体地位，让学生在自主、互动、尝试和体验的过程中获得参与体育活动的乐趣，从而在体育学习中增进学生之间的交流，共同感受体育运动所带来的快乐，为学生能很好地完成教学目标打下良好的基础。

（三）教材分析

“水平三”跨越式跳高是小学阶段教材的重要内容，占有相当的比例，教学中也占有十分重要的地位。本节课主要是让学生掌握跨越式跳高的起跳动作和两腿依次摆动过横杆的动作方法。针对学生在学习过程中出现的难点、恐惧心理和缺少自信等情况，本课通过分层次练习等手段，丰富教学形式，提高教学效果，并让学生都有展示自我、体验成功的机会。

（四）学生分析

五年级的学生正处在生长加速期，朝气蓬勃、富于想象，有很强的求知欲和表现欲，组织纪律性和学习积极性高，有了一定的运动能力。这个时期的学生骨骼弹性好，关节活动范围大，神经灵活性高、反应快，容易接受、学习新的动作。而学生作为个体，又具有其独立性，要进一步培养其耐受挫折的能力，所以在教学中可为学生提供一个充分展示自己想象力、模仿力等能力的舞台，发挥学生的主动性。可通过竞争比赛，激发学生追求成功、敢于尝试冒险和挑战、靠努力奋斗赢得胜利、超越自我的心理倾向，使其以乐观积极的态度去面对困难和挫折。

（五）教学目标

1.运动参与目标

激发学生的学习兴趣，让学生乐于参与本课的教学活动。

2.运动技能目标

使学生初步掌握跨越式跳高的起跳和两腿依次摆动过杆的动作方法。

3.身体健康目标

发展学生的弹跳能力和身体的灵敏性、协调性，为终身体育打下良好的基础。

4.心理健康与社会适应目标

通过跳高练习，培养学生勇敢、果断和克服困难等优良品质；通过相互间的合作与交流，建立和谐的人际关系，增强学生的责任心。

（六）教学重点与难点

1.重点：助跑与起跳相配合的基本动作。

2.难点：两腿摆动依次过杆的动作方法。

（七）教学方法

摒弃传统的教学模式，充分发挥教材趣味性强的特点，使学生在快乐活动中自主地发展自己的弹跳素质。教学中，用皮筋替代横杆以消除学生的畏惧心理，充分利用器材调动学生的积极性。让学生自主练习，充分发挥学生的想象力进行多种跳跃能力的练习，学生在了解跳高的知识后，主要练习简单的跨越式跳高技术。练习时，充分发挥学生的主体性，教师适当地巡回指导，进行纠错，学生可根据自己的能力自行调整高度进行练习，自我组织，互帮互学，从而激发学生学习兴趣，让学生真正成为课堂的主体。

(八)教学特色

1.教学手段多样化

为达到教学目的，本课在设计中充分运用游戏、音乐等形象直观的形式，通过辅助练习、模仿练习、合作练习等多种练习方法，充分提高学生的学习兴趣和积极性。

2.注重营造学习氛围

在教学的全过程中，通过创设情境，师生互动，注重营造和谐愉快的课堂氛围，使学生在欢乐轻松的气氛中学习知识，掌握技能，达到寓教于乐的目的。

3.不断创新和拓展

根据学生的不同特点和需要，设计不同的方法，关注差异，区别对待，循序渐进，使学生充分发挥自己的潜能，努力探索，不断进取。

(九)预计效果

平均心率：120～130 次/分。

练习密度：≥45%。

(十)场地器材

音响设备一套、大垫子 4 块、跳高架 3 副。

(十一)教学流程

1.创设情境，教师示范

从与学生初次见面实际出发，挖掘学生已有的经验，既巩固了学生的知识，又为新课学习作好铺垫。根据学生爱玩的心理特征，创设情境，由教师示范引出教学内容，营造学习氛围，调动学习热情，实现自然过渡。

2.组织合作，自主探究

深入挖掘学生学习经验，帮助学生掌握跨越式跳高的方法，科学组织划分小组角色，营造组际竞赛氛围，激发学生学习的热情。突出学生的主体地位——方法自己定，小组自己组，任务自己分，为学生的自主探究提供时间和空间的保障。实现了方法的巩固，促进了学生合作技能的提高。教师及时了解学生学习过程的反馈信息，以便及时调整学习活动的进程或走向。

3.小组汇报，相互评价

根据学生的学习情况，组织学生汇报，尊重学生个性，培养学生表达和评价的能力，促进合作能力的提高。通过汇报、补充、评价、点拨等活动，达成教学目标。

4.大胆尝试，增强体验

通过分步骤教学，化整为零，激发学生的兴趣，丰富学生的个人体验，加深对动作的感悟，以分步骤促完整动作，升华理解，促进动作的学习。

5.拓展学习，引导提升

通过分步练习，运用不同的道具，唤起学生的认知，激励学生大胆尝试，引导学生对动作的理解，促进认识积累，提高运动能力。

（十二）教案设计

授课年级：五年级（水平三） **授课类型：新授课**

学习内容	1.田径：跨越式跳高。 2.“拱桥”游戏。
学习目标	1.运动参与目标：激发学生的学习兴趣，让学生乐于参与本课的教学活动。 2.运动技能目标：使学生初步掌握跨越式跳高的起跳和两腿依次摆动过杆的动作方法。 3.身体健康目标：发展学生的弹跳能力和身体的灵敏性、协调性，为终身体育打下良好的基础。 4.心理健康与社会适应目标：通过跳高练习，培养学生勇敢、果断和克服困难等优良品质；通过相互间的合作与交流，建立和谐的人际关系，增强学生的责任心。

续表

课程结构	教学内容	教师活动	学生活动	组织与要求	时间	强度
准备部分（约7′）	1.体育委员整队。 2.师生问好。 3.宣布课的内容、目标。 4.安排见习生。 5.热身游戏“听数抱团”。 6.韵律操。	1.布置检查场地。 2.向学生问好。 3.讲解本次课内容、目标。 4.讲解热身要求并参与游戏。 5.示范领做韵律操。	1.体育委员整队向教师报告人数。 2.向教师问好。 3.明确学习内容、目标。 4.在音乐下进行热身游戏。 5.集体模仿练习。	1.组织形式： ♂♂♂♂♂♂♂ ♂♂♂♂♂♂♂ ♀♀♀♀♀♀♀ ♀♀♀♀♀♀♀ ★ 2.教学要求： (1)集合做到快、静、齐、精神饱满。 (2)反应快速。 (3)动作有力度，协调充分伸展。	约7′	中
基本部分（约30′）	一、跨越式跳高	1.指导学生自主练习，看哪个小组跨越的方法多。 2.学生自由练习，教师巡视。 3.教师引导学生自己总结跨越式跳高的技术要领。 4.教师示范上一步跨越动作。 5.教师巡回指导，评价学生动作的特点。	1.学生分8个小组认真讨论和练习。 2.分组自练。 3.积极探究，尝试跨越的动作。 4.学生认真观看示范，初步建立动作技术概念。 5.学生自由练习。	1.组织形式： ♂♂♂♂♂♂♂ ♂♂♂♂♂♂♂ ♀♀♀♀♀♀♀ ♀♀♀♀♀♀♀ ★ 2.教学要求：注意安全，遵守纪律，主动参与，大胆尝试。	约24′	中

续表

课程结构	教学内容	教师活动	学生活动	组织与要求	时间	强度
基本部分（约30′）		6.启发学生尝试上三步踏跳跨越。 7.抽一名学生示范，教师评价。教师讲解动作要点并示范。 8.让一名学生拿杆子，学生三步跨越用头顶杆。 9.找学生示范，给予评点，学生再次练习。	6.与教师一同探究尝试。 7.一名学生示范，全体评价。认真观看示范助跑三步与踏跳结合技术。 8.分 8 个小组练习向上弹跳。 9.学生认真练习，技术得到提升。			
	二、“拱桥”游戏	1.讲解游戏规则和注意事项。 2.两人游戏。 3.小组游戏。 4.分组比赛。	1. 学生认真听讲。 2. 两人交替练习。 3.小组练习。 4.分组比赛。	1.组织形式： ♂♂♂♂♂♂♂ ♂♂♂♂♂♂♂ ♀♀♀♀♀♀♀ ♀♀♀♀♀♀♀ ★ 2.教学要求：积极、刻苦、认真、遵守游戏规则。	约 6′	中

续表

课程结构	教学内容	教师活动	学生活动	组织与要求	时间	强度
结束部分（约 3′）	1.放松活动：“放飞梦想”。 2.课程小结。 3.收拾器材。 4.师生道别。	1.师生集体放松。 2.指导学生评价，总结本次课的情况。 3.安排值日生收拾归还器材。 4.宣布下课。	1.在教师的鼓动下，学生自由发挥，尽情放松。 2.学生同教师探究评价，听总结。 3.归还器材。 4.下课。	1.组织形式： ♂♂♂♂♂♂♂ ♂♂♂♂♂♂♂ ♀♀♀♀♀♀♀ ♀♀♀♀♀♀♀ ★ 2.教学要求：身心放松、动作舒展。	约 3′	小

（十三）课后反思

1.缺点

（1）语言表达不够准确，有的地方稍嫌啰唆；在讲授技术动作时语言组织还有待改进。

（2）整个教学细节上还有待完善的地方。比如忽视了助跑练习的环节，让整个跨越式跳高的技术环节显得不够流畅。

（3）在教学上重点和难点还不够突出，这些都是在以后的教学中需要改进的地方。

2.优点

（1）拉近了和学生的距离，能融入学生的教学当中去。

（2）在新课程所倡导的小组合作学习这一点上，在本节课当中得到体现，也是今后的备课、上课要学习的地方。

三、跨越式跳高教学设计之三

跨越式跳高是田径的重要内容，它是通过助跑、起跳、过杆、落地的紧密衔接而完成规定高度的运动，是发展力量、速度与灵敏度的教学内容。学习跨越式跳高重点是发展学生的速度、力量和灵敏协调能力，提高机体瞬间爆发力，发展腿部肌肉协调能力。跨越式跳高教学中应采取多种形式的练习，如摆动腿原地踢摆练习、原地模仿跨越式过杆动作练习、模仿跨越式两腿过杆动作练习、上一步跨越斜放的横杆练习、助跑三步越过横杆练习、助跑五步跨越较高横杆练习等，以激发学生学习兴趣，使学生主动学习，达到身心健康的目标。

(一)教学内容

主教材：跨越式跳高。

辅助教材：游戏“极速快递”。

(二)指导思想

以习近平新时代中国特色社会主义思想为指导，全面贯彻党的教育方针，落实立德树人根本任务，树立“健康第一”教育理念，深化体育教学改革，强化“教会、勤练、常赛”，构建科学、有效的“体育与健康”课程教学新模式，帮助学生掌握跨越式跳高技能，促进中小学生运动能力、健康行为、体育品德等核心素养的形成，为实现“健康中国”“体育强国”作出贡献。

(三)教材分析

跨越式跳高是小学体育教学的基本项目之一，同时也是小学生喜爱的体育项目，它是最接近生活中跑与跨跳的自然动作。本课重点是在低年级跳跃的基础上，学习简单的跨越式跳高动作——初步掌握两腿依次摆过杆的动作方法。跨越式跳高由助跑、起跳、腾空过杆、落地等紧密衔接的四个部分组成，教学重点应放在助跑起跳和过杆上，用四个课时完成跨越式跳高的完整练习。让学生通过本课的学习，掌握技术要领，增强下肢力量，提高弹跳能力，发展身体的协调性，培养学生勇敢、顽强和相互合作精神。

(四)学情分析

三年级学生的年龄为 9、10 岁左右，该年龄段的学生身体骨骼、肌肉、韧带、关节处在快速增长时期，这阶段学生思维敏捷、善于模仿，富于想象力，有很强的求知欲和表现欲。从本年级学生的具体情况看，他们在以往的学习中，积极性高，参与意识强，对各项运动的基本动作要领掌握比较快。所以，本节课的教学要注重运用模仿、游戏等多种方法，采用小组练习、分层递进的模式进行教学,营造和谐愉快的课堂氛围,激发学生的学习兴趣和积极参与的意识,以达到教法和学法的有机统一,完成既定的教学目标。

(五)教学目标

1.运动参与目标

对课堂练习的各项内容表现出积极的练习热情,在教师的引导下遵守纪律、主动练习、充分运动。

2.运动技能目标

95%以上的学生基本上掌握跨越式跳高的动作技能,发展弹跳、灵敏协调能力,为终身体育打下基础。

3.身体健康目标

培养学生积极进取,勇于向高难度挑战的精神,体验运动的乐趣,锻炼意志,促进学生的身心发展。

4.心理健康与社会参与目标

通过教学,提高学生的自信心、竞争能力和情绪调节能力,学会战胜自我,体验成功的乐趣,促进学生心理健康水平的提高。

(六)教学重点与难点

重点:正确做出助跑、起跳、腾空、落地的跨越式动作。

难点:过杆动作上下肢协调。

(七)教学方法

1.教法

本节课主要采用体悟式教学方法,采用讲解、示范、传授、启发、设问等方法,把学生的“思、学、练、评”有机地结合起来,注重激发学生对知识技能的兴趣,满足学生探究动作顺序的好奇心,从而达成教学目标,解决重点,突破难点。

2.学法

通过有序、自主、合作练习,激发学生的学习热情,培养团队协作和勇于竞争的精神,让每一个学生都能分享、体验成功的乐趣。

(八)场地器材

操场、跳高架一副、皮筋5条、标志杆8个、云梯4个、跳绳50个、挂图板。

(九)教学流程

1.准备部分

(1)课堂常规:体育委员整队集合,检查人数并汇报,师生问好。教师宣布本次课的内容和要求,检查服装,安排见习生。

(2)准备活动:游戏“蹦蹦跳跳”(音乐伴奏)。按教师带领动作利用跳绳热身跑,并在游戏热身之后进行定位徒手操的练习,活动各关节肌肉。

(3)专项准备活动:踢腿练习、小步跑、高抬腿跑、后踢腿跑、跨步跑、弓箭步和交叉步的练习。

2.基本部分

(1)模仿练习:学生观看教师分解示范(助跑、起跳、过杆、落地),教师引导学生自己通过观察、总结跨越式跳高的基本技术动作,并根据学生能力不同,对学生进行个别调整。

(2)原地起跳练习:组织学生进行原地过橡皮筋练习。

(3)解决重点、克服难点:进行各种半径弧线跑练习、直道和上下弯道的加速跑以及半径为6～8米的圆圈跑、螺旋形跑和“8”字形跑;直线接弧线或直线切入圆圈跑。反复进行上1～3步起跳练习,强调最后一步上步时摆动腿的摆动方向,在起跳点放置标志物,以控制最后一步的跑进方向,在起跳点放置起跳板,反复进行起跳练习,练习中强调踏上起跳板起跳以解决难点。在此过程中强调学生的安全和关注学生的个体差异,提醒同学们注意克服极点,解决本节课的重难点。

(4)游戏“极速快递”。

3.结束部分

集合,在音乐的伴奏下做放松操。总结本次课的情况,布置作业,安排学生安全有序地归还器材,宣布下次课的内容,师生道别。

(十)教学评价

1.评价学生学习跨越式跳高练习时,做到语言简洁、及时有效,采用诊断性评价方式,帮助学生学会技术方法,提高自我,体验学习成功的乐趣,促进学生自我发展。

2.评价游戏时，采用激励性评价方式，充分肯定学生学习过程中的自主、参与、互助、合作。

（十一）德育渗透

本堂课有目的地将德育渗透至教学过程中，准备部分的队列队形练习中学生懂得令行禁止的要求，明白集体活动中的纪律；基本部分的小组练习，意在培养小组之间的互助、合作意识；自主练习时，让学生选择目标并向着目标努力练习争取达标，培养学生正确的自我评价意识并明确竞赛不仅仅是战胜对手，更主要的是战胜自我；"极速快递"游戏时，培养学生遵守规则、努力拼搏、团结进取的意志品质。

（十二）教案设计

授课年级：三年级（水平二）　　　　**课程类型：新授课**

教学内容	1.田径：跨越式跳高。 2.游戏："极速快递"。
教学目标	1.运动参与目标：对课堂练习的各项内容表现出积极的练习热情，在教师的引导下遵守纪律、主动练习、充分运动。 2.运动技能目标：95%以上的学生基本上掌握跨越式跳高的动作技能，发展弹跳、灵敏协调能力，为终身体育打下基础。 3.身体健康目标：培养学生积极进取，勇于向高难度挑战的精神，锻炼意志，体验运动的乐趣，促进学生的身心发展。 4.心理健康与社会参与目标：通过教学，提高学生的自信心、竞争能力和情绪调节能力，学会战胜自我，体验成功的乐趣，促进学生心理健康水平的提高。
重点难点	重点：正确做出助跑、起跳、腾空、落地的跨越式动作。 难点：过杆动作上下肢协调。

续表

课程结构	课程内容	指导与练习	德育渗透	运动负荷	
				次(拍)数	时间
	一、课堂常规 1.集合整队，清点人数。 2.师生问好。 3.教师宣布课程任务，提出目标与要求。 4.检查服装，安排见习生。 5.队列队形练习。	一、组织形式 如图1所示： 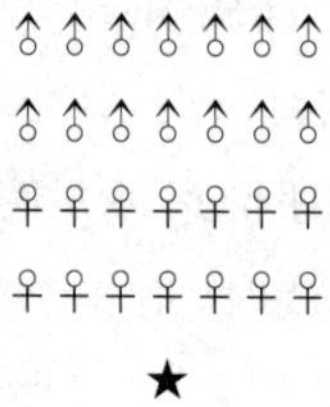 二、教学要求 1.集合做到快、静、齐。 2.积极动脑，加强合作学习。	培养学生遵守纪律意识。学生懂得令行禁止的要求，明白集体活动中的纪律。	1次	约2′
开始部分 (约8′)	二、准备活动 1.游戏“蹦蹦跳跳”按教师带领动作利用跳绳热身跑。 2.热身操 (1)头部运动。 (2)扩胸运动。 (3)体转运动。 (4)腹背运动。 (5)弓步压腿运动。 (6)侧压腿运动。 (7)腕、踝关节运动。	一、组织形式 如图2所示： 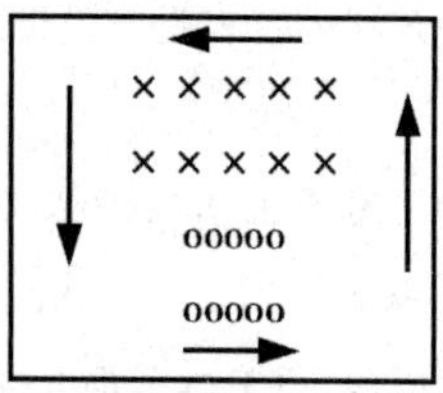 图2 二、教学要求 动作到位。 三、教学方法 1.教师讲解方法，口令提示。 2.学生跑动积极，有秩序。	锻炼学生的柔韧性、协调性和节奏感。	1次 4×8拍	约2′ 约2′
	三、专项准备活动 (1)高抬腿训练。 (2)弓箭步训练。			2次	约2′

续表

<table>
<tr><th rowspan="2">课程结构</th><th rowspan="2">课程内容</th><th rowspan="2">指导与练习</th><th rowspan="2">德育渗透</th><th colspan="2">运动负荷</th></tr>
<tr><th>次(拍)数</th><th>时间</th></tr>
<tr><td rowspan="2">基本部分(约30′)</td><td>一、学习跨越式跳高</td><td>一、组织形式
如图3所示：
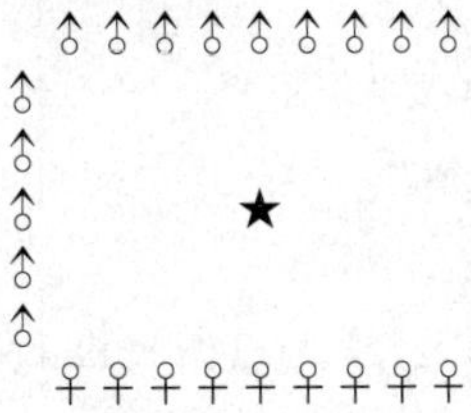
图3
二、教学要求
1.各组成员一定要听准小组长口令,确保安全练习。
2.各组成员一定注意动作的正确性,认真对待,防止动作错误。
3.各组成员一定要按要求做动作,遵守课堂纪律。
三、教学方法
1.讲解动作要领并做完整示范,并强调注意安全。
2.教师引导学生练习上一步起跳,上三步起跳、上五步起跳。
并组织学生进行练习。
3.教师组织学生进行单脚起跳头顶悬挂物练习。
4.教师示范过杆动作,组织学生进行分组练习。
5.教师逐个指导提醒学生注意安全。
6.教师集中点评讲解重难点和注意事项。
7.学生对比示范。
8.学生互评、教师总结。</td><td>培养小组同学之间的互助、合作意识。

培养学生正确的自我评价意识并明确竞赛不仅仅是战胜对手,更主要的是战胜自我。

培养学生遵守规则、努力拼搏、团结进取的意志品质。</td><td>多次</td><td>约26′</td></tr>
<tr><td>二、游戏“极速快递”</td><td>一、组织
如图1所示。
二、教学要求
注意安全。
三、教学方法
1.教师讲解练习方法。
2.学生积极有序的练习。</td><td></td><td>2次</td><td>约4′</td></tr>
</table>

续表

<table>
<tr><td rowspan="2">课程结构</td><td rowspan="2">课程内容</td><td rowspan="2">指导与练习</td><td rowspan="2">德育渗透</td><td colspan="2">运动负荷</td></tr>
<tr><td>次(拍)数</td><td>时间</td></tr>
<tr><td>结束部分(约 3′)</td><td>一、放松练习
二、集合小结
三、布置作业
四、归还器材
五、宣布下课</td><td>一、组织形式
如图 1 所示。
二、教学要求
遵守纪律。
三、教学方法
教师示范，学生积极放松身体。</td><td></td><td>1 次</td><td>约 3′</td></tr>
<tr><td>场地与器材</td><td colspan="5">操场、跳高架 1 副、皮筋 5 条、标志杆 8 个、云梯 4 个、跳绳 50 个、挂图板 1 个。</td></tr>
<tr><td>预计运动负荷</td><td colspan="5">练习密度：≥50%
平均心率：120～130 次/分</td></tr>
<tr><td>心率变化曲线图</td><td colspan="5">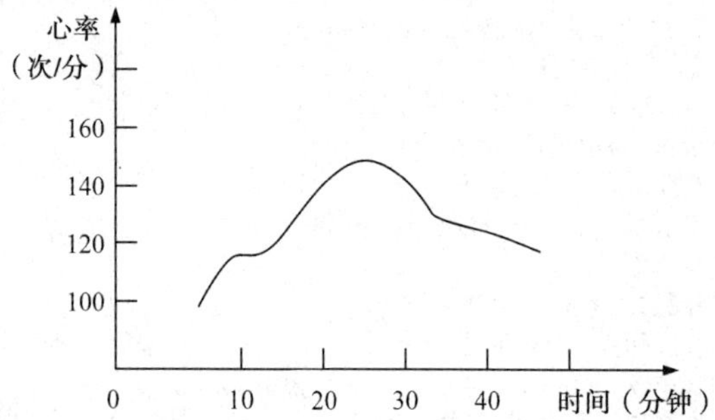</td></tr>
</table>

（十三）课后反思

跨越式跳高是小学五年级段的田径教学内容之一，也是小学生喜爱的体育项目。它是最接近生活中跑与跨跳的自然动作，其动作结构可分为助跑、起跳、过杆和落地四个部分，这四个部分是相互联系的有机整体，不能截然分开。它的具体动作就通过助跑、起跳使身体向空中腾起，并越过一定高度的横杆。从技术上分析，助跑与起跳是关键，对于小学生来说，一起教学尤为重要。另外，过杆的姿势也重要，在各种过杆姿势中，跨越是最基本的一种。增强学生的下肢力量，提高弹跳能力，发展身体的协调性，培养学生勇敢、顽强和相互合作精神。

第四章　球类课程教学设计

第一节　篮球教学设计

一、行进间运球教学设计

（一）教学内容

1.主教材：行进间运球。

2.辅助教材："运球对抗"游戏。

（二）指导思想

本课以《体育与健康课程标准》中的"健康第一"的课程理念为指导思想，结合"水平三"学生的身心发展特点与规律，以学生发展为本，营造宽松、和谐的教学氛围，在学练过程中注重学生主体作用的发挥。学生根据教师提供的多种学练方法，以小组形式进行自主、合作学习，教师采用引导、激励等方法，创设有利于学生主动参与、乐于探究、勇于实践的良好教学氛围，提高学生分析问题、解决问题的能力，培养学生主动学习的意识、团队合作精神以及良好的体育道德品质，为终身体育奠定基础。

（三）教材分析

篮球是学生特别喜欢的体育运动之一，而运球是篮球运动的三大基本技术之一。篮球运动不仅富有对抗性、集体性，还富有健身性、娱乐性、艺术性、趣味性，是学生们非常喜欢的、开展比较广泛的一个体育项目。行进间体前变向换手运球是篮球运球技术中的一项基本技术，也是绕过障碍物或摆脱对方防守常用的一种手段。它方法简单实用，具有动作迅速、隐蔽突然、易与其他动作衔接等特点，能很好地锻炼学生的灵敏、协调素质以及利用这一技术摆脱障碍物或防守人而获得自信与成就感，激发学生对篮球运动的兴趣。

（四）学情分析

本次授课的对象为六年级（水平三）学生，总体上来说，这个水平段的学生活泼好动，好奇心强，喜爱新鲜事物，可塑性强，对学习篮球技术的兴趣一般较高，但是学生之间存在着个体差异，男女生之间也存在差异，所以要求教师及时解决学练中存在的问题，采用多种教学方法与手段，以便学生更好地掌握该项技术。

（五）教学目标

1.运动参与目标

培养学生学习篮球运动的兴趣，发展自主学习能力。

2.运动技能目标

通过体验探究运球练习，使学生掌握行进间运球的动作方法和要领。

3.身体健康目标

通过练习，发展手的小肌肉群与关节的协调性、灵活性和时空感知能力。

4.心理健康与社会适应目标

在活动中培养学生听从指挥、认真听讲的良好学风，团结帮助同学，提高认识自身价值的能力，学会欣赏他人。

（六）教学重点与难点

重点：触球的部位、球的落点和反弹高度。

难点：跑动与运球的协调配合。

（七）教学方法

1.教法

采用尝试教学法、游戏竞赛法、讲解示范法、分组练习法。

2.学法

教师引导学生做到认真听讲解、仔细看示范、动脑做练习。让学生运用思考、尝试、探索和讨论的方法进行合作学习，经过教师的指导和帮助，顺利地完成学习任务。这样让学生多得到一些成功的喜悦，他们学习的自主性和创造性得到了充分的发挥，做到了从不会到学会、从学会到会学，使学生真正成为体育学习的主人。

(八)教学过程

1.激趣导课，创设情景

本阶段通过多样、有趣、富有创造性的练习，让学生不仅身体充分活动开，还得到心理的刺激，产生了高昂的学习热情，为后面的教学做好了准备。

2.尝试探究，体验发现

在这一阶段里，教师把每一个学生当成能够独立成长的个体，构建了互相尊重、互相学习的新型师生关系，给学生一些空间，让他们尽情释放自己的才华和能力，感受创造和成功的欣喜。教师必须转变角色，充分发挥“主导”作用，教学中要少讲、精讲，要让学生多讲、多谈学习的想法与体会。比如教学中教师可以先设疑，让学生带着问题去进行探究练习，然后再进行语言诱导点拨，使学生通过体验理解动作方法和规律。只有这样，教师才能了解、发现学生学习中存在的问题，然后引导学生解决问题；也只有这样，才能培养学生发现、分析和解决问题的实践能力，从而实现学生的自主发展。

3.恢复调整，获得满足

学生经过一节课的活动后，身体感到很疲劳。为了使学生的身体及时恢复到安静状态，可以在教师的诱导下，让学生听着欢快节奏感强的音乐进行情景放松活动，从而让学生在较短的时间内身体得到较好的恢复。最后，教师根据学生的实际情况，布置课下练习作业，为下次课的教学做好铺垫。

(九)教案设计

授课年级:六年级(水平三) **教课类型:新授课**

<table>
<tr><td>教材内容</td><td colspan="6">1.篮球:行进间运球。
2.体能练习("运球对抗"游戏)。</td></tr>
<tr><td>教学目标</td><td colspan="6">1.运动参与目标:培养学生学习篮球运动的兴趣,发展自主学习能力。
2.运动技能目标:通过体验探究运球练习,使学生掌握行进间运球的动作方法和要领。
3.身体健康目标:通过练习,发展手的小肌肉群与关节的协调性、灵活性和时空感知能力。
4.心理健康与社会适应目标:在活动中培养学生听从指挥、认真听讲的良好学风,团结帮助同学,提高认识自身价值的能力,学会欣赏他人。</td></tr>
<tr><td>教学重点</td><td colspan="3">触球的部位、球的落点和反弹高度。</td><td>教学难点</td><td colspan="2">跑动与运球的协调配合。</td></tr>
<tr><td>教学过程</td><td>时间/次数</td><td>教学内容</td><td>学生学习活动方式</td><td>教师的指导</td><td>组织形式</td><td>德育渗透</td></tr>
<tr><td>开始部分(约2′)</td><td>约2′/1次</td><td>1.体育委员整队,报告人数。
2.师生问好,教师宣布学习任务和要求。
3.队列练习。</td><td>认真听教师宣布学习任务和要求,服从口令,动作一致。</td><td>宣布本节课的学习内容,提出学习要求,检查服装。</td><td></td><td>激发学生的学习兴趣,树立自尊、自信。对学生进行礼仪教育,培养学生的规则意识。</td></tr>
</table>

续表

教学过程	时间/次数	教学内容	学生学习活动方式	教师的指导	组织形式	德育渗透
准备部分（约10′）	约4′/多次	准备活动 （1）游戏：步伐练习 （2）拿球比赛。	1.在教师的引导下，快速作出相应的反应。 2.快速、有序地拿球。	1.教师引导学生进行步伐练习，并提出要求。 2.师生互动，同做练习。	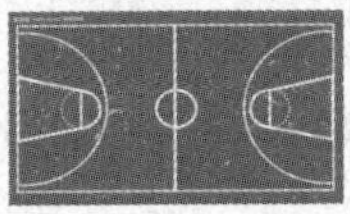	激发学生的篮球活动兴趣，通过步伐练习灌输篮球文化，发展学生个性。熟悉球性、触拍球的不同部位，为后边提出问题做铺垫。
	约2′/多次	熟悉球性的各种练习。	1.体现自我，表现自我。 2.在教师的引导下，进行各项活动练习。	1.教师提出练习要求。 2.师生同做练习。		
	约4′/多次	体能练习（运球对抗游戏）。	1.分组进行接力比赛。 2.练习中听从指挥、遵守规则。	1.教师讲解方法。 2.提出练习要求。 3.巡视指导学生做练习。 4.讲评练习情况。	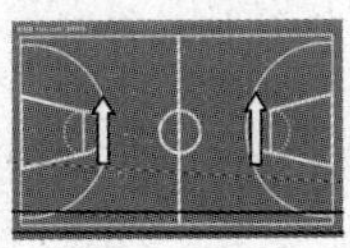	增强学生的集体观念，能够自觉地遵守游戏的规则。

续表

教学过程	时间/次数	教学内容	学生学习活动方式	教师的指导	组织形式	德育渗透
基本部分（约25′）	约5′/多次	原地高低运球	1.体会原地高、低运球的动作要领。 2.遵守游戏和篮球练习规则、要求。	1.介绍动作的运用时机，讲解并强调动作要领。 2.提出练习要求。 3.带领学生做游戏。	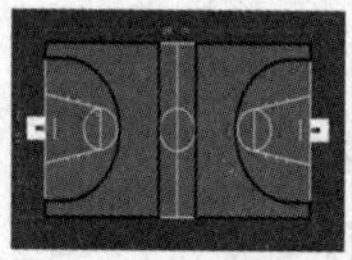	提高学生的学习兴趣。渗透高低运球，为后边学习做铺垫。
	约10′/多次	行进间直线运球	1.按要求认真尝试、体会运球动作。 2.灵活地遵守练习规则。 3. 刻苦练习，仔细体会动作要领。	1.教师提出问题，学生探究练习。 2.引导学生交流练习体会，并进行直线运球的示范和讲解。 3.带领学生尝试、体会练习，遵守规则。 4.教师巡视观察。	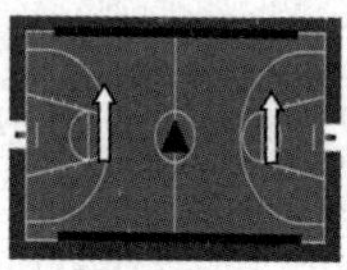	认真细致地观察，积极动脑思考，仔细体会动作；遵守规则要求，刻苦练习。

续表

教学过程	时间/次数	教学内容	学生学习活动方式	教师的指导	组织形式	德育渗透
基本部分（约25′）	约10′/多次	曲线和折线运球。	1.积极大胆地去尝试、体验。 2.主动参与、创造性地进行行进间运球练习。 3.练习中遵守篮球规则。	1.让学生积极大胆地去进行左右手运球尝试练习。 2.使学生通过体验明确动作方法和规律。 3.教师带领学生一起练习。	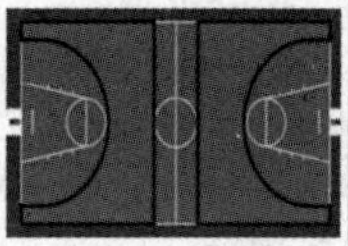	培养学生的创新精神和大胆尝试的勇气。
结束部分（约3′）	约3′/1次	1.放松活动。 2.教师讲评。	1.听音乐做放松练习。 2.认真听教师讲评。	1.引领学生做放松活动。 2.总结讲评，师生道别。	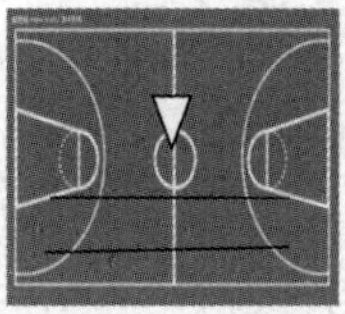	使学生学会正确、客观地评价自己，树立积极向上的学风。
场地器材	篮球场、小篮球41个，收录机1台。			练习密度	50%～55%	

（十）课后小结

1.没有关注个体差异。男女同学身体形态、运动能力和对篮球的喜欢程度是不一样的，要进行同质分组和异质分组的交替进行。

2.练习密度低，运动负荷小，以后要精湛地讲、多练习。

3.课程思政、德育渗透不足。

二、原地双手胸前传接球教学设计

(一)教学内容

1.主教材:篮球原地双手胸前传接球。

2.辅助教材:游戏“拖球接力”。

(二)指导思想

坚持以“健康第一”“以学生为主体”的指导思想,以新课标理念为依据,在体育教学中,充分发挥学生的主体作用,培养学生的创新意识和自我锻炼意识,注重学生实际能力的培养。通过探究性学习和合作学习,促进学生身体素质的提高,发展学生的个性,培养学生的体育锻炼意识和能力,培养学生不怕困难、相互帮助、团结协作的优良品质。

(三)教材分析

篮球的原地双手胸前传接球是本节课的主要教学内容。传接球是篮球运动中主要的基本技术,是全队进攻的重要手段,也是更好地学习各种技术和战术的基础。传接球的基本方法并不复杂,但要做到准确、熟练、隐蔽、快速,同时要同其他技术动作衔接、转换,则比较困难。因此,本课重点要解决在原地不动的情况下学生传接球的能力,为以后更好地学习篮球技术做好准备。通过篮球接力这项游戏活动,让学生更加熟悉球性,对本课主要教学内容的学习有一个辅助作用。

(四)学情分析

按照新《体育与健康课程标准》要求,结合学生实际情况,本课安排了篮球双手胸前传接球和综合游戏两项内容,符合全面发展身体的原则。授课对象是九年级学生,这一年龄阶段的学生性格活泼、好动,表现欲和上进心比较强,有很好的集体荣誉感。他们对一些“篮球游戏”已有了初步的了解和接触,本节课是在学生现有对篮球了解的基础上进行原地双手胸前传接球的学习。

(五)教学目标

1.认知目标

通过篮球原地双手胸前传接球练习及游戏比赛等形式,激发学生对篮球运动的兴趣，培养和提高学生自主学习的能力。

2.技能目标

通过学习，90%以上的学生掌握双手胸前传接球动作要点。

3.情感目标

培养学生在学习、比赛和游戏过程中自主、合作、探究的精神，与同伴合作及友好相处的精神和遵守规则的优秀品质，提高社会适应能力。

（六）教学重点与难点

重点：传球动作舒展，手型正确，触球时收臂缓冲动作柔和、连贯。

难点：传球的准度和力度。

（七）教学方法

教法：运用讲解示范法、发现式教学法、游戏竞赛法等。

学法：采用自主学习、探究学习、小组合作学习等。

（八）教学流程

1.第一板块

学生自主进行准备活动，激发学生自主合作、团结协作精神，为进入下阶段的练习做好准备。

2.第二板块

本阶段主要让学生以游戏形式探究、模仿、体会双手胸前传接球练习，让学生了解传接球的部位，传球时的伸臂、抖腕、拨球以及接球时的迎球、后引的动作，同时，让基础较好的学生体会如何和对方配合得更好。教师巡回辅导，学生以小组为单位练习、讨论、模仿，在观察中体验，并发现问题，教师及时点评。

3.第三板块

本阶段主要发挥学生的主动性和团队精神，教师引导学生根据自己的情况以及教师在图板上提供的练习方法，有选择地尝试各种形式的双手胸前传接球的练习，启发诱导学生进一步探究性练习，教师点评。

4.第四板块

通过迎面传接球接力赛巩固所学传球动作要领，提高实战应用能力。

5.第五板块

放松，小结，布置作业。

（九）教案设计

授课年级：九年级（水平四）　　　　**授课类型：新授课**

<table>
<tr><td>教学内容</td><td colspan="5">1.原地双手胸前传接球技术。
2.游戏“拖球接力”。</td></tr>
<tr><td>教学目标</td><td colspan="5">1.认知目标：通过篮球原地双手胸前传接球练习及游戏比赛等形式，激发学生对篮球运动的兴趣，培养和提高学生自主学习的能力。
2.技能目标：通过学习，90％以上的学生掌握双手胸前传接球动作要点。
3.情感目标：培养学生在学习、游戏和比赛过程中自主、合作、探究的精神，与同伴合作及友好相处的精神和遵守规则的优秀品质，提高社会适应能力。</td></tr>
<tr><td>重点难点</td><td colspan="5">重点：传球动作舒展，手型正确，触球时收臂缓冲动作柔和、连贯。
难点：传球的准度和力度。</td></tr>
<tr><td rowspan="2">课程结构</td><td rowspan="2">课程内容</td><td rowspan="2">指导与练习</td><td rowspan="2">德育渗透</td><td colspan="2">运动负荷</td></tr>
<tr><td>次（拍）数</td><td>时间</td></tr>
<tr><td>开始部分（约8′）</td><td>1.师生问好，宣布本节课教学内容。
2.游戏“听数抱团”。
3.热身活动（音乐伴奏）。
（1）手指上下点拨球。
（2）单手持球伸展。
（3）颈、腰绕环。
（4）胯下“8”字绕球。</td><td>一、组织形式
如图1所示：
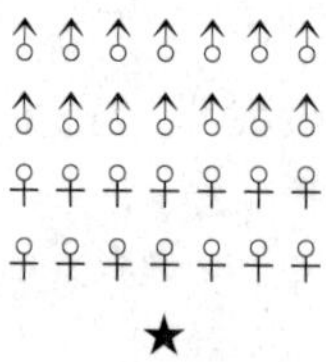
图1
二、教学要求
1.集合做到快、静、齐。
2.注意力集中，动作准确。
3.积极动脑，加强合作学习。
4.教师口令明确，学生注意力集中。
三、教学方法
1.采用提问式、启发式教学，激发学生的兴趣。
2.游戏教学法。</td><td>培养学生遵纪意识。
让学生懂得令行禁止的要求，明白团结的重要性。</td><td>1次
多次
2×8拍</td><td>约1′
约4′
约3′</td></tr>
</table>

续表

课程结构	课程内容	指导与练习	德育渗透	运动负荷	
				次(拍)数	时间
基本部分(约34′)	一、学习双手胸前传接球 (1)讲解传接球。 (2)传接球练习。 (3)传接球巩固练习。 (4)迎面传接球接力赛。	一、组织形式 ♂♂♂♂♂♂♂ ♂♂♂♂♂♂♂ ★ ♀♀♀♀♀♀♀ ♀♀♀♀♀♀♀ 二、教学要求 1.设问:什么时候传直线球,什么时候传弧线球?做示范并且讲解要领。 2.教师讲解示范动作标准,用词简练。 3.向学生提出要求:持球正确,蹬地、伸臂、屈腕、拨指动作协调连贯,双手用力均匀。接球要点:手型正确,触球时收臂缓冲动作柔和、连贯。 三、教学方法 1.分解与组合练习法。 2.讲解示范法。	激发学生的积极性,振奋学生精神,提高学生对篮球的兴趣,渗透终身体育的观念。	多次	约28′
	二、"拖球接力"比赛	一、组织形式 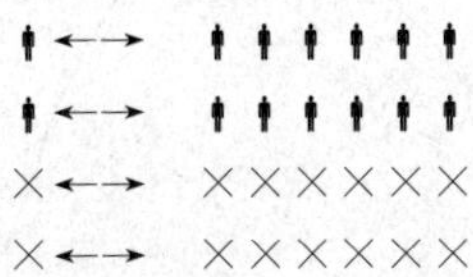 四组同学如图进行传球接力比赛。 二、教学要求 1.组织好比赛的纪律。 2.提醒学生尽全力去比拼。 三、教学教法 组织学生进行比赛,维持好学生纪律。	激发学生竞争意识,引导学生明白团结的重要性。	2次	约6′

续表

<table>
<tr><th rowspan="2">课程结构</th><th rowspan="2">课程内容</th><th rowspan="2">指导与练习</th><th rowspan="2">德育渗透</th><th colspan="2">运动负荷</th></tr>
<tr><th>次(拍)数</th><th>时间</th></tr>
<tr><td>结束部分(约 3′)</td><td>1.放松活动。
2.课程总结。
3.归还器材。
4.师生道别。</td><td>一、组织形式
♂♂♂♂♂♂♂
♂♂♂♂♂♂♂
♀♀♀♀♀♀♀
♀♀♀♀♀♀♀
★
二、教学要求
1.教师播放音乐与学生一起做放松。
2.对教学内容进行点评,并提出表扬。</td><td>引导学生养成体育习惯,给学生建立起在体育上的信心。</td><td>1 次</td><td>约 3′</td></tr>
<tr><td>场地与器材</td><td colspan="5">篮球场、篮球 20 个、田径场一部分、录音机 1 部。</td></tr>
<tr><td>预计运动负荷</td><td colspan="5">平均心率:120～140 次/分
练习密度:≥55%</td></tr>
<tr><td>心率变化曲线图</td><td colspan="5">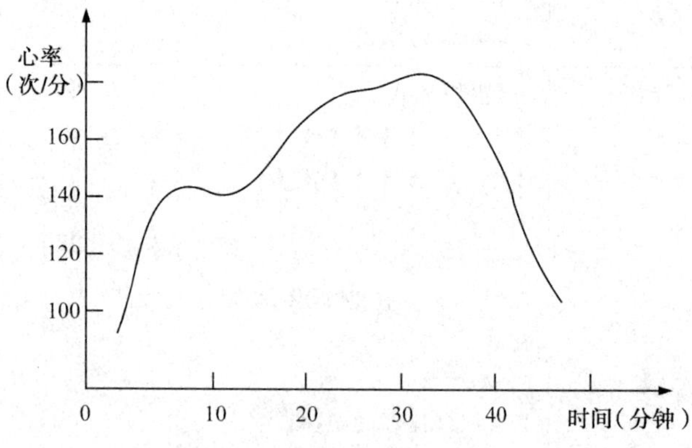
</td></tr>
</table>

（十）课后反思

通过教学需要强调动作要领，这样有利于学生思路清晰，便于学生掌握动作。双手胸前传接球是培养学生合作意识的最佳载体之一。需要传与接两者之间互相体谅、相互理解、相互配合，传球者要思考如何让接球者接得舒服，接球者要通过不断地快速调整才能接好球，这样传接才能做到默契、协调。学生通过本次课的学习，能够掌握双手胸前传接球的动作要领，并对篮球产生兴趣，积极参与，合作交流意识增强，乐于接受教师的指导、引导。

三、行进间体前变向换手运球教学设计

行进间体前变向换手运球是篮球技术中的一项基本技术。在篮球运动中，该方法简单实用，具有动作迅速、隐蔽、易与其他运动衔接、保护好球等特点，是比赛中最常用的运球突破技术。

（一）教学内容

主教材：行进间体前变向换手运球。

辅助教材：运球变向绕杆接力跑。

（二）指导思想

依据《体育与健康课程标准》的要求，落实“立德树人”的教育任务，树立“健康第一”的指导思想，遵循运动技术动作形成规律，结合“水平四”学生的认知能力和技能水平，以探索“体能素质与运动技术相长的教学” 进行本单元教学计划的设计。通过本单元的教学培养学生对篮球的运动爱好，逐步养成锻炼身体的习惯，提高学生的健康素质；注重激发学生的情感体验和合作意识，增强学生的自信心，培养学生自主学习、克服困难的意识，提高学生的实践能力和发展性学力。

（三）教材分析

行进间体前变向换手运球是篮球技术中的一项基本技术。通过该技术的练习不仅可以增强学生的身体素质、发展灵敏性，而且还可以很好地锻炼学生的协调配合能力。其教学重点为球的变向和脚的蹬跨动作，教学难点为手、脚

的协调配合。

（四）学情分析

篮球是学生喜爱的运动项目之一，高一学生的总体水平参差不齐，尤其是一部分学生基本没有篮球基础，主要表现在球性不熟，掌控球的能力稍低，学习积极性不高，在一定程度上增大了教学难度，教学中要关注和加强对这部分学生的指导。体前变向换手运球这项技术动作复杂，要求控制球的能力高，较难掌握，给教学带来一定的困难，而技术学习存在一定的枯燥性，在教学中如何让技能学习与学习乐趣相结合，调动学生学习的积极性和主动性，达成本课教学目标，是重点突破的方向。采用小组学习、分层递进等教学模式，师生共同营造良好的课堂氛围。

（五）教学目标

1.认知目标

通过本课的学习，激发学生对篮球学习的兴趣，学生初步完成行进间体前变向换手运球。

2.技能目标

80％的学生能够在熟练完成行进间运球的基础上掌握行进间体前变向换手运球。

3.情感目标

通过教学使学生具有良好的组织纪律观念、竞争意识、团结合作意识、吃苦耐劳精神以及勇于克服困难的意志品质。

4.运动参与目标

学生能采用篮球体前变向换手运球技术过3～4个障碍，基本掌握该技术要领。

（六）教学重点与难点

重点：跨步、转体、探肩护球、低重心。

难点：转体与变向的衔接；加速动作协调连贯。

（七）教学方法

1.教法

本节课主要采用体悟式教学方法，采用讲解、示范、传授、启发、设问、游戏竞赛等方法，把学生的思、学、练、评有机地结合起来，注重激发学生学习和练习的兴趣，满足学生探究动作顺序的好奇心，从而解决重点，突破难点，达成教学目标。

2.学法

通过有序、自主、合作练习，激发学生的学习热情，培养团队协作、勇于竞争的精神，让每一个学生都能分享、体验成功的乐趣。

（八）场地与器材

篮球场1块、45个篮球、标志物20个、多功能播放机1台。

（九）教学流程

1.准备部分

（1）课堂常规：体育委员整队集合，清点人数并汇报，师生问好。教师宣布本次课的内容和要求，安排见习生。

（2）准备活动：绕场运球慢跑。

（3）专项准备活动：球操。

2.基本部分

（1）原地体前变向换手运球：1～3拍变向换手运球。

（2）体验练习：行进间体前变向换手运球。学生沿着直线运球，当到标志物时变向换手，运到终点；然后直线运球回到起点，以此类推，体会变向换手运球。

（3）"之"字形行进间体前变向换手运球（提高难度）。

重点：蹬跨，转体，探肩护球，降重心，变向后高重心加速。

（4）游戏："接力运球"。

3.结束部分

集合，运动后舒展的拉伸运动和正确的气息运用可以使紧张的肌肉逐渐放松，过速的脉搏逐渐减慢恢复正常，兴奋的情绪逐渐恢复平静。最后通过课堂小结和学生的自评互评进一步提高其认知水平。安排学生安全有序地归还器材，宣布下次课的内容，师生道别。

(十)教学评价

1.评价学生学习练习时，做到语言简洁、及时有效，采用诊断性评价方式，帮助学生学会技术方法，提高自我，体验学习成功的乐趣，促进学生自我发展。

2.评价游戏时，采用激励性评价方式，充分肯定学生学习过程中的自主参与、互助合作。

(十一)德育渗透

本堂课有目的地将德育渗透至教学过程中。准备部分的队列队形练习中，要让学生懂得令行禁止，明白集体活动中纪律的重要性；基本部分的小组练习，意在培养小组之间的互助合作意识；自主练习时，让学生选择目标并向着目标努力练习争取达标，培养学生正确的自我评价意识，明确竞赛不仅仅是战胜对手，更主要的是战胜自我；接力游戏时，培养学生遵守规则、努力拼搏、团结进取的意志品质。

(十二)教案设计

授课年级：高一年级(水平四)　　　　授课类型：新授课

教学内容	1.行进间体前变向换手运球。 2.运球变向绕杆接力跑。
教学目标	1.认知目标：通过本课的学习，激发学生对篮球学习的兴趣，学生初步完成行进间体前变向换手运球。 2.技能目标：80%的学生能够在熟练完成行进间运球的基础上掌握行进间体前变向换手运球。 3.情感目标：通过教学使学生具有良好的组织纪律观念、竞争意识、团结合作意识、吃苦耐劳精神以及勇于克服困难的意志品质。 4.学生能采用篮球体前变向换手运球技术过3～4个障碍，基本掌握该技术要领。
重点难点	重点：跨步、转体、探肩护球、低重心。 难点：转体与变向的衔接；加速动作协调、连贯。

续表

<table>
<tr><th rowspan="2">课程
结构</th><th rowspan="2">课程内容</th><th rowspan="2">指导与练习</th><th rowspan="2">德育渗透</th><th colspan="2">运动负荷</th></tr>
<tr><th>次
(拍)数</th><th>时间</th></tr>
<tr><td rowspan="2">开
始
部
分
(约 8′)</td><td>一、课堂常规
1.集合整队，清点人数。
2.师生问好。
3.宣布课程任务，提出目标与要求。
4.检查服装，安排见习生。
5.队列队形练习。</td><td>一、组织形式
如图 1 所示：
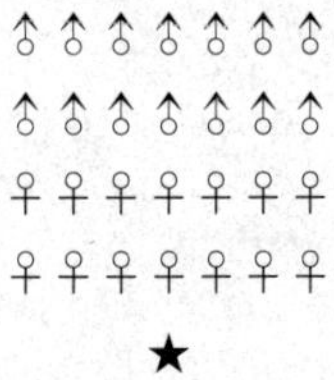
图 1
二、教学要求
集合做到快、静、齐。注意力集中，动作准确。积极动脑，加强合作学习。</td><td>培养学生遵守纪律意识。</td><td>1 次</td><td>约 2′</td></tr>
<tr><td>二、准备活动
1.绕场运球慢跑。
2.徒手操。
(1)肩部运动。
(2)腹背运动。
(3)弓步压腿。
(4)手腕踝关节运动。
3.球操：
(1)手指上下点拨球。
(2)单手持球伸展。
(3)颈、腰绕环。
(4)胯下“8”字绕球。
(5)单手前拉后推。
(6)单手左右横拉球。
(7)双手体前左右换手运球。</td><td>一、组织形式
如图 2 所示：

图 2
二、教学要求
整队快、静、齐，注意力集中动作准确。
三、教学方法
1.教师讲解方法，口令提示。
2.学生服从口令，积极、有序。</td><td>让学生懂得令行禁止的要求，明白集体活动中的纪律。</td><td>1 次
4×8 拍
多次</td><td>约 2′
约 2′
约 2′</td></tr>
</table>

续表

<table>
<tr><th rowspan="2">课程结构</th><th rowspan="2">课程内容</th><th rowspan="2">指导与练习</th><th rowspan="2">德育渗透</th><th colspan="2">运动负荷</th></tr>
<tr><th>次(拍)数</th><th>时间</th></tr>
<tr><td rowspan="2">基本部分(约34′)</td><td>一、学习篮球运球技术要领

1.原地体前变向换手运球：1～3 拍变向换手运球。

2.练习：行进间体前变向换手运球。学生沿着直线运球，当到标志物时变向换手，运到终点；然后直线运球回到起点，以此类推，体会变向换手运球。</td><td>一、组织形式
如图 3 所示：
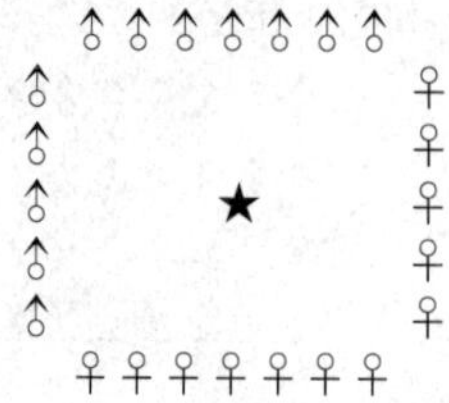
图 3
二、教学要求
动作准确到位。
三、教学教法
1.教师组织学生进行篮球低运球练习，提示手型与降低重心。
2.教师组织学生进行篮球高运球练习，提示将球控制在胸腹之间。
3.组织学生进行运球的转换。
4.教师用口令、手势组织学生进行原地运球练习，巡回指导。</td><td>激发学生竞争意识，引导学生明白团结的重要性。</td><td>多次</td><td>约 25′</td></tr>
<tr><td>二、“之”字形行进间体前变向换手运球挑战(提高难度)

重点：蹬跨，转体，探肩护球，降重心，变向后高重心加速。</td><td>一、组织形式
如图 4 所示：
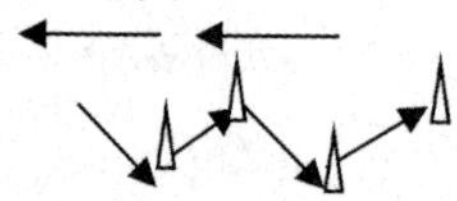
图 4
二、教学要求
1.注意比赛的纪律。
2.提醒学生尽全力去比拼。
三、教学方法
1.教师组织学生进行行进间运球尝试性练习。
2.针对出现的问题，讲解行进间直线运球的动作要领并示范。
3.教师组织学生三角形运球，巡回指导。</td><td></td><td>多次</td><td>约 9′</td></tr>
</table>

续表

<table>
<tr><th rowspan="2">课程结构</th><th rowspan="2">课程内容</th><th rowspan="2">指导与练习</th><th rowspan="2">德育渗透</th><th colspan="2">运动负荷</th></tr>
<tr><th>次(拍)数</th><th>时间</th></tr>
<tr><td>结束部分（约 3′）</td><td>一、放松活动
二、集合小结
三、归还器材
四、宣布下课</td><td>一、组织形式
如图 5 所示：
♂♂♂♂♂♂♂
♂♂♂♂♂♂♂
♀♀♀♀♀♀♀
♀♀♀♀♀♀♀
★
图 5
二、教学要求
呼吸自然放松，使身体状态逐渐恢复到平静状态。
三、教学方法
教师示范，学生积极放松身体。</td><td>引导学生养成体育习惯，给学生建立起在体育上的信心。</td><td>1 次</td><td>约 3′</td></tr>
<tr><td>场地与器材</td><td colspan="5">篮球场、篮球 22 个、标志桶 20 个。</td></tr>
<tr><td>预计运动负荷</td><td colspan="5">练习密度：≥75％
平均心率：女生 120～140 次/分，男生 120～150 次/分</td></tr>
<tr><td>心率变化曲线图</td><td colspan="5">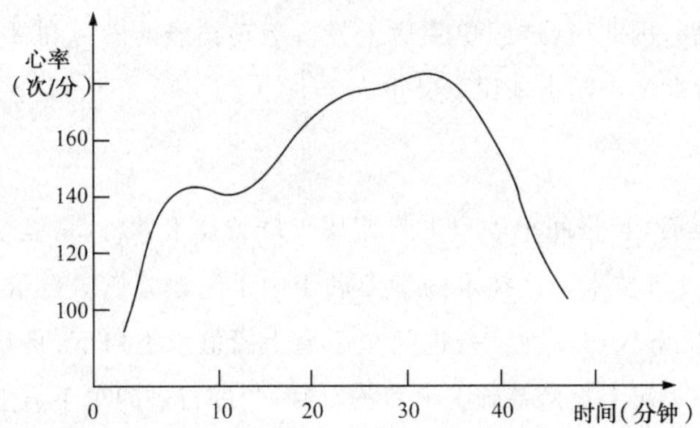
</td></tr>
</table>

(十三)课后反思

实践中总结发现,我们现在的教学中,篮球教学计划全部是以基本技战术或者基础篮球动作教学为主,没有把规则的介绍列入教学计划,从而导致了大多数学生在学习篮球之后,还不知道什么是走步球,什么是两次运球。因此我们在往后的篮球相关教学活动中,要将篮球规则的理论知识融进去,让同学们真正全面地了解篮球这项运动。

四、行进间单手肩上投篮的教学设计

(一)教学内容

主教材:行进间单手肩上投篮。

辅助教材:复习行进间运球。

(二)指导思想

根据《体育与健康课程标准》"水平四"学段要求,达到该水平时,学生将能够基本掌握教材所列举的主要技战术,在比赛中能充分发挥自己的能力与同学协调配合。篮球运动不仅能使学生塑造出健美的形体,而且还能促进学生发展力量、灵敏、协调、速度等身体素质,增进健康;在练习过程中培养学生刻苦顽强的精神,战胜自我,促进学生的心理健康发展。学习篮球还可以促进同学间的互助合作,加强人际关系,提高群体意识,发展学生体育品德、规则意识,促进学生社会能力的提高。因此,行进间单手肩上投篮运动技能的学习和掌握,对正处于青春生长发育期的中学生来说意义重大。

(三)教材分析

从课的性质上看,行进间单手肩上投篮属于球类技术教材,是篮球运动中最为简单、实用的投篮技术。该技术的学习利于中学生建立篮球自信,锻炼综合身体素质,发展上下肢协调性。行进间单手肩上投篮承上启下,是在学习行进间运球和原地单手肩上投篮基础上学习的,同时学好行进间单手肩上投篮对以后篮球教材的学习有着重要的辅助作用,在初中阶段篮球教材中具有很重要的位置。行进间单手肩上投篮动作要点可概括为:一跨大步接球牢(保护球、超越防守),二调小步用力跳(进一步超越防守,调整起跳点与篮板的位置,需找合适的投篮点),三要翻腕托球举球高,四要指腕柔和用力巧(提高出手点,最终超越防守,将球命中)。学生掌握该技术后运用到课中、课余比赛中,有利于中学生建立篮球学习自信心,提高身体力量以及柔韧、灵敏、协调等素质,因此在中学生的体育学习以及生活中有着广泛的实践意义。

(四)学情分析

初二学生在生理上正处于生长发育突增期,在心理上正处于"心理性断乳期",由少年向青年初期过渡,生理上的日趋成熟带来了心理上的巨大变化,心理发育成熟度显著落后于身体发育。表现为:具有独立意向、成人感,自主、自立意识迅速提高;但认识能力显著落后于独立意向和行动能力,自我控制能力相对滞后。男生敢于也喜欢在同学面前表现自己,对篮球技巧类的技术动作自然充满兴趣;女生随着生理上的发育,心理也出现了一系列的变化,相当一部分女生产生了怕活动、不愿活动的心理。学习中大多数女生对篮球学习较男生可能信心不足,掌握起来稍有难度,教师要鼓励引导学生树立学习信心。

(五)教学目标

1.认知目标

通过教师的引导,学生积极参与行进间单手肩上投篮的学习和练习,发展学生的协调性、灵敏性,提高健康水平,养成良好的锻炼习惯和终身体育的意识。

2.技能目标

通过行进间单手肩上投篮技术的学习,大部分学生能完成这一技术动作,让学生体验到成功的快乐。

3.情感目标

培养学生自主探究与合作学习能力、观察能力、思维能力、想象能力、创新能力和自我评价能力以及在学练中互相帮助、团结协作的精神。

(六)教学重点和难点

重点:一跨、二调、三高跳。

难点:上下肢动作协调,运投衔接流畅。

(七)教学方法

1.教法

采用讲解示范法、游戏竞赛法、小组合作法、分解教学法等。

2.学法

采用探究式学习法、自主学习法、合作学习法等。

(八)教学流程

1.准备部分

(1)课堂常规:体委整队,报告人数,师生问好,检查服装,安排见习生,并提醒学生将口袋中尖锐的物品拿出,防止在运动中受到伤害;宣布本节课的教学内容并提出几点要求(纪律和安全)。

(2)准备活动:让学生充分活动各个关节,为接下来的基本部分做好充分的准备,防止和减少运动损伤。

(3)专项准备活动:为了让学生们进入状态,可组织学生们来做一个双手高举拨球的练习。首先把学生分为四组带到篮球场的底线,学生双手把球举过头顶左右拨球,一边拨球一边走到球场的另一侧。强调在拨球的时候眼睛直视前方,并且以手快脚慢的节奏进行着,来回两次,为后面的空中上篮作一个小铺垫。

2.基本部分

(1)讲解知识,建立概念。通过提问奥运和篮球知识引起学生的兴趣,然后再介绍行进间单手肩上投篮把学生引导到这节课所要学的内容上。

(2)层层递进,由简到难。首先,进行行进间单手肩上投篮的动作讲解。其次,学生在教师带领下进行原地单手托举球及拨球练习,让学生体会单手低手投篮中的手指、手腕拨球技术动作,然后让学生徒手在教师的示范和口令下练习行进间单手肩上投篮(一跨、二调、三高跳)。最后,练习行进间三步起跳胸前单手手指、手腕挑拨球。

(3)精讲示范,合作探究。为了让学生更加直观地看到示范,选取不同角度向学生做连贯动作的慢示范,并引导学生认真观察和思考做出正确动作。分组练习,巡回指导,纠正不规范的动作,对学生练习中出现的问题以及容易犯的错误动作加以强调。让学生根据自身能力选择层次进行自主探究学习,学会自我评价,激发练习兴趣。学生自我展示行进间单手肩上投篮,通过展示让学生自我表现能力得到提高,感受运动乐趣。

(4)游戏竞赛,巩固提高。为了调节课堂氛围,组织学生进行运球比赛。将学生分成3组,每组一个篮球,两边篮底下站着相同的人数,每组的第一个队员从篮球底线把球运到另一边的底线,过了线后同组的队员才能够接球继续运球比赛,最后获胜一方给予表扬,输的一方给予鼓励。通过比赛不仅激发了学生的学习兴趣,而且能够提高练习效果,培养学生的团队合作精神。

3.结束部分

带领学生做放松活动,动作舒展,身心舒缓,让肌肉得到放松。

(九)教案设计

授课年级:八年级(水平四)　　　　**授课类型:新授课**

教学内容	1.行进间单手肩上投篮。 2.复习行进间运球。
教学目标	1.认知目标:通过教师的引导,学生积极参与行进间单手肩上投篮的学习和练习,发展学生的协调性、灵敏性,提高健康水平,养成良好的锻炼习惯和终身体育的意识。 2.技能目标:通过学习,大部分学生能完成这一技术动作,让学生体验到成功的快乐。 3.情感目标:培养学生自主探究与合作学习能力、观察能力、思维能力、想象能力、创新能力和自我评价能力以及在学练中互相帮助、团结协作的精神。
重点难点	重点:一跨、二调、三高跳。 难点:上下肢动作协调,运投衔接流畅。

续表

课程结构	课程内容	指导与练习	德育渗透	运动负荷	
				次(拍)数	时间
开始部分(约8′)	一、课堂常规 1.集合整队，清点人数。 2.师生问好。 3.宣布课任务，提出目标与要求。 4.检查服装，安排见习生。 5.队列队形练习。 二、准备活动 1.慢跑。 2.韵律操。 3.专项准备活动。	一、组织形式 如图1所示： 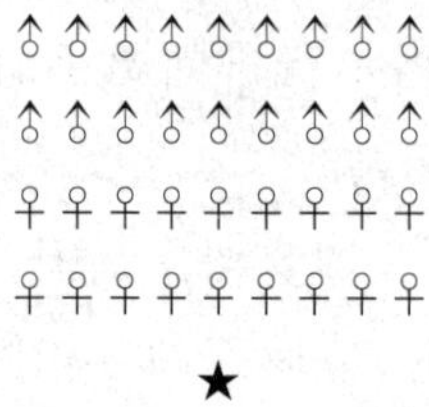 图1 二、教学要求 1.集合做到快、静、齐。 2.积极动脑，加强合作学习。	培养学生遵守纪律意识。 让学生懂得令行禁止的要求，明白集体活动中的纪律。	1次 1次 4×8拍 多次	2′ 约2′ 约2′ 约2′
基本部分(约34′)	一、运球接力比赛	一、组织形式 运球接力比赛如图2所示： 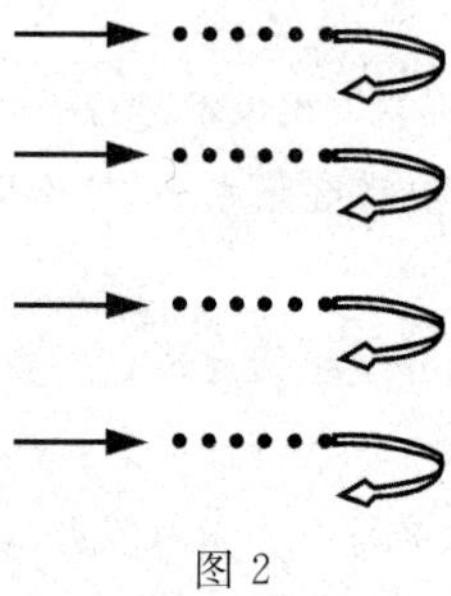 图2	1.学生们结合自己实际水平有选择性地进行练习。 2.各小组主动推荐动作娴熟的优秀学生展示自我，其他同学观摩、欣赏。	多次	约4′

续表

<table>
<tr><th rowspan="2">课程结构</th><th rowspan="2">课程内容</th><th rowspan="2">指导与练习</th><th rowspan="2">德育渗透</th><th colspan="2">运动负荷</th></tr>
<tr><th>次(拍)数</th><th>时间</th></tr>
<tr><td rowspan="2">基本部分（约34′）</td><td>二、行进间单手肩上投篮练习
1.教师示范行进间单手肩上投篮。
2.小组自由组合练习行进间单手肩上投篮。
3.小组练习行进间单手肩上投篮。</td><td>二、教学要求
听从指挥安排，待接力同学击掌后方能离开。</td><td></td><td>多次</td><td>约 25′</td></tr>
<tr><td>三、课课练</td><td>一、组织形式
见图 3：

图 3
二、教学要求
边观察，边模仿，边思考，边交流，边学习；动作连贯、协调，具有创造性。
三、教学方法
1.分小组练习行进间单手肩上投篮。
2.教师做示范。
3.教师巡回指导，与学生交流。适当参与各组练习，给学生做出优美、准确的示范，使学生在轻松愉快的气氛中自学总结。针对一些出现的问题，教师小范围内点拨、纠正和指导。</td><td></td><td>2 次</td><td>约 5′</td></tr>
</table>

续表

<table>
<tr><th rowspan="2">课程结构</th><th rowspan="2">课程内容</th><th rowspan="2">指导与练习</th><th rowspan="2">德育渗透</th><th colspan="2">运动负荷</th></tr>
<tr><th>次(拍)数</th><th>时间</th></tr>
<tr><td>结束部分(约 3′)</td><td>一、做放松操
二、集合小结
三、布置作业
四、回收器材
五、宣布下课</td><td>一、组织形式
见图 4:
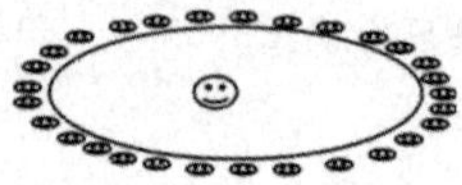
图 4
二、教学方法与要求
1.认真做操,尽量做到彻底放松。
2.学生们对自己及他人学习情况做一具体小结。
3.认真听教师安排下节课内容及任务。</td><td>听从安排,认真完成。</td><td>1 次</td><td>3′</td></tr>
<tr><td>场地与器材</td><td colspan="5">场地:篮球场。
器材:篮球 30 个。</td></tr>
<tr><td>预计运动负荷</td><td colspan="5">练习密度:≥75%
平均心率:120～140 次/分</td></tr>
<tr><td>心率变化曲线图</td><td colspan="5">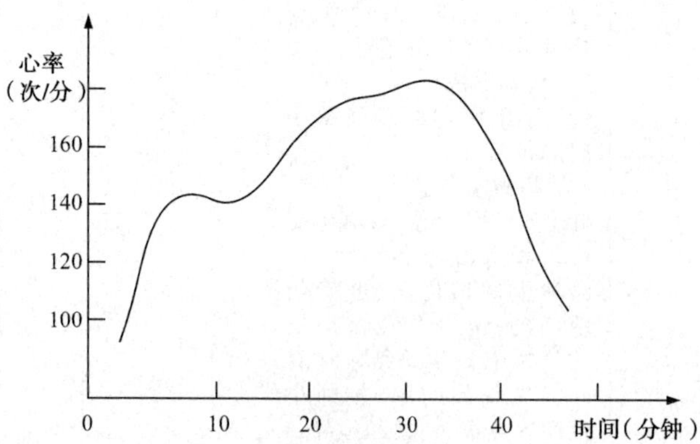</td></tr>
</table>

（十）课后反思

1.在分组练习时要合理，运动能力较强的学生都集中在一组，其他组没有了引领的学生，学生的积极性有所下降。

2.要考虑学生基础差异。上课时出现个别同学运动能力差、积极性不高，以后备课时应该做更多的考虑。

3.加强自身体育基本素质的练习，如教学时的语言组织、教学方法等。

五、篮球行进间三步上篮教学设计

（一）教学内容

主教材：篮球行进间三步上篮。

辅助教材：素质练习。

（二）指导思想

本课以“健康第一”为指导思想，以《体育与健康课程标准》为理论依据，在教学中以学生为主体，充分发挥教师的主导作用。结合教材特点以及现阶段学生身心发展特点，本课着重突出了合作学习、分层学习、探究学习等教学思想。通过多种体育教学活动，让学生掌握动作技能，以此促进学生的健康发展。

（三）教材分析

篮球是深受学生喜爱的一项运动，具有关注度高、普及广泛、集体性强以及强调攻守转换等特点，是现阶段“体育与健康”课程教学的重要组成部分。从事篮球运动有利于发展学生的力量、速度、协调性等身体素质，同时培养学生团结协作、机智果敢、勇于拼搏的意志品质。本课所学的行进间三步上篮，是篮球运球技术中的重要组成部分，也是在篮球行进间运球基础上的进一步学习，能够对学生今后学习行进间投篮以及其他篮球技术打下良好基础。

（四）学情分析

本节课教学对象为初中三年级的学生，共计 40 名，班级学生男女比例相当,身体素质普遍较好,但也存在个别差异。现阶段学生处于生长发育的高峰期,学生学习本身缺乏稳定性、持久性和连续性。但这一时期学生思维活跃想象力较为丰富。因此,为充分有效地调动学生上课的积极性,教师应通过多种教学活动,以游戏、竞赛为主的教学方式,让学生学习和掌握动作技能,同时,教师应在组织小组性的活动时照顾到身体素质稍差的同学。

(五)教学目标

1.运动参与目标

学生能够积极主动地参与到本节课的学习中来,在教师的引导下,充分发挥学生的主体地位。

2.运动技能目标

学生能有意识地练习行进间三步上篮动作以及步频和步幅的有效结合,发展学生的篮球三步上篮的能力。

3.身体健康目标

学生通过篮球行进间三步上篮的练习,发展弹跳力、协调性、柔韧性等身体素质,提高对篮球的掌控能力。

4.心理健康和社会适应目标

通过篮球行进间三步上篮的练习,学生能认真、积极地奋力奔跑跳跃,不甘落后,初步建立良好的组织纪律观念、竞争意识、团结协作精神,培养学生勇于克服困难的意志品质。

(六)教学重点与难点

重点:掌握一大、二小、三高跳的上篮动作。

难点:上下肢协调配合和三步上篮动作的连贯性及稳定性。

(七)教学方法

1.教法

由于行进间运球动作较之原地运球动作复杂,而且对全身协调动作能力要求较高,因此,宜采用情景法、观察法、实践法等方法组织学生的学习活动,适时融入示范法、讲解法,给学生提供帮助。

2.学法

通过有序、自主、合作练习的游戏，激发学生的学习热情，满足学生的需求。运用玩中学和学中玩的形式，将枯燥的篮球训练生动化，运用活泼的游戏力求使学生在愉快的气氛中掌握和提高行进间三步上篮技术，使体育课成为学生的一种享受。

(八)场地器材

一个篮球场地、50个篮球、音响1台。

(九)教学流程

1.准备部分

(1)课堂常规：体委整队，师生问好。教师宣布本节课的内容，检查着装，安排见习生。

(2)准备活动：先进行“运球跑”游戏，在游戏热身之后进行定位徒手操的练习，活动各关节、肌肉。在队列队形练习中，安排齐步行进与立定，增强课堂纪律性，提高学生集体荣誉感。

(3)专项准备活动：图形跑、徒手操、拉伸。

2.基本部分

(1)教师结合图示做篮球的行进间三步上篮的动作示范。在示范的同时提醒学生注意教师上篮的脚步顺序、脚上步幅和步频。

(2)示范结束后向学生进行提问，并让学生积极回答，培养学生主动思考以及观察学习的能力。

(3)游戏：“篮球接力”。

3.结束部分

集合，在音乐的伴奏下做放松操。总结本次课的情况，布置作业，安排学生安全有序地归还器材，宣布下次课的内容，师生道别。

(十)教学评价

评价学生学习篮球行进间三步上篮时，做到语言简洁、及时有效，采用诊断性评价方式，帮助学生学会技术方法，提高自我，体验学习成功的乐趣，促进学生自我发展。

评价游戏时，采用激励性评价方式，充分肯定学生学习过程中的自主参与、互助合作。

（十一）德育渗透

本堂课有目的地将德育渗透至教学过程中。准备部分的队列队形练习中让学生懂得令行禁止的要求，明白集体活动中的纪律；基本部分的小组练习，意在培养小组之间的互助合作意识；自主练习时，让学生选择目标并向着目标努力练习争取达标，培养学生正确的自我评价意识并明确竞赛不仅仅是战胜对手，更主要的是战胜自我；"篮球接力"游戏时，培养学生遵守规则、努力拼搏、团结进取的意志品质。

（十二）教案设计

授课年级：九年级（水平四）　　　　授课类型：新授课

教学内容	1.篮球行进间三步上篮。 2.素质练习。
教学目标	1.运动参与目标：学生能够积极主动地参与到本节课的学习中来，在教师的引导下，充分发挥学生的主体地位。 2.运动技能目标：学生能有意识地练习行进间三步上篮动作以及步频和步幅的有效结合，发展学生的篮球三步上篮的能力。 3.身体健康目标：学生通过篮球行进间三步上篮的练习，发展弹跳力、协调性、柔韧性等身体素质，提高对篮球的掌控能力。 4.心理健康和社会适应目标：通过篮球行进间三步上篮的练习，学生能认真、积极地奋力奔跑跳跃，不甘落后，初步建立良好的组织纪律观念、竞争意识、团结协作精神，培养学生勇于克服困难的意志品质。
重点难点	重点：掌握一大、二小、三高跳的上篮动作。 难点：上下肢协调配合和三步上篮动作的连贯性及稳定性。

续表

<table>
<tr><th rowspan="2">课程结构</th><th rowspan="2">课程内容</th><th rowspan="2">指导与练习</th><th rowspan="2">德育渗透</th><th colspan="2">运动负荷</th></tr>
<tr><th>次数</th><th>时间</th></tr>
<tr><td rowspan="2">开始部分（约 8′）</td><td>一、课堂常规
1.集合整队，清点人数。
2.师生问好。
3.宣布本课任务，提出目标与要求。
4.检查服装，安排见习生。
5.队列队形练习。</td><td>一、组织形式
如图 1 所示：
♂♂♂♂♂♂♂♂♂
♂♂♂♂♂♂♂♂♂
♀♀♀♀♀♀♀♀♀
♀♀♀♀♀♀♀♀♀
图 1
二、教学要求
1.集合做到快、静、齐。
2.积极动脑，加强合作学习。
三、教学方法
演示教育示范。</td><td>培养学生遵守纪律意识。学生懂得令行禁止的要求，明白集体活动中的纪律。</td><td>1 次</td><td>约 2′</td></tr>
<tr><td>二、准备活动
1.游戏：“运球跑”。
2.热身操
(1)头部运动。
(2)扩胸运动。
(3)体转运动。
(4)腹背运动。
(5)弓步压腿运动。
(6)侧压腿运动。
(7)腕、踝关节运动。</td><td>一、组织形式
如图 2 所示：
♂♂♂♂♂♂♂♂♂
♂　　　　　　　♀
♂　　　　　　　♀
　♂　　　★♀
♂　　　　　　　♀
♀♀♀♀♀♀♀♀♀
图 2
二、教学要求
纪律严明，听从指挥。
三、教学方法
1.教师讲解方法，口令提示。学生跑动积极、有序。</td><td>积极思考低运球的方法，认真参与练习，严格要求自己。</td><td>多次</td><td>约 3′</td></tr>
</table>

续表

课程结构	课程内容	指导与练习	德育渗透	运动负荷	
				次数	时间
开始部分(约8′)	三、篮球球性练习 (1)抛接球练习(4×8)。 (2)指拨球练习(4×8)。 (3)8字胯下绕环(4×8)。 (4)按拍球练习(4×8)。	一、组织形式 如图3所示： 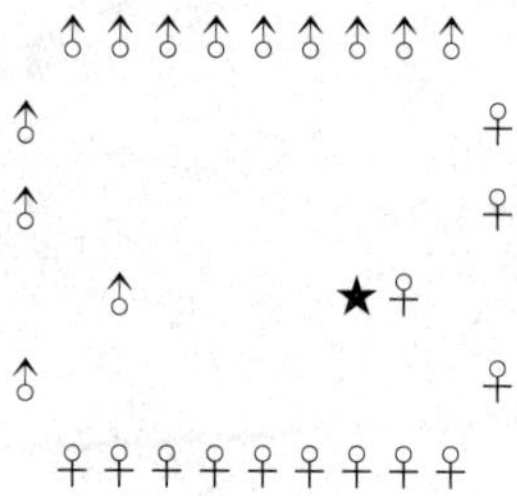 图3 二、教学要求 充分热身，注意自身安全。 三、教学方法 1.教师示范并领做。 2.学生跟教师动作认真练习。		1次	约3′
基本部分(约34′)	一、学习篮球行进间三步上篮 1.动作要领 第一步：运球后跳起（双脚离地）接球单脚落地，此时落地的脚为中枢脚。第二步：跳起中枢脚后，非中枢脚落地。第三步：跳起非中枢脚后球出手后落回地面。 2.重点与难点 重点：行进间三步上篮一大、二小、三高跳的练习。	一、组织形式 如图4所示： 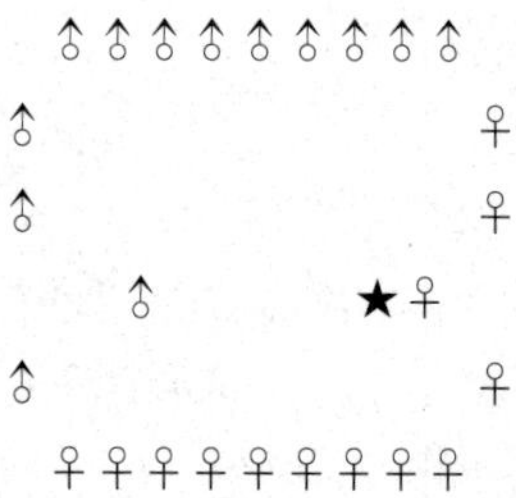 图4 二、教学要求 严格按照要求训练。 三、教学方法 1.讲解动作要领，做完整示范，并强调注意安全。	了解安全运动方法，在确保安全的条件下练习。 小组练习时，培养小组同学之间的互助、合作意识。	多次	约28′

续表

课程结构	课程内容	指导与练习	德育渗透	运动负荷	
				次数	时间
基本部分（约34′）	难点：步频和步幅有效结合，上下肢协调发力以及对篮球的终结能力。 3.易犯错误 上篮时脚步迈错，篮球没合球迈步，上篮手臂没有伸直。 4.纠正方法 进行无球练习脚步，多做分解动作。 5.安全措施 各组成员一定要听准小组长口令，确保安全练习。	2.学生做初步尝试练习，并在练习中体会脚步的先后、步幅与频率。 3.根据学生回答带领学生做发力练习。 4.学生再次做完整练习。 5.教师展示三步上篮的低手上篮和高手上篮两种上篮方法，着重讲解低手上篮。 6.学生体会两种上篮方法，再次进行行进间低手上篮的练习。 7.找优秀生示范。 8.学生再次练习并且每组选出一名上篮最好的同学角逐冠军。	自主练习时，培养学生正确的自我评价意识并明确竞赛不仅仅是战胜对手，更主要的是战胜自我。		
	二、游戏："篮球接力"	一、组织形式 如图5所示： 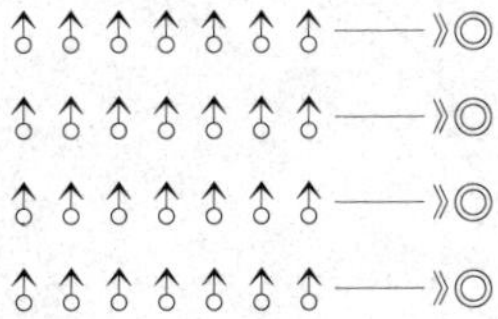 图5 二、教学要求 遵守规则，注意安全。 三、教学方法 1.教师讲解游戏方法。 2.学生积极有序地练习。	培养学生遵守规则、努力拼搏、团结进取的意志品质。	2次	约6′

续表

<table>
<tr><td rowspan="2">课程结构</td><td rowspan="2">课程内容</td><td rowspan="2">指导与练习</td><td rowspan="2">德育渗透</td><td colspan="2">运动负荷</td></tr>
<tr><td>次数</td><td>时间</td></tr>
<tr><td>结束部分（约 3′）</td><td>一、放松练习
二、集合小结
三、布置作业
四、归还器材
五、宣布下课</td><td>一、组织形式
如图 6 所示：
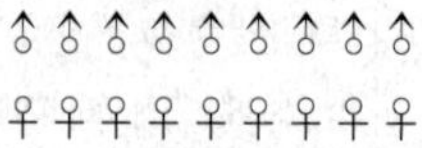
图 6
二、教学要求
积极放松身体，缓解身体疲劳。
三、教学方法
教师示范，学生积极放松身体。</td><td></td><td>1 次</td><td>约 3′</td></tr>
<tr><td>场地与器材</td><td colspan="5">篮球场、48 个篮球、4 个障碍桶、4 个球筐。</td></tr>
<tr><td>预计运动负荷</td><td colspan="5">练习密度：≥65％
平均心率：120～140 次/分</td></tr>
<tr><td>心率变化曲线图</td><td colspan="5">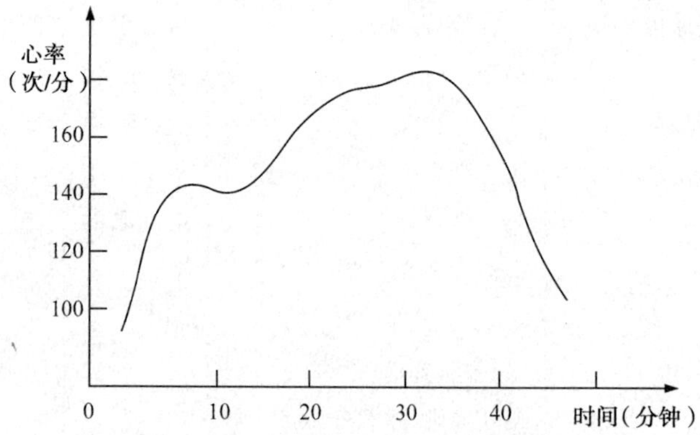</td></tr>
</table>

（十三）课后反思

本课通过设计各种练习，使学生体会行进间三步上篮的动作方法。在练习中同学之间相互观察与交流，既突出教学的重点，又体现出教学的层次性。沿篮球场运球则是这节课主教材的拓展和实战体验，启发孩子们对行进间运球的全面的了解，同时也是给那些能力强些的孩子提供了更广阔的空间，让学生体会到学以致用的快乐，体验到主动学习的成功和喜悦。放松活动中，学生在欢快、节奏感强的音乐声中互相轻敲同学的身体，更加提高了学生之间的合作互助、团结友爱的意识。

第二节　足球的教学设计

足球运动是世界上开展最广泛、影响最大的体育运动项目，被誉为“世界第一运动”。它具有参加比赛人数多、集体性强、争夺激烈、战术多样、趣味浓厚、容易开展的特点，所以受到人们普遍的喜爱，尤其是广大青少年学生。通过足球运动，能全面发展人的身体素质，提高人体各器官系统的功能、增强人的体质；能改善人的心理素质，培养人勇敢顽强、机智果断、坚忍不拔、团结协作的优良品质，是一项有很高锻炼价值的运动项目。

一、足球的脚内侧传球教学设计

脚内侧传球又称“脚弓踢球”，是足球运动中很重要的技术项目，是运动员有目的地用脚的内侧（脚弓）将球击向预定目标的技术动作。脚内侧是踢球时最常使用的部位，它触球的面积比脚的其他部位都大，可以更容易地控制住球。因此，脚内侧踢球是进行短距离传球和射门的理想方法。在传球的教学中应采取多种形式的练习，以激发学生自主学习的兴趣，使学生主动学习，达到身心健康的目标。

（一）教学内容

主教材：足球的脚内侧传球。

辅助教材：游戏“围圆截球”。

(二)指导思想

以“健康第一”为指导思想,以学生终身受益为宗旨,根据七年级学生身心特点紧紧围绕“以学生为主体,教师为主导”这个主线进行教学,注重学生的个体差异和运动体验,培养学生的实践和创新能力。在练习过程中实时渗透德育,使学生身心得到全面发展,增强学生体质,发展学生个性,培养学生顽强拼搏、乐于展现自我的精神面貌,促进学生良好的人际交往关系。

(三)教材分析

本课以《体育与健康课程标准》为依据,充分体现了“健康第一”的教学指导思想,注重学生对足球基本技术的掌握与实践应用。足球教学贯穿于学生的整个学习生涯,传球是足球比赛中组织进攻的必要手段。本课教学内容是足球的脚内侧传球技术,它是足球运动中的基本技术,也是初中足球教学的重要组成部分。只有熟练掌握该技术,才能更好地掌握足球这门技能,同时,通过对脚内侧传球的学习,还能发展学生的速度、力量、灵敏性、柔韧性和协调性等身体素质,对培养学生积极进取、机智灵活、勇敢顽强的竞争意识和团结协作的优良品质都具有重要的价值和意义。因此,本课着重解决学生对球的控制能力,在巩固脚内侧传球技术的同时加强准确性、熟练性,为以后的教学比赛打下良好基础。在教学过程中,注意发挥骨干学生的模范带头作用,充分强调学生的主体地位,让学生在愉快、团结的学练氛围中对足球产生强烈兴趣,感受练习比赛的快乐,培养学生的坚强意志、协作竞争意识和创新精神。

(四)学情分析

本课教学对象是初一学生,这一阶段学生已进入青春发育期,身体发育差异较大,体质基础也不同,虽对足球运动有着浓厚的学习兴趣,但对足球基本技术技能的掌握上存在着很大差异,课程安排时以足球脚内侧传接球练习为主,并充分发挥体育骨干的带头作用,通过师生互动、学生互动、教师引导、同学之间合作探究,发挥学生的主体作用,引导学生接受正确的技术动作,积极调动学生的学习兴趣,顺利完成本次课的教学目标,以实现学生身心的健康发展。

(五)教学目标

1.运动参与目标

学习了解脚内侧传球的技术原理及其在足球运动中的应用,建立脚内侧传球的动作概念,培养学生对足球的兴趣。学生能够积极主动地参与到本节课的学习内容中来,在教师的指导下充分发挥学生的主体地位。

2.运动技能目标

通过学习,80%的学生能正确掌握足球脚内侧传球技术,75%的学生在一定速度中能正确运用直线传球技术,提高学生对球的控制能力,发展学生的灵敏性、速度等素质。

3.身体健康目标

学生通过足球传球的练习,发展腿部力量以及协调性、灵敏性等身体素质,提高传球能力。

4.心理健康和社会适应目标

通过足球传球的练习,学生能认真、积极地比赛,有集体荣誉感和不甘落后的精神,初步建立良好的组织纪律观念、竞争意识、团队协作精神,培养学生勇于克服困难的意志品质。

(六)重点与难点

1.重点:支撑脚的位置,脚传球的部位。

2.难点:脚内侧传球时的出球方向和击球的力量。

(七)教学方法

围绕本教材的重点、难点,根据教材和学生实际,从有利于调动学生学习积极性,有利于培养学生自主学习能力,尽可能适应学生个体差异角度出发进行教学。采用讲解、示范、传授、启发、设问、游戏竞赛等方法,把学生的思、学、练、评有机结合,注重激发学生对知识技能的学习热情,引导学生学习和练习的兴趣,真正发挥学生是课堂主体,教师是课堂引导者作用,提高教学效率,优化课堂结构。通过有序、自主、合作练习的游戏,激发学生的学习热情,培养团队协作和勇于竞争的精神,让每一个学生都能分享、体验成功的乐趣。

(八)场地器材

足球场地一块、足球48个、标志桶、标志碟若干、多功能播放器1个。

（九）教学流程

1.准备部分

（1）课堂常规：班长整队集合，检查人数并汇报，师生问好。教师宣布本次课的内容和要求，安排见习生。提醒学生将口袋中尖锐的物品拿出，防止在运动中受到伤害。

（2）创设情境导入：让学生了解本节课要学的内容，激发兴趣。

（3）准备活动：通过热身游戏，看谁反应最快。在跑动中进行热身，既让学生做了准备活动，又练习了队列队形。

（4）专项准备活动：通过脚底踩球练习、移动脚底拉球、颠球来练习球性。

（5）游戏“胯下滚球”：学生呈四路纵队，两脚跨开呈八字形站立，前后一臂距离，从头至尾由胯下向后滚球，最后一位学生接球后跑至排头继续向后滚球，以此类推，最先完成的队伍获胜。胯下滚球与主教材紧密相关，为主教材做好了铺垫，生动活泼，学生积极性高涨。同时让学生充分活动了各个关节，为接下来的基本部分做好充分的准备，防止和减少运动损伤。

2.基本部分

（1）复习知识，过渡衔接。

①复习加速跑，体会双臂的摆动和支撑腿的蹬地以及摆动腿的折叠程度。

②在加速跑的基础上加上支撑腿站位、摆动腿击球等动作练习，因为脚内侧击球动作要领中有脚尖外转、脚背绷紧动作，为新授课做好铺垫。

（2）层层递进，由简到难。

①出示脚内侧击球的挂图，并向学生提出疑问：“同学们，你们知道这是什么动作技巧吗？想不想通过本节课的努力也能够掌握这一门技巧呢？”引导学生积极思考，激发学生的求知欲望，从而在师生互动中引出本节课的课题。

②进行两人一组的踩球与踢球练习。给学生自由的练习空间，让学生在练习中摸索脚内侧传球中脚的哪个部位触球。学生探究练习后，组织学生两人一组进行传球练习。通过观察对比，培养学生自主学习的能力。

（3）精讲示范，合作探究。

①讲解示范：为了使学生更加直观地看到示范，让学生围成一个圈，向他们做连贯动作示范，以建立起正确的运动表象，并引导学生认真观察和思考做出

正确动作的方法。同时讲解保护与帮助的方法,并找学生与教师合作完成保护与帮助。

②分组练习:两人一组模仿练习,相互保护与帮助。

③在学生练习过程中,教师巡视指导,纠正不规范的动作,并及时提醒学生注意安全。

④对学生练习中出现的问题以及共性错误动作,让学生做正误示范,教师及时进行讲解。

⑤进行加速跑后支撑脚站位练习、摆动腿脚型练习,体会以髋关节为轴大腿带动小腿由后向前摆动的协调配合。这样层层深入、由易到难、循序渐进地让学生去逐步掌握技巧动作,从而顺利地解决了本节课的重难点。

⑥巩固提高练习。为了提高学生的练习密度,培养学生的合作探究精神,依据学生的个体差异,教师将学生分为四个小组进行层次分组练习。

⑦自由练习,集体展示。

(4)游戏竞赛,巩固提高(辅助教材)。

学生充分练习以后,为了提高学生的表现力,组织学生进行"围圈截球"游戏竞赛。游戏规则是:将学生分成四组,每组围成一个大圈,选出一个追逐者,负责围圈的同学互相用脚内侧传球给小组围圈的任意同学,但要注意别被追逐者抢到球,追逐者抢到球后与传球失误的同学身份互换。通过游戏比赛不仅激发了学生的学习兴趣,而且能够提高练习效果,巩固技术动作,培养学生集体荣誉感,从而顺利达到本节课的技能和情感目标。

3.结束部分

首先,在舒缓音乐的背景下让学生坐在足球场的草地上,带领学生做放松活动,动作舒展、身心舒缓,让肌肉得到放松。然后组织学生全体起立集合,再次强调足球脚内侧传球的动作要领。最后布置作业,鼓励同学们坚持锻炼,以强壮的体魄做后盾,努力学习,报效祖国。

(十)教学评价

1.评价学生学习传球练习时,做到语言简洁、及时有效,采用诊断性评价方式,帮助学生学会技术方法,提高自我,体验学习成功的乐趣,促进学生自我发展。

2.评价游戏时，采用激励性评价方式，充分肯定学生学习过程中的自主参与、互助合作。

(十一)德育渗透

本堂课将德育渗透到教学过程中：准备部分的队列队形练习中，让学生懂得令行禁止的要求，明白集体活动中的纪律；基本部分的小组练习，意在培养小组之间的互助、合作意识；自主练习时，让学生选择目标并向着目标努力练习争取达标，培养学生正确的自我评价意识并明确竞赛不仅仅是战胜对手，更主要的是战胜自我；"围圈截球"游戏时，培养学生遵守规则、努力拼搏的意志品质。

(十二)教案设计

授课年级：七年级(水平四)　　　　**授课类型：新授课**

教学内容	1.足球的脚内侧传球。 2.游戏："围圈截球"。
教学目标	1.运动参与目标：学习了解脚内传踢球的技术原理及其在足球运动中的运用，建立脚内侧传球的动作概念，培养学生对足球的兴趣。学生能够积极主动地参与到本节课的学习内容中来，在教师的指导下充分发挥学生的主体地位。 2.运动技能目标：通过学习，80％的学生能正确掌握足球脚内侧传球技术，75％的学生在一定速度中能正确运用直线传球技术，提高学生对球的控制能力，发展学生的灵敏性、速度等素质。 3.身体健康目标：学生通过足球传球的练习，发展腿部力量以及协调性、灵敏性等身体素质提高传球能力。 4.心理健康和社会适应目标：通过足球传球的练习，学生能认真、积极地比赛，有集体荣誉感和不甘落后的精神，初步建立良好的组织纪律观念、竞争意识、团队协作精神，培养学生勇于克服困难的意志品质。
重点难点	重点：支撑脚的位置，脚传球的部位。 难点：脚内侧传球时的出球方向和击球的力量。

续表

课程结构	课程内容	指导与练习	德育渗透	运动负荷	
				次(拍)数	时间
开始部分(约8′)	一、课堂常规 1.集合整队,清点人数。 2.师生问好。 3.宣布课任务,提出目标与要求。 4.检查服装,安排见习生。 5.队列队形练习。 二、引导学生慢跑(螺旋跑)	一、组织形式 如图1所示: ♂♂♂♂♂♂♂♂♂ ♂♂♂♂♂♂♂♂♂ ♀♀♀♀♀♀♀♀♀ ♀♀♀♀♀♀♀♀♀ ★ 图1 二、教学要求 1.集合做到快、静、齐。 2.积极动脑,加强合作学习。	培养学生的自律意识,遵守课堂秩序。让学生懂得令行禁止的要求,明白集体活动中的纪律。	1次 1次	约2′ 约2′
	三、热身操 1.一般准备活动 (1)头部运动。 (2)扩胸运动。 (3)体转运动。 (4)腹背运动。 (5)弓步压腿运动。 (6)侧压腿运动。 (7)腕、踝关节运动。 2.专项准备活动 (1)脚底踩球练习。 (2)运球:用身体三个部位停球。	一、组织形式 如图2所示: ♂♂♂♂♂♂♂♂♂ ♂　　　　　　　♀ ♂　　　　　　　♀ ♂　　　　　★♀ ♂　　　　　　　♀ ♂　　　　　　　♀ ♀♀♀♀♀♀♀♀♀ 图2 二、教学方法 1.教师讲解方法,口令提示。 2.学生跑动积极、有序。 3.教师示范并领做。 4.学生跟教师动作认真练习。	锻炼学生的柔韧性、协调性和节奏感。此外,热身活动大大降低了运动过程中受伤的风险。	4×8拍 2次	约2′ 约2′

续表

课程结构	课程内容	指导与练习	德育渗透	运动负荷	
				次(拍)数	时间
基本部分(约34′)	一、脚内侧传球 1.动作要领：以支撑脚底积极着地，距离球侧面 20～25 厘米，脚尖指向出球方向。膝关节微屈，在支撑的同时，踢球腿已完成后摆，并开始以髋关节为轴，大腿带动小腿由后向前摆动。当大腿摆动至与支撑腿同一平面时，小腿做爆发式摆动，脚尖外转，脚背绷紧，以脚背内侧部位击球，击球后身体随球前移。 2.安全措施：各组成员一定要听准小组长口令，确保安全练习。	一、组织形式 将学生分成两人一组，教师在中间巡视，如图 3 所示： ♂♂♂♂♂♂♂ ★ ♀♀♀♀♀♀♀ 图 3 二、教学要求 一位学生用脚底踩球，另一位做脚内侧踢球练习，重点是感受脚踢球的部位，之后互换位置。 三、教学方法 1.讲解动作要领并做完整示范，强调注意安全。 2.学生做初步尝试练习，并在练习中体会支撑脚的位置选择以及击球腿的脚形。 3.根据学生回答带领学生做发力练习。 4.教师根据学生练习情况指出错误并进一步练习。 5.请优秀生示范。	了解安全运动方法，在确保安全的条件下进行练习。练习时，培养同学之间的互助、合作意识。 自主练习时，培养学生正确的自我评价意识并明确竞赛不仅仅是战胜对手，更主要的是战胜自我。	多次	约 28′

续表

<table>
<tr><td rowspan="2">课程结构</td><td rowspan="2">课程内容</td><td rowspan="2">指导与练习</td><td rowspan="2">德育渗透</td><td colspan="2">运动负荷</td></tr>
<tr><td>次(拍)数</td><td>时间</td></tr>
<tr><td>基本部分(约34′)</td><td>二、游戏:“围圈截球”</td><td>一、组织形式
围成4个圆圈。
二、教学要求
截到球的与传球失误的互换。
三、教学方法
1.教师讲解练习方法。
2.学生积极有序地练习。</td><td>培养学生遵守规则、努力拼搏、团结进取的意志品质。</td><td>2次</td><td>约6′</td></tr>
<tr><td>结束部分(约3′)</td><td>一、做放松操
二、集合小结
三、布置作业
四、归还器材
五、宣布下课</td><td>一、组织形式
如图1所示。
二、教学要求
集合快、静、齐。
三、教学方法
教师示范,学生积极放松身体。</td><td></td><td>1次</td><td>约3′</td></tr>
<tr><td>场地与器材</td><td colspan="5">足球场、足球48个、标志桶、标志碟若干、多功能播放器。</td></tr>
<tr><td>预计运动负荷</td><td colspan="5">练习密度:50%～60%
平均心率:120～140次/分</td></tr>
<tr><td>心率变化曲线图</td><td colspan="5">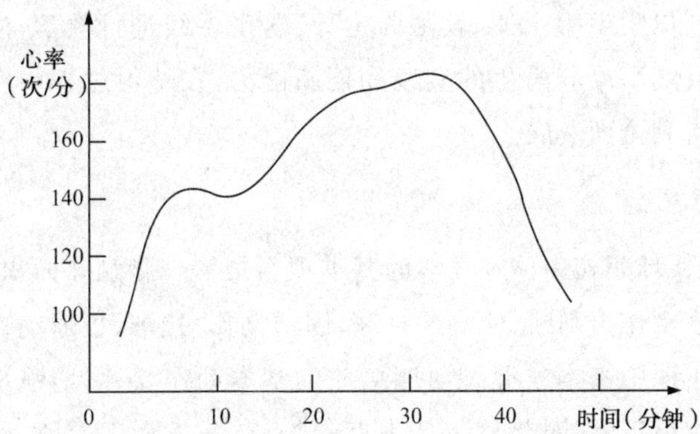</td></tr>
</table>

(十三)课后反思

在教学过程中,以学生身心健康发展为目标,充分体现学生的主体地位,充分地发挥教师的主导作用。最后通过竞争性的小游戏,培养学生的体育意识,使学生在愉快、团结的学练氛围中激发对足球的强烈兴趣,积极主动锻炼身体,发展学生的协调性、灵敏性等身体素质,培养学生勇敢顽强的竞争意识和创新精神,让学生感受足球带来的快乐。不足之处:一是重难点的把握不清晰,应明确采用什么样的手段解决重点、克服难点。二是场地器材布局不合理,影响了练习密度和练习负荷。

二、足球的脚内侧接球教学设计

脚内侧接球是指用脚内侧部位控球的一种技术。由于脚触球面积大,动作简单,所以较易掌握。比赛中经常使用这种技术接各种地滚球、平球、反弹球、空中球。足球传接球配合的成功与否,是足球运动发动进攻、防守以及防守反击等战术的重要因素。

(一)教学内容

1.主教材:足球的脚内侧接球。
2.辅助教材:游戏"蚂蚁运粮"。

(二)指导思想

本课以"健康第一"为指导思想,以身体练习为主要手段,根据八年级学生身心特点紧紧围绕"以学生为主体,教师为主导"这个主线进行教学,注重学生的个体差异和运动体验,培养学生的实践和创新能力,在练习过程中实时渗透德育,使学生身心得到全面发展。

(三)教材分析

足球的脚内侧接球是初中体育教学的基本项目之一。脚触球面积大,动作简单,较易掌握。该动作由判断、伸脚预接球、固定动作、接球、控球动作五个部分组成,让学生在本课中基本掌握脚内侧接球的基本动作要领,增强学生下肢力量,提高腿部肌肉稳定性、对足球传球力度的控制,培养学生勇敢、顽强和相互合作精神。

（四）学情分析

本次授课对象是八年级的学生，他们对足球运动有了初步了解，但控制球和支配球的能力还有待提高。结合学生实际，在教学中主要采用自主合作探究的学习方式，让学生在合作、游戏、评价、比赛的氛围中逐渐掌握技能、磨炼意志。

（五）教学目标

1.运动参与目标

通过学习，学生积极主动地参与到足球教学中来，并体验足球带来的快乐。

2.运动技能目标

通过教学，发展学生的身体的协调性，加强其力量素质，使80%的学生学会整个动作，掌握足球接球时的触球点位置和力度。

3.身体健康目标

通过练习，增强学生体质，提高学生对于足球的控制能力以及掌握肌肉协调能力，促进学生的生长发育和健康成长。

4.心理健康与社会适应目标

通过练习与游戏，培养学生顽强的意志品质及团结协作的精神，提高学生的心理素质以及抗压能力。

（六）教学方法

本节课主要采用体悟式教学方法，采用讲解、示范、传授、启发、设问等方法，把学生的思、学、练、评有机地结合起来，注重激发学生对知识技能的学习热情，满足学生探究动作顺序的好奇心，从而达成教学目标。通过有序、自主、合作练习的游戏，激发学生的学习热情，培养团队协作和勇于竞争的精神，让每一个学生都能分享、体验成功的乐趣。

（七）重点与难点

重点：脚内侧接球的动作要领。

难点：接球的动作固定和接球力量的控制。

（八）场地与器材

足球场、足球46个、标志桶30个。

(九)教学流程

1.准备部分

(1)课堂常规

集合整队，清点人数，师生问好。教师宣布课程任务，提出目标与要求，检查服装，安排见习生，进行队列队形练习。

(2)准备活动

①慢跑(螺旋跑)：围绕球场慢跑2～3圈，之后带球围绕场地跑1圈，结束后原地调整。

②自编足球操：上肢运动、踢腿运动、肩部运动、体侧运动、体转运动、全身运动。

③专项准备活动：活动膝关节、踝关节、腕关节、髋关节。

2.基本部分

(1)讲解动作要领并做完整示范，强调注意安全。

(2)学生做初步尝试练习，并在练习中体会触球点的位置和力度。

(3)带领学生做接球固定腿练习。

(4)学生再次做完整练习。

(5)教师演示接球动作，示范脚踝固定与不固定的不同。

(6)学生体会腿部发力，再次练习。

(7)加大距离，进行传接球练习。

(8)让优秀学生示范新动作。

(9)游戏："蚂蚁运粮"。

3.结束部分

集合，在音乐的伴奏下做放松操。总结本次课的情况，布置作业，安排学生安全有序地归还器材，宣布下次课的内容，师生道别。

(十)德育渗透

本堂课有目的地将德育渗透至教学过程中。在准备部分的队列队形练习中，让学生懂得令行禁止的要求，明白集体活动中的纪律；基本部分的小组练习，意在培养小组之间的互助、合作意识；自主练习时，让学生选择目标并向着目标努力练习争取达标，培养学生正确的自我评价意识并明确竞赛不仅仅是战胜对手，更主要的是战胜自我。

（十一）教案设计

授课年级：八年级（水平四）　　　　**授课类型：新授课**

教学内容	1.足球的脚内侧接球。 2.体能练习。
教学目标	1.运动参与目标：通过学习，学生积极主动地参与到足球教学中来，并体验足球带来的快乐。 2.运动技能目标：通过教学，发展学生的身体的协调性，加强其力量素质，使80%的学生学会整个动作，掌握足球接球时的触球点位置和力度。 3.身体健康目标：通过练习，增强学生体质，提高学生对于足球的控制能力以及掌握肌肉协调能力，促进学生的生长发育和健康成长。 4.心理健康与社会适应目标：通过练习与游戏，培养学生顽强的意志品质及团结协作的精神，提高学生的心理素质以及抗压能力。
重点难点	重点：脚内侧接球的动作要领。 难点：接球的动作固定和接球力量的控制。

课程结构	课程内容	指导与练习	德育渗透	运动负荷	
				次(拍)数	时间
开始部分（约8′）	一、课堂常规 1.集合整队，清点人数。 2.师生问好。 3.教师宣布课任务，提出目标与要求。 4.检查服装，安排见习生。 5.队列队形练习。	一、组织形式 如图1所示：  图1 二、教学要求 1.集合做到快、静、齐。 2.积极动脑，加强合作学习。	培养学生遵守纪律意识。 让学生懂得令行禁止的要求，明白集体活动中的纪律。	1次	约1′

续表

课程结构	课程内容	指导与练习	德育渗透	运动负荷	
				次(拍)数	时间
开始部分(约 8′)	二、准备活动 1.引导学生慢跑。 2.自编足球操。 (1)上肢运动。 (2)踢腿运动。 (3)肩部运动。 (4)体侧运动。 (5)体转运动。 (6)全身运动。	一、组织形式 螺旋跑。 二、教学要求 1.教师讲解方法,口令提示。 2.学生跑动积极,有秩序。	锻炼学生的柔韧性、协调性和节奏感。	1 次 4×8 拍	约 3′ 约 2′
	三、专项准备活动 1.膝关节运动。 2.踝关节运动。 3.腕关节运动。 4.髋关节运动。	一、组织形式 如图 2 所示: 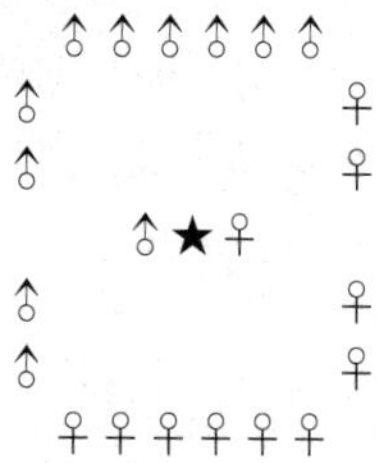 图 2 二、教学要求 活动充分。 三、教学方法 1.教师示范并领做。 2.学生跟教师动作认真练习。		2 次	约 2′
基本部分(约 34′)	一、足球的脚内侧接球	一、组织形式 如图 3 所示: 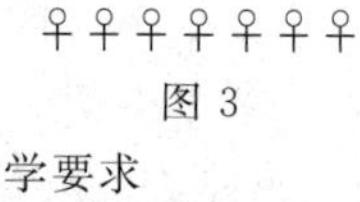 图 3 二、教学要求 接传球要注意缓冲的力度。 三、教学方法 1.讲解动作要领并做完整示范,强调注意安全。	小组练习时,培养小组同学之间的互助、合作意识。	多次	约 30′

续表

课程结构	课程内容	指导与练习	德育渗透	运动负荷	
				次(拍)数	时间
基本部分(约34′)		2.学生做初步尝试练习，并在练习中体会触球点的位置和力度。 3.带领学生做接球固定腿练习。 4.学生再次做完整练习。 5.教师演示接球动作，示范脚踝固定与不固定的不同。 6.学生体会腿部发力，再次练习。 7.加大距离，进行传接球练习。 8.让优秀学生示范新动作。	自主练习时，培养学生正确的自我评价意识并明确竞赛不仅仅是战胜对手，更主要的是战胜自我。		
	二、游戏“蚂蚁运粮”	一、组织形式 如图 4 所示：  图 4 二、教学要求 注意安全，遵守规则。 三、教学方法 1.教师讲解游戏规则。 2.学生积极有序地分组游戏。	培养学生遵守规则、努力拼搏、团结进取的意志与品质。	2 次	约 4′
结束部分(约 3′)	一、放松练习 二、集合小结 三、布置作业 四、归还器材 五、宣布下课	一、组织形式 如图 1 所示。 二、教学要求 动作舒展。 三、教学方法 在教师的带领下一起放松。		1 次	约 3′

续表

场地与器材	足球场一块、足球 40 个、标志桶 30 个。
预计运动负荷	练习密度：≥75% 平均心率：120～130 次/分
心率变化曲线图	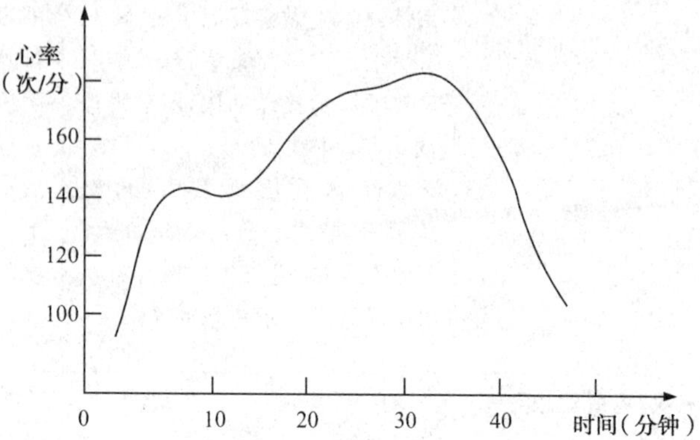

（十二）课后反思

在传统教学中，教师的主导性较强，学生只是被动地听讲和练习，思维没有得到充分的激发和调动，学习和练习的效率比较低，所以应重视学生的参与。运用和谐互助模式，充分调动学生的积极性，学生主动参与，学习效果良好。采用灵活多样的教学方法，既考虑了全体学生的需求，又注重了学生的个体差异。教学采取教师示范讲解，学生自主练习，自评、互评，相互纠错等形式进行。为学生营造一个学习、娱乐、竞争、团结协作、积极进取的良好学习氛围，极大地调动了学生参与学习的积极性，收到了良好效果。教学中充分体现了教育教学的新思想、新观念，把发展学生个性与展示自我相结合，把学习运动技能与游戏比赛相结合，充分体现了活泼、自由、愉快的课堂新模式，力求学生在轻松愉快的游戏活动中学习和掌握知识，享受体育锻炼的乐趣。

第三节　排球的教学设计

一、排球正面双手垫球教学设计

垫球作为排球的基本技术之一，种类多，运用广，因此根据先难后易的教学原则，一般的教学顺序是先学习原地正面双手垫球。正面双手垫球是指运动员用双手在腹前将球垫起的动作方法。它是最基本的垫球方法，也是各种垫球技术的基础。在比赛中主要用于接发球、接扣球、接拦回球以及防守和处理各种困难球。

（一）教学内容

主教材：正面双手垫球。

辅助教材：游戏"换物接力"。

（二）指导思想

依据《体育与健康课程标准》的要求，以促进学生身体、心理和社会适应能力整体健康水平的提高为目标，培养学生参与运动的兴趣和爱好，形成坚持锻炼的习惯。通过学习正面双手垫球技术，让学生学会一种运动技能，激发学生的运动兴趣，培养学生吃苦耐劳的意志品质、团结互助的集体主义精神及终身体育的意识。注重激发学生的学习兴趣，发挥学生的主体地位，转变学生的学习方式，拓展体育课程资源，将枯燥、无趣的正面双手垫球教学变得主题鲜明、形式新颖，确保"健康第一"的指导思想落到实处，使学生健康成长。

（三）教材分析

本节课教材内容选自人民教育出版社义务教育教科书《体育与健康》七年级全一册第七章排球。排球运动是由发球、垫球、扣球、拦网等技术动作来组织进攻和防守的非身体接触的对抗性球类运动项目。本课我们所要学习的是排球技术中的正面双手垫球技术。正面双手垫球技术是七年级排球教学中最简单、最基础的技术，它通常被用作接发球、接扣球、接拦回球等，垫球的好坏直接影响着比赛胜负，因此掌握好垫球技术对于排球比赛来说具有重要的作用。同时，通过学习，可以提高学生的协调性，发展学生的灵敏性、速度等身体素质，还可以培养学生果敢、顽强拼搏、团结协作等心理素质，从而促使学生的身心和谐发展。

（四）学情分析

七年级学生具有一定的认知能力，学习以感性认知为主，善于模仿，学习新知识速度快，但是自我控制和修正能力仍然较弱，对教师的课堂组织要求比较高。由于刚升入中学，他们对于各种环境感觉新鲜，对于运动新技术的学习比较感兴趣，有较强的学习欲望。这一时期的排球教学主要传授基本技术。在教学时，注意运用多样化的教学方法，提高学生对学习排球正面双手垫球的兴趣。此外，在学习此教学内容时，性别差异比较大，男生天性善动好动，运动欲望比较强，而女生运动能力和运动意愿则相对较弱，因此要注意个体差异。

（五）教学目标

1.运动参与目标

学生能够积极主动地参与到本节课的学习内容中来，在教师的引导下，充分发挥学生的主体地位。

2.运动技能目标

学生能够协调地蹬地抬臂，有意识地接球，判断来球方向，发展学生的反应能力。通过练习，80％学生能运用正面双手垫球技术完成一抛一垫练习，50％的学生能完成一抛多垫练习。

3.身体健康目标

学生通过反复垫球的练习，发展协调性、灵敏性等身体素质。

4.心理健康和社会适应目标

通过正面双手垫球的练习，学生能认真、积极地学习，初步建立良好的运动观念、竞争意识、团结协作精神，培养学生勇于克服困难的意志品质，激发学生对排球运动的兴趣和学习的信心，培养学生自主学练的能力和与他人合作学习的能力。

（六）教学重点与难点

重点：两臂夹紧伸直，手腕下压，蹬地前垫，击球点在腹部。

难点：掌握击球点和击球部位。

（七）教学方法

本节课主要采用体悟式教学方法，运用讲解、示范、传授、启发、设问、游戏竞赛等，把学生的思、学、练、评有机地结合起来，激发学生学习和练习的兴趣，满足学生探究动作的好奇心，解决重点，突破难点，从而达成教学目标。通过游戏，激发学生的学习热情，培养团队协作和勇于竞争的精神，让每一个学生都能分享、体验成功的乐趣。

（八）场地与器材

排球场地、排球 48 个、录音机 1 台。

（九）教学流程

1.准备部分

（1）课堂常规：体育委员整队集合，清点人数并向教师汇报。师生问好后，教师宣布本次课的内容和要求，安排见习生。

（2）准备活动：做“喊数抱团”游戏，并在游戏热身之后进行定位徒手操的练习，活动各关节、肌肉。

（3）专项准备活动：小步跑、高抬腿跑、后踢腿跑、跨步跑的练习。

2.基本部分

（1）徒手动作练习。

（2）垫固定球练习。

（3）一抛一垫练习、一抛多垫练习。

（4）模仿练习，垫固定球练习；移动抢救球，两臂夹紧移动垫球；多做徒手动作，在其练习时教师可用手控制其腰腹。在此过程中强调学生的安全和关注学生的个体差异，提醒同学们注意克服极点，解决本节课的重难点。

（5）游戏“换物接力”。

3.结束部分

集合，音乐的伴奏下做放松操。总结本次课的情况，布置作业，安排学生安全有序地归还器材，宣布下次课的内容，师生道别。

（十）教学评价

评价学生学习正面双手垫球练习的问题，做到语言简洁，及时有效，采用诊断性评价方式，帮助学生学会技术方法，提高自我，体验学习成功的乐趣，促进学生自我发展。

评价游戏时，采用激励性评价方式，充分肯定学生学习过程中的自主参与、互助合作。

（十一）德育渗透

本堂课有目的将德育渗透至教学过程中。在准备部分的队列队形练习中，让学生懂得令行禁止的要求，明白集体活动中的纪律；基本部分的小组练习，意在培养小组之间的互助、合作意识；自主练习时，让学生选择目标并向着目标努力练习争取达标，培养学生正确的自我评价意识并明确竞赛不仅仅是战胜对手，更主要的是战胜自我；"换物接力"游戏时，培养学生遵守规则、努力拼搏、团结进取的意志品质。

（十二）教案设计

授课年级：七年级（水平四）　　　　授课类型：新授课

教学内容	1.排球正面双手垫球。 2.游戏"换物接力"。
教学目标	1.运动参与目标：学生能够积极主动地参与到本节课的学习内容中来，在教师的引导下，充分发挥学生的主体地位。 2.运动技能目标：学生能够协调地蹬地抬臂，有意识地接球，判断来球方向，发展学生的反应能力。通过练习，80％学生能运用正面双手垫球技术完成一抛一垫练习，50％的学生能完成一抛多垫练习。 3.身体健康目标：学生通过反复垫球的练习，发展协调性、灵敏性等身体素质。 4.心理健康和社会适应目标：通过正面双手垫球的练习，学生能认真、积极地学习，初步建立良好的运动观念、竞争意识、团结协作精神，培养学生勇于克服困难的意志品质，激发学生对排球运动的兴趣和学习的信心，培养学生自主学练的能力和与他人合作学习的能力。
重点难点	重点：两臂夹紧伸直，手腕下压，蹬地前垫，击球点在腹部。 难点：掌握击球点和击球部位。

续表

<table>
<tr><th rowspan="2">课程结构</th><th rowspan="2">课程内容</th><th rowspan="2">指导与练习</th><th rowspan="2">德育渗透</th><th colspan="2">运动负荷</th></tr>
<tr><th>次(拍)数</th><th>时间</th></tr>
<tr><td rowspan="2">开始部分(约8′)</td><td>一、课堂常规
1.集合整队,清点人数。
2.师生问好。
3.教师宣布课任务,提出目标与要求。
4.检查服装,安排见习生。
5.队列队形练习。</td><td>一、组织形式
如图1所示:
♂♂♂♂♂♂♂
♂♂♂♂♂♂♂
♀♀♀♀♀♀♀
♀♀♀♀♀♀♀
★
图1
二、教学要求
1.集合做到快、静、齐。
2.积极动脑,加强合作学习。</td><td>培养学生遵守纪律意识,让学生懂得令行禁止的要求,明白集体活动中的纪律。</td><td>1次</td><td>约2′</td></tr>
<tr><td>二、准备活动
1.游戏“喊数抱团”。
2.热身操:
(1)头部运动。
(2)扩胸运动。
(3)体转运动。
(4)腹背运动。
(5)弓步压腿运动。
(6)侧压腿运动。
(7)腕、踝关节运动。
三、专项准备活动
(1)站立,两手叉腰,交替活动踝关节。
(2)半蹲,两手扶膝活动膝关节。
(3)两腿交替高抬腿,活动髋关节。
(4)两手叉腰旋腰,活动腰部。
(5)一手扶持,依次前后踢腿,活动髋、膝关节。
(6)前后弓箭步压腿,左右压腿,牵扯腿部韧带。</td><td>一、组织形式
如图2所示:
♂♂♂♂♂♂♂♂
♂♀
♂♀
♂★♀
♂♀
♂♀
♀♀♀♀♀♀♀♀
图2
二、教学方法
1.教师讲解方法,口令提示。
2.学生跑动积极、有序。
3.教师示范并领做。
4.学生跟教师动作认真练习。</td><td>锻炼学生的柔韧性、协调性、节奏感和频率。</td><td>1次
4×8拍

2次</td><td>约2′
约2′

约2′</td></tr>
</table>

续表

课程结构	课程内容	指导与练习	德育渗透	运动负荷	
				次(拍)数	时间
基本部分(约34′)	一、正面双手垫球 1.动作要领：面对来球，成半蹲或稍蹲。 2.手型：两手掌相靠，两手手指重叠，两拇指平行向前，手腕下压，两臂成一个平面。 3.击球点：球与腹部一臂距离时，两臂夹紧前伸，插入球下，同时配合蹬地，跟腰—提肩—顶肘—压腕—抬臂等全身协调动作迎向来球，身体重心随击球动作前移；击球点保持在腹前高度；用距手腕10厘米左右的小臂桡骨内侧所构成的平面击球的后下部；击球瞬间两臂保持平稳，身体重心继续协调向抬臂方向送球，击球结束后，立即松开双臂做好下一个动作的准备。 4.易犯错误：屈肘，两臂不平，击球部位不对。 5.纠正方法：模仿练习，垫固定球，自垫发力练习。	一、组织形式 如图3所示：  图3 二、教学要求 1.学生跑动积极、有序。 2.各组成员一定要听从小组长口令，确保安全练习。 三、教学方法 1.讲解动作要领并做完整示范，强调注意安全。 2.学生做初步尝试练习，并在练习中体会动作。 3.根据学生回答带领学生做发力和身体协调练习。 4.学生再次做完整练习。 5.教师分别正面、侧面展示，让学生充分观察。 6.学生体会正面双手垫球，再次练习。 7.找优秀生示范。 8.学生再次练习并且每组选出垫的最多的同学决出班级冠军。	了解安全运动方法，在确保安全条件下练习。 小组练习时，培养小组同学之间的互助、合作意识。 自主练习时，培养学生正确的自我评价意识并明确竞赛不仅仅是战胜对手，更主要的是战胜自我。	多次	约28′

续表

<table>
<tr><th rowspan="2">课程结构</th><th rowspan="2">课程内容</th><th rowspan="2">指导与练习</th><th rowspan="2">德育渗透</th><th colspan="2">运动负荷</th></tr>
<tr><th>次(拍)数</th><th>时间</th></tr>
<tr><td>基本部分(约34′)</td><td>二、游戏“两人三足”</td><td>一、组织形式
如图 4 所示：
◎◎
◎◎
◎◎
→
图 4
二、教学方法
1.教师进行完整的动作示范，以利于学生更清晰地知道游戏的方法。
2.学生分组进行游戏。
3.教师针对学生在游戏过程中的一些犯规情况进行点评，然后再组织进行一次游戏。</td><td>培养学生遵守规则、努力拼搏、团结进取的意志品质。</td><td>2 次</td><td>约 6′</td></tr>
<tr><td>结束部分约(约 3′)</td><td>一、放松练习
二、集合小结
三、布置作业
四、归还器材
五、宣布下课</td><td>一、组织形式
如图 1 所示。
二、教学要求
身心放松、动作舒展。
三、教学方法
教师示范，学生积极放松身体。</td><td></td><td>1 次</td><td>约 3′</td></tr>
<tr><td>场地与器材</td><td colspan="5">排球场地、排球 48 个、录音机 1 台。</td></tr>
<tr><td>预计运动负荷</td><td colspan="5">练习密度：≥50％
平均心率：120～140 次/分</td></tr>
</table>

续表

心率变化曲线图	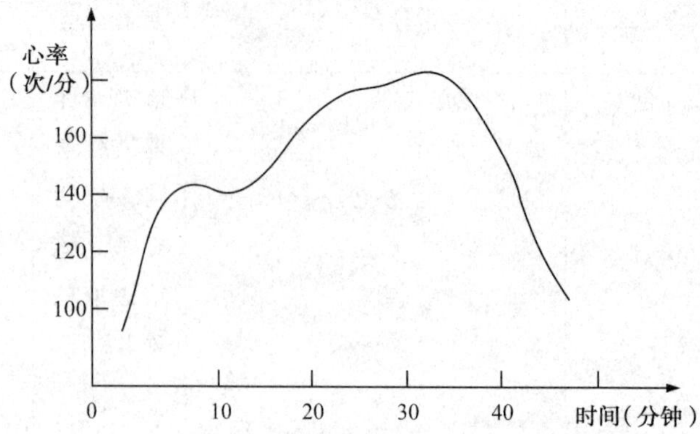

(十三)课后反思

通过教学,促进了学生身体技能,大部分的学生学会了技能,初步达到了教学目标。但也存在着不足。动作讲解时,要注意提炼语言,如使用“插”“夹”“压”“抬”等。动作学完要加入实用、实战环节,因为动作学会后的目的是运用。

第五章　武术课程教学设计

武术的内容丰富多彩，形式多样，风格独特。它具有强身健体、防身自卫、锻炼意志、陶冶性情、竞技比赛、娱乐观赏、交流技艺、增进友谊的功能，是一项具有广泛社会价值和民族文化特色的中国传统体育项目。

一、武术少年拳(第一套)教学设计之一

(一)指导思想

贯彻“健康第一”的指导思想，充分尊重学生的主体地位，组织方式、方法力求贴近学生生活，使学生能自主学习、自我评价。教学中，教师做组织者、引导者、参与者，形成“学中有乐、乐中有趣、趣中有练、练中有悟、悟中有创”的课堂教学模式。

(二)教学内容

1.主教材：武术少年拳(第一套)前四节。

2.辅助教材：体能训练。

(三)教材分析

武术是我国各族人民在长期生产、生活实践中积累起来的养生和健身的民族体育形式之一，是我国各族人民智慧的结晶，其内容丰富多彩。它具有强健身心、防疾祛病和防身护体等多种作用。小学五至六年级武术教学内容是在小学三至四年级学习基本功、基本动作和动作组合的基础上，重点学习武术基本功串联和套路动作。通过进一步地复习、巩固三至四年级已学过的手型、手法、

步型、步法,培养学生的记忆力、注意力、思维想象能力,激发学生爱国热情和民族自豪感,为今后学习打下良好的基础。

(四)学情分析

本节课授课对象为五年级的学生,他们有意记忆在不断发展,开始由具体形象思维向抽象逻辑思维过渡,但仍然习惯于模仿实际动作。集体意识显得强烈,与其他小组的对抗意识越来越强,喜欢与同学协作参加竞赛性的练习,愿意练习竞技运动中的一些基本动作,十分喜欢游乐性、趣味性、活动性游戏。学生虽然对武术有一定的了解,但是动作质量还远远达不到要求,学生的精、气、神还不能在套路中充分体现。男、女生对武术动作的理解和表现能力存在一定的差异,所以在分组自主练习的时候,男、女生要互帮互助进行练习,以达到相互促进的目的。

(五)教学重点与难点

重点:弄清动作运动线路和动作的衔接。

难点:动作准确、有力、有神。

(六)教学方法

1.教法

采用情境教学法、讲解示范法、分解教学法、游戏竞赛法等。

2.学法

运用探究学习、自主学习、合作学习等。

(七)教学流程

1.课前准备

通过观看《武术套路》的录像片段,激发学生学习兴趣。

2.激趣导课

教师向学生介绍武术是中华民族的国粹,练习少年拳可以发展身体的灵活性、协调性和柔韧性。将学生分成“四大门派”,激发学生的学习兴趣。

3.基本功热身

学生在教师的带领下一起做热身运动。动作中出现教材基本部分的腿法练习,为主教材作一个铺垫,同时达到肌体动员及预防运动损伤的目的。

4.自主练习

分组让学生练习教师示范的武术动作，学生基本掌握少年拳一套前四节技术方法及名称，通过体能训练增强学生体能，培养学生顽强拼搏的意志品质。

5.调节身心

在完成本节课的学习目标之后，师生随着教师的引导进行拉伸和呼吸调整，在和谐的气氛中放松和调节身心。最后教师进行总结，引导学生对于武术的热爱，并且为我们国家文化的博大精深感到自豪。

(八)德育渗透

以《体育与健康学科德育实施指导纲要》为指导，通过队列队形的练习，对学生进行规则教育；以武术为主教材，传承我国优秀文化遗产和民族体育，对学生进行爱国主义和武德教育。集体练习组合动作，有利于培养学生的团结精神，让他们在共同发展进步的同时，达到完成学习任务的目的。通过体能训练增强学生体能，培养学生顽强拼搏的意志品质。

(九)教案设计

授课班级：五年级(水平三)　　　　**授课类型：新授课**

教学内容	1.武术少年拳(第一套)前四节。 2.体能训练。
教学目标	1.使85%以上的学生基本掌握少年拳一套前四节技术方法及名称，初步了解四个动作的攻防含义。 2.通过集体练习、分组练习等多种学习方式，训练学生身体的协调性与灵敏性，提高力量和耐力。 3.学生乐于参与体育活动，以积极的姿态投入到学练之中，培养学生顽强拼搏的意志品质，并且在学练中能够自主探究，合作学习，形成团结协作的集体意识。
重点难点	重点：弄清动作方向和动作的衔接。 难点：动作准确，做到有力、有神。

续表

课程结构	教学内容	教师活动	学生活动	组织与要求
开始部分（约 2′）	1.课前准备。 2.体委集合整队，报告人数。 3.介绍课的内容、任务，提出学习要求。	1.检查人数与服装。 2.师生问好。 3.情景导入：介绍中国武术传统文化，设立“四大门派”，宣布本课任务并提出相关要求。	1.体委和全班同学配合完成课前准备。 2.积极思考，注意听教师对课的安排和要求。	1.组织：如图 1 所示。 ♂♂♂♂♂♂♂ ♂♂♂♂♂♂♂ ♀♀♀♀♀♀♀ ♀♀♀♀♀♀♀ ★ 图 1 2.要求：集合快、静、齐，精神饱满。
准备部分（约 6′）	1.队列队形。 2.慢跑热身。 3.做搏击操。 4.基本功热身。	1.引导学生一起做课前准备运动。 2.与学生互动。	1.跟随教师做热身。 2. 与教师互动。	1.组织：如图 2 所示。  图 2 2.要求：动作规范，韵律感、节奏感强。
基本部分（约 29′）	1.武德教育。 2.少年拳起势： 直立抱拳，两脚并拢，两腿直立，两手五指并拢直臂贴靠两腿外侧。两臂迅速提起屈肘抱拳于腰侧，拳心向上，两肩后展，同时头迅速向左转，下颌微收，眼看左前方。	1.对学生进行武德教育。		

续表

课程结构	教学内容	教师活动	学生活动	组织与要求
基本部分（约29′）	A.震脚架打 右脚提起在原地下跺震脚，左脚随即向左跨一步，向左转体90°呈左弓步，同时左臂内旋屈肘向上横架于头前左斜上方，拳心向上，右拳向前冲出，拳心向下，眼看右拳前方。 B.蹬踢架打 身体前移，左腿直立支撑，右腿屈膝提起，脚尖上勾向前下方蹬踢，高不过膝，力达脚跟；同时左臂外旋下压，拳心向上，右拳收抱于右腰侧，眼看前方。右脚后撤还原成左弓步架打姿势。要点：蹬踢、下压要有力，架打动作要连贯、紧凑。 C.垫步弹踢 左腿直立，右脚向前垫步至左脚旁落地，左腿抬起，两臂屈肘抱拳于腰侧，随即左脚迅速向前落地，右脚向前弹踢，脚面绷直，高于跨平，眼看前方。 D.马步横打 右脚向前落地，脚尖内扣，向左转体90°两腿下蹲呈马步，同时右拳伸直，由身体后侧向前挥摆横打，拳心向下，力达拳眼，眼看右拳前方。 3.分组练习前面动作。 4.小组展示。	2.教师做动作示范，带领学生进行练习，纠正学生的错误动作并简述攻防含义。 3.教师巡回观察、指导，和学生交流。 4.引导学生进行小组展示。	1.注意听讲和思考。 2.学生认真听讲和模仿，边喊术语边练习。 3.自主或协作练习。积极发挥创新思维，自觉地展开练习。 4.学生学习认真、精神饱满。	1.组织：如图2所示。 2.要求：遵守纪律、动作到位。 (1)抱拳与转头动作要同时完成，挺胸收腹，两眼有神。 (2)震脚要全脚掌着地，两腿微屈，身体直立下沉；左脚上步要轻，架拳要有力，冲拳要迅速。 (3)蹬踢、下压要有力，架打动作要连贯、紧凑。 (4)垫步与弹踢要紧凑，弹踢力达脚尖，身体要保持平稳。 (5)横打与转体动作要协调一致，并要借转体拧腰的力量发力。

续表

课程结构	教学内容	教师活动	学生活动	组织与要求
基本部分（约29′）	1.立卧撑。 2.往返跑。	1.教师组织学生练习。 2.语言鼓励学生积极完成。	1.积极完成教师布置的任务。 2.相互鼓励。	1.组织：如图1所示。 2.要求：积极努力完成。
结束部分（约3′）	1.放松运动。 2.课程小结。	1.引导学生跟悠悠的音乐放松。 2.小结本节课表扬、鼓励学生，再次强调武德。	1.学生通过跟随教师做练习，放松肌肉和神经，达到减压目的，放松身心。 2.学生认真听讲。	1.组织：如图1所示。 2.要求： (1)弘扬武德。 (2)把课堂学的组合动作表演给家长看。
场地与器材		篮球场、音箱1个。		
预计平均心率		120～130次/分		
预计练习密度		70％		

（十）课后反思

1.课的构思中规中矩，虽有变化，但缺乏创新。培养学生自主学习能力是当前体育教学过程中实施新课程标准的需要，也是体现主体性教学的一种现代教学思想。

2.对学生基本功了解不足，影响了教学效果。

二、武术少年拳（第一套）教学设计之二

少年拳是学生在“水平一”“水平二”初步掌握武术基本功和组合动作基础上进一步学习和体验的武术套路动作，要求学生掌握各种规范的步型、步法与

手型、手法的合理连接与运用和以腰为媒介带动四肢的发力次序、眼随手动、协调连贯、节奏鲜明的演练技巧以及相关手法、腿法和组合动作的实用攻防方法。少年拳教学中应采取多种形式的手段和方法，如镜面示范、背面示范、侧面示范等，以激发学生学习兴趣，使学生主动学习，达到身心健康的目标。学会少年拳前四个动作(震脚架打、蹬踢架打、垫步弹踢、马步横打)的动作路线，动作有力，手型、步型正确到位。

(一)教学内容

主教材：武术少年拳(第一套)前四个动作。

辅助教材：游戏“前线救急”。

(二)指导思想

依据新课标的要求，新的“体育与健康”课程在教育方式、教学内容、教学评价等方面都有了新的发展，本课以促进学生身心全面发展为目标，以“健康第一”为指导思想，根据学生身心特点，培养他们良好的体育锻炼的习惯，并形成终身体育锻炼的意识。因此，在课堂教学中除了传授学生健身拳基本技能之外，还要讲明所学内容对提高身体素质和增强体质的作用，让“健康第一”思想落到实处。同时也要注重培养学生组织能力、创新能力、吃苦耐劳的意志品质及团结互助的集体主义思想，为将来适应社会打下良好的基础。

(三)教材分析

少年拳是人民教育出版社《体育与健康》教材武术中的教学内容。少年拳能发展学生身体的柔韧性、灵活性、协调性和节奏感，对提高学生动作的速度和连贯性，激发其民族自豪感，养成吃苦耐劳的习惯、美育熏陶都具有重要作用。通过电视、电影等媒体的关注，学生已经掌握了简单的武术手法和步法。以少年拳为主教材、游戏为辅教材展开的活动，不仅可以满足学生的精神需求，还可以使学生享受练习健身拳时的喜悦，体验跑的乐趣，激发学生参与活动的热情，发展学生少年拳的能力，掌握少年拳的基本技术与技能，以积极进取的态度和行为参与少年拳锻炼。

(四)学情分析

“水平四”学段的学生，正处于生长发育的关键期，有较强的模仿能力和好奇心,学习意识较好,对新鲜事物兴趣较高,但是力量较弱。学生的身心活泼好动,对新事物的接受能力强,但是注意力容易分散。在教学上首要措施就是激发学生的兴趣,采用体验式、讲解示范等组织教法和竞争式、小组评价等多种练习手段来引导学生积极锻炼。在少年拳锻炼中发展学生的能力,让学生体验式练习、自我归纳总结,通过练习来验证总结;采用以小组为单位练习,通过小组评价提升团队合作意识;教师以点、面的评价贯彻整个练习过程,让学生通过帮助、自我纠正提升解决问题的能力。最后提高大部分同学的套路流畅度,重点关注学习能力较弱、接受能力较差的学生,单独进行动作讲解指导。而游戏是学生比较感兴趣的活动,所以安排一个游戏集中学生的注意力,为基本部分打下良好的基础。

(五)教学目标

1.运动参与目标

掌握组合动作名称、顺序及特点,提高学生对武术的兴趣。学生能够积极主动地参与到本节课的学习内容中来,在教师的引导下,充分发挥学生的主体作用。

2.运动技能目标

通过学生观察、模仿、相互交流、尝试练习,在教师的指导下80%学生初步领会每个动作的攻防含义,并且做到路线清楚,手型、步型正确到位。

3.身体健康目标

发展学生柔韧性、灵活性、协调性及力量等素质。

4.心理健康和社会适应目标

通过整堂课的教学,学生能以积极认真的态度学习,在实践中克服困难,超越自我,体验成功的喜悦。同时培养学生谦虚好学、团结协作、开拓创新的学习能力,培养学生崇尚武德之精神。

(六)教学重点与难点

重点:少年拳前四个动作(震脚架打、蹬踢架打、垫步弹踢、马步横打)动作路线。

难点:动作力度,手型、步型正确到位。

（七）教学方法

1.教法

为防止教学内容枯燥，结合体育与健康的教学新理念，大胆运用创新教学，一改以往先示范、后讲解、再练习的常规教学模式，以学生自主探究学习为主线。首先采用情绪激励法和情境教学法进行教学，以激发学生的学习兴趣，促使学生能积极主动地去学习。其次采用背面示范法、侧面示范法、镜面示范法，以正确优美的示范动作感染学生，激发学生“我很想学”的情感，为学生能更快、更好地掌握组合动作要领打下基础。

2.学法

学生主要采用尝试学习法、对比学习法、小组合作学习法。首先让学生在尝试练习中发现自身动作存在的问题；然后在练习中，通过学生间相互对比、交流、评价和小组探讨，悟出动作要领，理解其含义；通过集体表演、个人展示相结合，解决所发现的问题，促进学生积极主动地参与学习，提高学习的自主性。最后通过有序、自主、合作练习的游戏，激发学生的学习热情，培养团队协作和勇于竞争的精神，让每一个学生都能分享、体验成功的乐趣。

（八）场地器材

篮球场、麦克风 1 个、便捷式扩音器 1 台。

（九）教学流程

1.准备部分

(1)课堂常规：体育委员整队集合，清点人数并汇报，师生问好。教师宣布本次课的课程任务，提出目标与要求，检查服装，安排见习生。

(2)准备活动：引导学生慢跑进行热身（螺旋跑），做“前线救急”游戏，并在游戏热身之后进行定位徒手操的练习，活动各关节、肌肉。

(3)一般准备活动：头部运动、扩胸运动、体转运动、腹背运动、弓步压腿运动、侧压腿运动、腕踝关节运动。

(4)一般准备活动：正踢腿、侧踢腿、外摆腿、里和腿、单拍脚、双拍脚、弹踢腿、正蹬腿、跳跃。

2.基本部分

(1)基本功练习

①手型练习:掌、拳、勾。

②步型练习:弓步、马步、虚步、仆步、歇步。

(2)自主学习少年拳前四个动作

①预备势直立抱拳:两脚并拢,两手握拳屈肘抱于腰间,拳心向上,头向左转,目视左方。

②震脚架打:右脚提起,在原地下跺,左脚向左迈出一步,向左转体90°,呈左弓步;左手架拳,右拳向前冲,拳心向下,目视前方。

③蹬踢架打:右腿前蹬踢;脚尖上钩,同时左臂下压,拳心向上,右拳收抱于腰间。右脚后退,还原成左弓步架打姿势,目视前方。

④垫步弹踢:向前垫步后右脚前弹踢,脚面绷平与膝同高,同时两拳收于腰间,眼看前方。

⑤马步横打:右脚向前落步,随即向左转体90°呈马步,同时右拳伸直,由身体右后侧向前挥摆横打,拳心向下,眼看右方。

3.结束部分

集合,音乐的伴奏下做放松操。总结本次课的情况,布置作业,安排学生安全有序地归还器材,宣布下次课的内容,师生道别。

(十)教学评价

1.评价学生学习少年拳练习时,做到语言简洁、及时有效,采用诊断性评价方式,帮助学生学会动作、路线、手型、步型。帮助学生提高自我,体验学习成功的乐趣,促进自我发展。

2.评价游戏时,采用激励性评价方式,充分肯定学生学习过程中的自主参与、互助合作。

(十一)德育渗透

本堂课有目的地将德育渗透至教学过程中。准备部分的队列队形练习,让学生懂得令行禁止的要求,明白集体活动中的纪律;基本部分的小组练习,意在培养小组之间的互助、合作意识;自主练习时,让学生选择目标并向着目标努力练习争取动作规范,培养学生正确的自我评价意识;“前线救急”游戏时,发展学生的奔跑能力和身体协调性,培养团队合作精神和国家荣誉感。

（十二）教案设计

授课年级：八年级（水平四）　　　　**授课类型：新授课**

教学内容	1.武术：少年拳前四个动作。 2.游戏："前线救急"。
教学目标	1.运动参与目标：掌握组合动作名称、顺序及特点，提高学生对武术的兴趣。学生能够积极主动地参与到本节课的学习内容中来，在教师的引导下，充分发挥学生的主体作用。 2.运动技能目标：通过学生观察、模仿、相互交流、尝试练习，在教师的指导下80%的学生初步领会每个动作的攻防含义，并且做到路线清楚，手型、步型正确到位。 3.身体健康目标：发展学生柔韧性、灵活性、协调性及力量等素质。 4.心理健康与社会适应目标：通过整堂课的教学，学生能以积极认真的态度学习，在实践中克服困难，超越自我，体验成功的喜悦。同时培养学生谦虚好学、团结协作、开拓创新的学习能力，培养学生崇尚武德之精神。
重点难点	重点：少年拳前四个动作（震脚架打、蹬踢架打、垫步弹踢、马步横打）动作路线。 难点：动作力度，手型、步型正确到位。

课程结构	课程内容	指导与练习	德育渗透	运动负荷	
				次（拍）数	时间
开始部分（约8′）	一、课堂常规 1.集合整队，清点人数。 2.师生问好。 3.宣布课程任务，提出目标与要求。 4.检查服装，安排见习生。 5.队列队形练习。	一、组织形式 如图1所示：  图1 二、教学要求 1.集合做到快、静、齐。 2.积极动脑，加强合作学习。	培养学生遵守纪律意识。 让学生懂得令行禁止的要求，明白集体活动中的纪律。	1次	约2′

续表

课程结构	课程内容	指导与练习	德育渗透	运动负荷	
				次(拍)数	时间
开始部分（约 8′）	二、热身练习 1.引导学生慢跑，进行热身（螺旋跑）。 2.做“喊数抱团”游戏，进行热身。	一、组织形式 如图 1 所示。 二、教学要求 动作有节奏，活动充分热身。 三、教学方法 1.教师示范并领做，边做边喊口号。 2.学生跟着教师动作认真地做准备活动，集中注意力。	锻炼学生的柔韧性、协调性、灵活性、节奏感。	1 次	约 2′
	三、热身操 1.一般准备活动。 (1)头部运动。 (2)扩胸运动。 (3)体转运动。 (4)腹背运动。 (5)弓步压腿运动。 (6)侧压腿运动 (7)腕、踝关节运动。 2.专项准备活动。 (1)正踢腿。 (2)侧踢腿。 (3)外摆腿。 (4)里和腿。 (5)单拍脚。 (6)双拍脚。 (7)弹踢腿。 (8)正蹬腿。 (9)跳跃。	一、组织形式 如图 1 所示。 二、教学要求 动作规范到位、舒展，有节奏。 三、教学方法 1.教师示范并领做，强调各动作需要注意的基本事项。 2.学生集中注意力，注意各动作需要注意的基本事项。		4×8 拍 2 次	约 2′ 约 2′

续表

课程结构	课程内容	指导与练习	德育渗透	运动负荷	
				次(拍)数	时间
基本部分(约34′)	一、基本功练习 1.手型练习 (1)掌  (2)拳  (3)勾 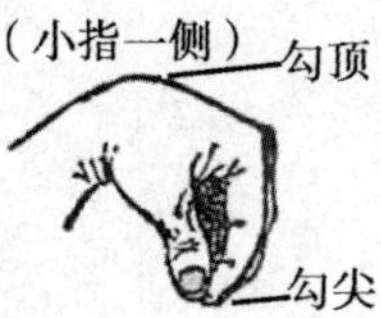 2.步型练习 (1)弓步 	一、组织形式 如图1所示。 二、教学要求 1.掌心开展，竖直，大拇指紧扣。 2.拳紧握，拳面平，直腕。 3.五指捏拢，屈腕。 三、教学方法 1.教师逐一示范单个动作，同时讲解动作名称和要领。 2.学生边听讲解边模仿动作，做到动作的规范性，并能记住该动作的名称。 一、组织形式 如图1所示。 二、教学要求 1.挺胸，立腰，前腿弓，后腿绷。 2.头正，挺胸，立腰，扣足。	让学生学习武术基本手型、步型，提高学生的学习积极性、主动性，增强凝聚力，提高自觉克服困难的能力。开展武德教育，进行武术抱拳礼练习，教会学生如何和同学融洽相处、如何共同合作、如何战胜困难。	多次	约5′

续表

课程结构	课程内容	指导与练习	德育渗透	运动负荷	
				次(拍)数	时间
基本部分（约34′）	(2)马步 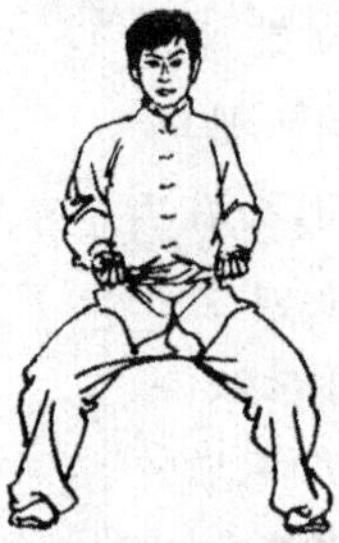 (3)虚步  (4)仆步  (5)歇步 	3.两脚平行开立，屈膝半蹲，全脚掌着地，重心于两腿之间。 4.两腿左右分开，一腿屈膝全蹲，膝部与脚尖外展；另一腿伸直平仆，接近地面。 5.挺胸，立腰，两腿贴紧。 三、教学方法 1.教师示范表演，在两头和中间进行多次示范动作，以自身刚劲有力的示范动作来感染学生。 2.学生边听讲解边模仿动作，做到动作的规范性，并能记住该动作的名称。			
	二、少年拳练习 1.自主学习少年拳前四个动作 预备势：直立抱拳 (1)震脚架打 (2)蹬踢架打 (3)垫步弹踢	一、组织形式 如图1所示。 二、教学要求 1.注意头向左转，拳心向上，头向左转，目视左方。	了解安全运动方法，在确保安全条件下练习。	多次	约24′

续表

课程结构	课程内容	指导与练习	德育渗透	运动负荷	
				次(拍)数	时间
基本部分(约34′)	(4)马步横 2.动作要领： (1)两脚并拢，两手握拳屈肘抱于腰间，拳心向上，头向左转，目视左方。 (2)右脚提起，在原地下跺，左脚向左迈出一步，向左转体90°，呈左弓步；左手架拳，右拳向前冲，拳心向下，目视前方。 (3)右腿前蹬踢；脚尖上钩，同时左臂下压，拳心向上，右拳收抱于腰间。右脚后退，还原成左弓步架打姿势，目视前方。 (4)向前垫步后右脚前弹踢，脚面绷平与膝同高，同时两拳收于腰间，眼看前方。 (5)右脚向前落步，随即向左转体90°呈马步，同时右拳伸直，由身体右后侧向前挥摆横打，拳心向下，眼看右方。	2.要求身体要直立、下沉，左脚落地要轻。 3.整个动作要连贯、快速，蹬踢下压要有力。 4.垫步和弹踢要紧凑，上体要平稳。 5.落步不转体，转体打右拳。 三、教学方法 1.教师带领先学习单个动作。 2.口号响亮，动作规范。 3.同学们仔细听讲，认真模仿。 4.教师将动作串联起来。 5.讲清楚小组交流的时机。 6.学生听从教师、小组长安排。 7.同学们认真学习讨论，规范动作细节。 8.在小组长的带领下统一练习。 9.教师巡回指导，纠正错误。 10.组织同学们推荐演示。 11.组织同学们集体展示。	自主练习时，让学生选择目标并向着目标努力练习，争取动作规范，培养学生正确的自我评价意识。小组练习，意在培养学生之间的互助、合作意识。		

续表

课程结构	课程内容	指导与练习	德育渗透	运动负荷	
				次(拍)数	时间
基本部分(约34′)	三、游戏“前线救急”	一、组织形式 如图 2 所示:  图 2 二、教学要求 注意安全。 三、教学方法 1.教师讲解游戏规则,发令并担任大队长。 2.学生认真听游戏规则,全身心地投入到游戏当中。	培养学生遵守规则、努力拼搏、团结进取的意志品质。	2 次	约 5′
结束部分(约 3′)	一、放松练习 二、集合小结 三、布置作业 四、宣布下课	一、组织形式 如图 1 所示。 二、教学要求 精神饱满,注意力集中,认真放松。 三、教学方法 1.教师示范。 2.学生积极放松身体。	培养学生遵守纪律意识,喜爱武术学习。	1 次	约 3′
场地与器材	篮球场、麦克风 1 个、扩音器 1 台。				
预计运动负荷	练习密度:≥75% 平均心率:120~140 次/分				

续表

心率变化曲线图	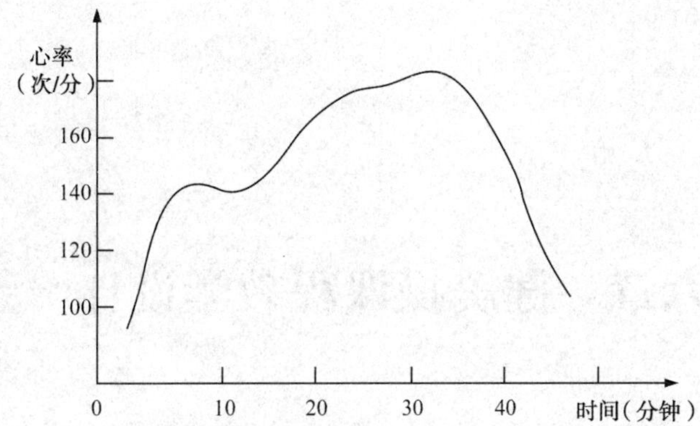

(十三)课后反思

1.武术教学,相对于其他运动项目的教学,比较难组织。在组织教学中,除了离不开以上几种方法外,训练时间还不宜过长,一次学习动作也不宜过多,这样才能收到良好的教学效果。

2.在整堂课当中,眼神的强调太少,武术的精、气、神没有打出来,可以说是“眼无神、拳无魂”,应做到“眼随手动,动则环视,静则凝视”,把眼神诠释得恰到好处。

3.在少年拳的练习中,没有创设宽松和谐的学习氛围,如可以选择《中国功夫》的音乐来进行练习或展示教学效果会更好。

第六章　健美操课程教学设计

健美操是一项深受广大群众喜爱的、普及性极强的，集体操、舞蹈、音乐、健身、娱乐于一体的体育项目。健美操中大量吸收了迪斯科舞、爵士舞、霹雳舞中的上下肢、躯干、头颈和足踩动作，特别是髋部动作，这给健美操增添了活力，同时也有利于减少臀部和腹部脂肪的堆积，有利于改善动作的协调性和灵活性。健美操是一种有氧运动，其特征是持续一定时间的中低程度的全身运动，主要锻炼练习者的心肺功能，是有氧耐力素质的基础。跳健美操有诸多好处，不仅能帮助我们有效地强身健体，促进学生生长发育，而且还有减肥的功效，这种运动减肥方法集健美和健身于一体，深受学生们的喜爱。

一、第三套少儿健美操教学设计

（一）教学内容

1.主教材：第三套少儿健美操。

2.辅助教材：身体素质练习。

（二）指导思想

健美操在新课改中占有很重的分量。对发展学生协调性、耐力性和灵敏性等各项素质有重要的作用，充分体现了快乐体育的宗旨。课堂上，教师营造一个轻松、自由、快乐的学习环境，适当提出一些问题，让学生带着兴趣和问题进行练习，并在练习中通过自己的积极思考、亲身实践和同伴间的探讨去解决问题，从而更深刻地掌握技术动作。

（三）教材分析

本课教学内容选自全国第三套健美操少儿一级规定动作。本套操具有鲜明的节奏韵律感，动作协调，舒展、多变，在音乐的伴奏中，完成各种走、跑、跳、踢、转等徒手动作、舞蹈动作和变化多端的队列动作，整体要求流畅自然，突出力度的有机变化，体现出男性的阳刚之气和女子的阴柔健美。这项教学对学生的协调性有一定的要求。

（四）学情分析

本次课的教学对象为小学五年级学生。通过与学生的接触和了解得知，大部分学生对学习健美操的积极性较高；但同时也发现学生的健美操基础较薄弱，还有部分同学从来没有接触过。怎么样才能让他们喜欢这项运动，并在这项运动中获得快乐，这是需要尽快解决的问题。因此，教学内容应从头开始，从最基本的步伐开始，然后加上手臂控制的练习，让学生易于掌握。

（五）教学目标

1.认知目标

能够说出所学动作的名称，了解健美操的锻炼价值。

2.技能目标

在学练过程中，80％的学生能在教师的指导下基本完成第一节次的组合动作，20％的学生能够独立完成；提高学生的韵律感与协调性，增强体能。

3.情感目标

在学练过程中，提升学生的观察力与记忆力，懂得团队配合的重要性，体验获得成功的喜悦感。

（六）教学方法

1.教法

遵循循序渐进的教学原则，从易到难的教学手段，引导学生学练的主动性和积极性；通过递加法、分解法、节奏变换法等教学方法，使学生逐步学习组合动作，并且结合音乐巩固练习。

2.学法

学练的过程中我们采用集体练习、分组练习的方式来进行学习，通过展示等形式让学生学得快乐，学得更加自信。分组探究练习，教师巡回辅导，个别纠正，并发挥小组长的作用，配合教师进行教学，将教学过程有条不紊地进行下去。

（七）教学重点与难点

重点：动作的规范和掌握。

难点：学生的韵律感以及对反方向动作的理解力。

（八）教案设计

授课年级：五年级（水平三） **授课类型：新授课**

<table>
<tr><td>教学内容</td><td colspan="4">1.少儿健美操（第一节次）。
2.素质练习。</td></tr>
<tr><td>教学目标</td><td colspan="4">1.认知目标：能够说出所学动作的名称，了解健美操的锻炼价值。
2.技能目标：在学练过程中，80%的学生能在教师的指导下基本完成第一节次的组合动作，20%的学生能够独立完成；提高学生的韵律感与协调性，增强体能。
3.情感目标：在学练过程中，提升学生的观察力与记忆力，懂得团队配合的重要性，体验获得成功的喜悦感。</td></tr>
<tr><td>重点难点</td><td colspan="4">重点：动作的规范和掌握。
难点：学生的韵律感以及对反方向动作的理解力。</td></tr>
<tr><td>教学过程</td><td>教学内容</td><td>教师引导</td><td>学生活动</td><td>组织形式及要求</td></tr>
<tr><td>准备部分
（约 8′）</td><td>一、课堂常规
1.集合整队、清点人数。
2.师生问好，宣布本课内容。
3.安排见习生。
4.队列队形练习。</td><td>1.师生问好，宣布本课内容。
2.安排见习生。</td><td>1.听从口令，列队上课，报告人数。
2.师生问好，聆听教师宣布本课内容。</td><td>1.组织形式，如图 1 所示：
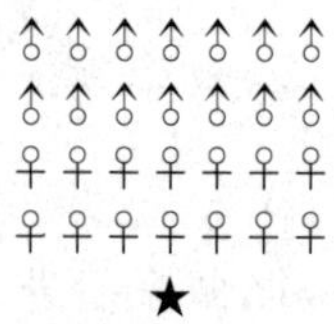
图 1
2.教学要求：快、静、齐。</td></tr>
</table>

续表

教学过程	教学内容	教师引导	学生活动	组织形式及要求
准备部分（约 8′）	二、准备活动 1.绕场地慢跑。 2.专门性练习。 (1)弹动。 (2)上步。 (3)并步。 (4)交叉步。 (5)开合跳。 (6)弓步跳。 (7)手臂控制练习。	教师通过跟随音乐的慢跑以及健美操基本步伐的练习让学生热身，使学生在热身中感受音乐的节奏感，加强基本步伐动作的规范性。	跟随教师在音乐的伴奏下进行热身练习，以达到热身效果。加强个人的表现力和感染力。	1.组织形式，如图 2 所示： 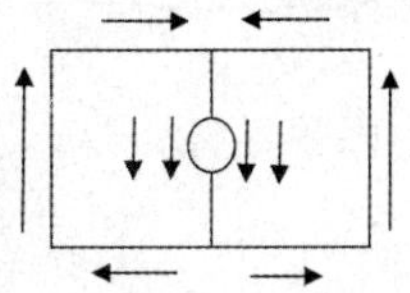 图 2 2.教学要求（略）。
基本部分（约 29′）	一、少儿健美操学习 1.学习组合动作。	教师示范完整动作，遵循循序渐进的教学原则，带领学生运用递加法跟随音乐练习，使学生逐步掌握动作，达到教学要求。	(1)跟随教师在音乐的伴奏下学习动作，努力模仿教师动作。 (2)体会知识要点，逐步掌握动作要领。	1.组织形式，如图 3 所示：  图 3 2.教学要求：动作到位，协调舒展，体现小学生的阳光活力。 具体要求： (1)认真观看教师示范并模仿学习。 (2)动作规范、协调、优美、有力度。

续表

教学过程	教学内容	教师引导	学生活动	组织形式及要求
基本部分（约29′）	2.分组练习。	引导学生在音乐的伴奏下分组自主练习，教师巡回指导，关注个体差异，语言激励。	分成4个小组后在音乐的伴奏下自主练习，各小组组长要起到督促与带头作用。 (1)熟练掌握正方向动作。	1.组织形式，如图4所示：  图4 2.教学要求：认真练习，动作规范。
	3.自学相反方向动作(4×8拍)。	小组进行相反方向动作学习，通过小组讨论练习，逐步掌握相反方向动作组合。	(2)在组长的带领下，小组讨论研究，逐步掌握反方向动作。 (3)跟随教师在音乐的伴奏下练习。	1.组织形式，如图4所示。 2.教学要求：互助互学，相互探究，勇于创新。
	4.小组展示。	教师引导学生结合理论知识，以小组形式探讨设计队形并检验创编成果，进行展示，教师点评。	(1)在组长的带领下，小组讨论研究。 (2)结合理论知识，积极发挥自己的创造力、想象力。 (3)在音乐的伴奏下展示。	1.组织形式，如图4所示。 2.教学要求：结合创编理论进行创编练习。
	5.拓展练习(创编展示队形)(4×8拍)。			
	二、素质练习 莱格尔跑。	1.教师示范讲解练习的方法。 2.组织学生练习。 3.鼓励学生坚持到底。	1.明确练习方法、规则。 2.相互鼓励、支持。	1.组织形式，如图5所示。 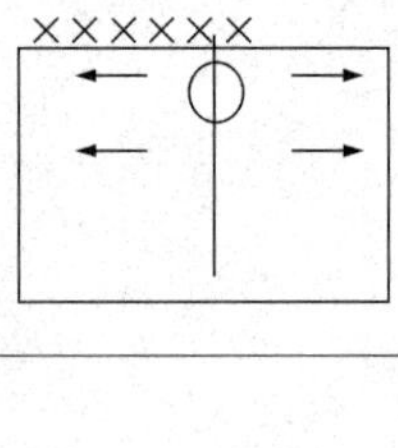

续表

教学过程	教学内容	教师引导	学生活动	组织形式及要求
结束部分（约3′）	一、拉伸练习 二、课堂小结 三、收还器材 四、师生道别	1.教师领做。 2.语言提示。 3.教师总结。	1.注意力集中，跟随教师做动作。 2.跟随教师调整呼吸与身心。	组织形式： 散点。
场地器材	场地：篮球场一块。 器材：音响、胶带、标志贴若干。		练习强度：偏强 平均心率：120～130次/分 练习密度：65%左右	

（九）教学反思

1.在练习动作过程中，没有给学生足够的练习时间，老师讲得过多，导致练习密度没有达到预计的目标。

2.在教学中有点形式化。通过反思，教学中不应拘于形式，要注意培养学生的创新意识、独立思考的能力，在最后环节上可以让学生自由组合创编。

3.要注意培养学生的良好心理素质，关注学生道德品质的教育。

二、“健美操——大众二级”教学设计

（一）教学内容

1.主教材：健美操——大众二级。

2.辅助教材：游戏“接球运动”。

（二）指导思想

本课依据《体育与健康课程标准》中的“健康第一”的课程理念为指导思想，结合“水平三”学生的身心发展特点与规律，以学生发展为本，营造宽松、和谐的教学氛围，在学练过程中注重学生主体作用的发挥。学生根据教师提供的多种学练方法，以小组为单位进行自主、合作学习，教师采用引导、激励等方法，创设

有利于学生主动参与、乐于探究、勇于实践的良好教学氛围，提高学生分析问题、解决问题的能力，培养学生主动学习的意识、团队合作精神以及良好的体育道德品质，为终身体育奠定基础。

（三）教材分析

健美操是在节奏鲜明、韵律感强的音乐伴奏下，进行身体各部位的练习，是以塑造人体自身健康、健美体型为目标，融体操、舞蹈、音乐于一体的新兴体操项目，也是一种能增强体质、健美形体、发展素质、焕发精神的体育锻炼形式。健美操与舞蹈既有共性又有差异，其共同点都是在音乐的伴奏下，通过身体的活动和基本动作、造型展现自我；其差异是舞蹈往往具有一定的情节内涵，更富于表现力和抒发情感。

（四）学情分析

初中阶段学生正处于青春发育期，身体的生理特征有明显变化，男、女生心理变化分明，男生喜于运动和表现自己的力量，女生则羞于活动，但对有艺术特征和能表现美的韵律体操、舞蹈则十分感兴趣。学生身体的协调性及灵敏性比较好，音乐节奏感稍差，但他们好动好奇，特别希望展现自己。本单元教学就从学生的心理特征出发，以培养学生的学习兴趣为主，运用模仿练习、迁移学习、自主合作探究学习、创新组编等教学策略来达到发展学生身心的目的。

（五）教学目标

1.认知目标

通过教师引导，学生能够说出基本动作组合的名称及要点，培养良好的身体姿态和韵律感，体验到健美操的乐趣。

2.技能目标

在情境中，通过分组比赛的形式学习掌握大众健美操基本动作。学生的组合动作质量得到提升，大部分学生能够正确掌握基本步伐和动作要点，部分同学在语言的提示下，能够将动作完成。

3.情感目标

在合作学习过程中，通过同伴合作、配合，形成合作意识与能力，配合默契，培养敢于展示自我的自信，体验健美操的运动乐趣，提高参与意识，具有良好的心态和团队合作精神。

（六）教材重点和难点

重点：掌握健美操的动作、方法和要领。

难点：提高学生的节奏感和身体协调能力。

（七）教学方法

1.教法

采用分解法、示范与讲解法、游戏竞赛法等教学方法。

2.学法

采用学生自主学习、小组合作学习、竞赛提升学习等学习方法。

（八）教学流程

1.开始部分

师生问好，宣布本课内容及要求，检查服装，安排见习生，趣味性地进行导入，引领学生的注意力和兴趣，并能积极投身本节课的运动当中。

2.基本部分

先是小组自由结合来复习点地、踏步，熟练掌握点地、踏步动作，然后教师示范健美操动作，并把动作分解进行讲解。可找几个同学做动作，教师指出其中的问题，帮同学改正。然后小组练习健美操，分组在小组长的组织下练习。在教师带领下，认真练习，体会动作要领。在练习的过程中，要充分地展现自我，快速地掌握动作。在教师的带领下做“接球运动”游戏，注意认真聆听游戏规则，积极投入到游戏当中。

3.结束部分

带领学生做放松活动，动作舒展、身心舒缓，让肌肉得到放松。然后总结本节课内容，布置作业，鼓励同学们坚持锻炼，以强壮的体魄做后盾，努力学习，报效祖国。最后，组织归还器材，宣布下课，师生道别。

（九）教案设计

授课年级：八年级（水平四） **授课类型：新授课**

<table>
<tr><td>教学内容</td><td colspan="5">1.健美操基本动作。
2.游戏："接球运动"。</td></tr>
<tr><td>教学目标</td><td colspan="5">1.认知目标：通过教师的引导，学生能够说出基本动作组合的名称及要点，培养良好的身体姿态和韵律感，体验到健美操的乐趣。
2.技能目标：在情境中，通过分组比赛的形式学习掌握大众健美操基本动作。学生的组合动作质量得到提升，大部分学生能够正确掌握基本步伐和动作要点，部分同学在语言的提示下，能够将动作完成。
3.情感目标：在合作学习过程中，通过同伴合作、配合，形成合作意识与能力，配合默契，培养敢于展示自我的自信，体验健美操的运动乐趣，提高参与意识，具有良好的心态和团队合作精神。</td></tr>
<tr><td>重点难点</td><td colspan="5">重点：掌握健美操的动作、方法和要领。
难点：提高学生的节奏感和身体协调能力。</td></tr>
<tr><td rowspan="2">课程结构</td><td rowspan="2">课程内容</td><td rowspan="2">指导与练习</td><td rowspan="2">德育渗透</td><td colspan="2">运动负荷</td></tr>
<tr><td>次（拍）数</td><td>时间</td></tr>
<tr><td>开始部分（约8′）</td><td>一、课堂常规
1.集合整队，清点人数。
2.师生问好。
3.宣布课程任务，提出目标与要求。
4.检查服装，安排见习生。
5.队列队形练习。</td><td>一、组织形式
如图1所示：
♂♂♂♂♂♂♂♂
♂♂♂♂♂♂♂♂
♀♀♀♀♀♀♀♀
♀♀♀♀♀♀♀♀
★
图1
二、教学要求
1.集合做到快、静、齐。
2.体育委员提前组织好学生。</td><td>培养学生遵守纪律意识。

让学生懂得令行禁止的要求，明白集体活动中的纪律。</td><td>1次</td><td>约2′</td></tr>
</table>

续表

课程结构	课程内容	指导与练习	德育渗透	运动负荷	
				次(拍)数	时间
开始部分(约8′)	二、引导学生慢跑（螺旋跑）	一、组织形式 如图2所示： 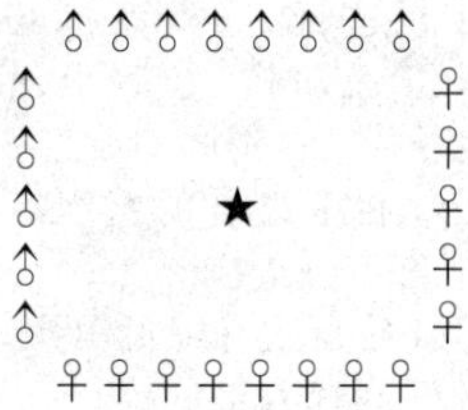 图2 二、教学要求 转变队形要快。 三、教学方法 1.教师讲解方法，口令提示。 2.学生跑动积极、有序。	锻炼学生的柔韧性、协调性和节奏感。	1次	约2′
	三、热身操 1.一般准备活动 (1)头部运动。 (2)扩胸运动。 (3)体转运动。 (4)腹背运动。 (5)弓步压腿运动。 (6)侧压腿运动。 (7)腕、踝关节运动。 2.专项准备活动 (1)踏步。 (2)走步。 (3)侧点地。	一、组织形式 如图2所示。 二、教学要求 1.认真听讲，积极去做。 2.保持队形，紧跟节奏。 三、教学方法 1.教师示范并领做。 2.学生跟教师动作认真练习。		4×8拍 多次	2′ 2′
基本部分(约34′)	一、健美操基本动作教学 1.带领学生学习本节课的基本套路，观察、巡回指导学生动作，个别辅导，帮助学生规范掌握动作，讲解示范，讲解练习健美操的方法与要求，及时纠正错误和不规范动作。	一、组织形式 如图3所示： 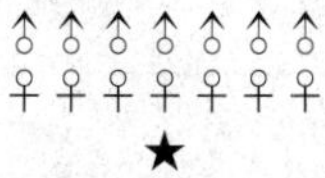 图3 二、教学要求 注意活动有序，以免发生碰撞。 三、教学方法 1.小组自由结合来复习点地、踏步，熟练掌握点地踏步动作。	通过教师讲解，使同学们了解安全运动方法，在确保安全的条件下练习。	多次	约29′

续表

<table>
<tr><th rowspan="2">课程结构</th><th rowspan="2">课程内容</th><th rowspan="2">指导与练习</th><th rowspan="2">德育渗透</th><th colspan="2">运动负荷</th></tr>
<tr><th>次(拍)数</th><th>时间</th></tr>
<tr><td rowspan="2">基本部分(约34′)</td><td>2.在教师带领下,认真练习,体会动作要领。在练习的过程中,要充分地展现自我,快速地掌握动作。
3.重点:
(1)动作的协调性,上肢配合以及控制。
(2)动作舒展,体态优美大方。
4.难点:
(1)迈步类动作和点地类动作结合的程度。
(2)重心的移动。</td><td>2.教师示范健美操动作,进行多次示范,并把动作分解进行讲解,可找几个同学做动作,然后指出其中的问题,帮同学改正。
3.在小组长的组织下自由练习健美操。
4.分层次练习健美操。
5.找优秀生示范。</td><td>小组练习时,培养小组同学之间的互助、合作意识。
自主练习时,培养学生正确的自我评价意识。</td><td></td><td></td></tr>
<tr><td>二、游戏:“运球接力”
1.按照之前分的组进行组与组之间的篮球运球接力比赛。
2.教师设置好场地,体育委员辅助教师当裁判。</td><td>一、组织形式
如图5所示:
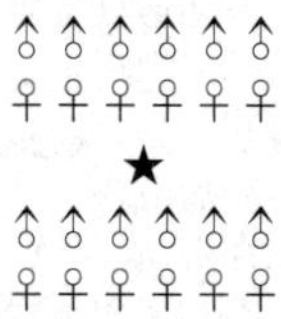
图5
二、教学要求
1.小组长负责监督练习。
2.循环练习,组织有序。
三、教学方法
1.教师讲解游戏比赛规则,完成分组,保障人数一致。
2.学生积极有序地参与比赛。</td><td>培养学生遵守规则、努力拼搏、团结进取的意志品质。</td><td>2次</td><td>约5′</td></tr>
<tr><td>结束部分(约3′)</td><td>一、放松练习
二、集合小结
三、布置作业
四、归还器材
五、宣布下课</td><td>一、组织形式
如图1所示。
二、教学方法
教师示范,学生积极放松身体。</td><td></td><td>1次</td><td>约3′</td></tr>
<tr><td>场地与器材</td><td colspan="5">操场、球1个、标志线4条。</td></tr>
</table>

续表

预计运动负荷	练习密度：≥75％ 平均心率：120～140 次/分
心率变化曲线图	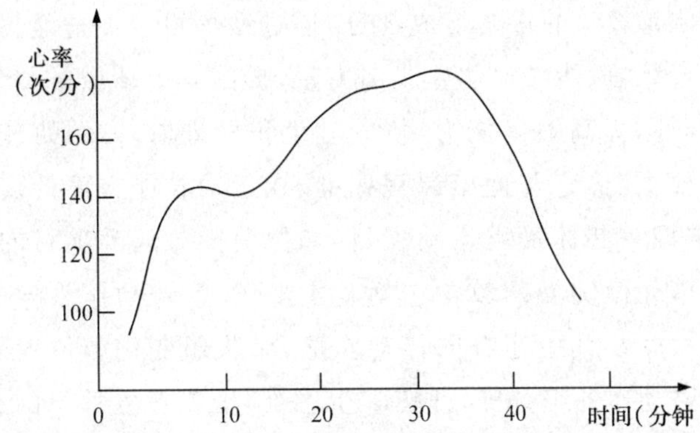

（十）课后反思

课后反思各环节的组织情况和练习效果是否顺利地完成了本次课的学习目标。在哪些地方还存在不足，找出存在不足的环节，妥善地进行改正，以达到二次备课的目的。

三、全国第三套大众三级健美操第一组合教学设计

（一）教学内容

1.主教材：第三套大众三级健美操第一组合。

2.辅助教材：体能练习。

（二）指导思想

健美操是融体操、音乐、舞蹈于一体，以有氧练习为基础，以健、力、美为主要特征的体育运动项目。健美操对身体姿态及身体协调性要求较高，需要反复练习才能掌握，在学习过程中，学生容易产生厌学心理。针对健美操动作内容的层次性、学生身心发展状况和教材特点进行设计，单元教学以动作技能为主脉络，通过统一练习、小组练习等教学组织形式以及自评、互评、组间互评、师生共同评价等多种评价方式，提高自主合作学习意识，发展学生学习能力，在此基

础上关注学生的个体差异，分层次地推进教学，努力使每个学生都能够积极主动地参与学练，培养学生的合作意识，使得学习目标多元化。

（三）教材分析

健美操是学校体育教学的重要组成部分，通过锻炼可以促进学生身体的生长发育。经常进行练习，能增强学生肌肉力量，提高其上下肢的爆发力，发展身体灵敏性、协调性，提高锻炼能力，培养学生积极进取、团结协作的精神以及自信的品质。根据《体育与健康课程标准》在运动技能方面的要求，"水平四"学生应基本掌握一些体操类运动项目，如健美操等运动项目的技术动作和组合动作。本单元健美操的教学包括基本步伐、手臂动作教学、组合动作教学和成套动作教学。其中还有同伴动作配合、队形变化和位置的移动、不同步伐与不同手臂动作的组合等，开拓学生思维，培养自主学习的意识，提高创新能力。

（四）学情分析

初二年级学生的身体已进入发育的高峰期，身心发展较完备，已储备一定的运动基础知识和技能，加之理解能力和应用能力较强，有足够的能力学习较为复杂的技术项目。健美操课的主要特点是节奏明显，协调性要求高，但是男生学习积极性和兴趣都不太高，女生则比较害羞，怕别人注意到自己。在这堂课上，将关注个体差异，对能力不同的学生因材施教，提不同的要求；施以多样的组织教法，呈现多种学习方式、小组合作方式、展示方式，让学生对健美操动作持续感兴趣，充分体验到成就感。

（五）教学目标

1.认知目标

学生能掌握六个健美操基本步伐（后屈腿、"V"字步、漫步、交叉步、并步跳、小马跳）和六个手臂动作，并能够进行组合与运用。

2.技能目标

80%的同学能完成组合动作，在学练过程中，提高心肺耐力、灵敏性、下肢力量等素质。

3.情感目标

在学练过程中，能够互相帮助，表现出良好的组织决策力、团队意识、自信意识，提高对美的欣赏能力。

（六）教学重点与难点

重点：动作标准，路线明确。

难点：步伐与手臂动作的组合与运用。

（七）教学方法

教学采用讲解法、示范法、语言提示法、完整法与分解法、重复练习法、分组练习法等教学方法，并运用了录音机等教学设备。

（八）教案设计

授课年级：八年级（水平四）　　　　**授课类型：新授课**

教学内容	1.第三套大众三级健美操第一组合。 2.体能练习。
学习目标	1.认知目标：学生能掌握六个健美操基本步伐（后屈腿、“V”字步、漫步、交叉步、并步跳、小马跳）和六个手臂动作，并能够进行组合与运用。 2.技能目标：80%的同学能完成组合动作，在学练过程中，提高心肺耐力、灵敏性、下肢力量等素质。 3.情感目标：在学练过程中，能够互相帮助，表现出良好的组织决策力、团队意识、自信意识，提高对美的欣赏能力。
重点难点	重点：动作标准，路线明确。 难点：步伐与手臂动作的组合与运用。
安全预防	1.严格纪律要求，注重安全意识灌输。 2.合理安排场地，关注安全练习间距。 3.合理教学结构，逐步提高练习要求。 4.适时教学评价，提升学生规则意识。

续表

课序	学习内容	教师活动	学生活动	组织队形 安全要求	运动负荷		
					次(拍)数	时间	强度
准备部分 (约 8′)	1. 集合整队，师生问好，检查服装。 2.宣布本课内容，安排见习生，导入本课内容。 3.分列式队形跑步。 4.徒手操： (1)扩胸振臂。 (2)体转运动。 (3)腹背运动。 (4)弓步压腿。 (5)踝腕运动。	1.组织学生整队，向学生问好。 2.宣布本课内容及要求，安排见习生，检查着装。 3.教师口令下指引学生做出相应的动作。 4.带领学生做徒手操。	1.快速集合，向教师问好。 2.听清本课要求。 3.学生在教师口令下完成跑步热身。 4.根据教师示范，积极模仿教师动作。	1.组织形式，如图 1 所示： ♂♂♂♂♂♂♂ ♂♂♂♂♂♂♂ ♀♀♀♀♀♀♀ ♀♀♀♀♀♀♀ ★ 图 1 2. 教学要求：快、静、齐。	1 次 1 次 1 次 4×8 拍	约 1′ 约 1′ 约 3′ 约 3′	小 小 中 中

续表

课序	学习内容	教师活动	学生活动	组织队形 安全要求	运动负荷		
					次 (拍)数	时间	强度
基本部分(约34′)	1.基本步伐复习。 (1)“1”字步。 (2)“V”字步。 (3)侧并步。 (4)后屈腿。 2.新授内容。 (1)下肢动作 ①后屈腿。 ②“V”字步。 ③漫步。 ④交叉步。 ⑤并步跳。 ⑥小马跳。 (2)上肢动作。 (3)上下肢动作串联。 3.分组练习 4.素质拓展 (1)快速踏脚。 (2)弓箭步跳。 (3)后踢腿。 (4)高抬腿。	1.带领学生做基本步伐练习。 (1)教师展示组合动作,提示学生仔细观察运用到了哪些基本步伐。 (2)教师喊口令,带领学生集体学习步伐。 (3)组织学生对练。 (4)教授上肢动作,强调手型(拳、开掌)及手臂运动路线。 (5)上下肢动作结合练习。 2.组织学生分组练习。 (1)巡回指导,纠正动作,强化动作要领。 (2)检查学生学习成果,纠正动作,强化动作要领。 (3)让优秀生示范。 3.讲解示范练习方法,组织学生进行模仿练习。	1.积极模仿教师动作。 (1)仔细观察,思考:运用到了哪些基本步伐? (2)跟教师口令模仿练习,注意动作要领。 (3)两人对练,相互纠正动作。 (4)按照教师的提示继续学习动作。 (5)喊口令进行组合练习。 (6)积极展示动作。 (7)跟着音乐集体进行练习,感受音乐的节奏。 2.优秀生示范。 3.感受节奏,遵守规则。	1.组织形式:体操队形,如图1所示。 2.教学要求:注意避让,迅速模仿。 1.组织形式:同上。 2.教学要求:学生在原地根据教师教授练习动作。 1.组织形式:同上。 2.教学要求:学生分组在各自场地练习。	2次 多次 多次 1次	约3′ 约22′ 约4′ 约5′	中 中 中 大

续表

<table>
<tr><td rowspan="2">课序</td><td rowspan="2">学习内容</td><td rowspan="2">教师活动</td><td rowspan="2">学生活动</td><td rowspan="2" colspan="2">组织队形
安全要求</td><td colspan="3">运动负荷</td></tr>
<tr><td>次(拍)数</td><td>时间</td><td>强度</td></tr>
<tr><td>结束部分(约3′)</td><td>1.放松活动。
2.教师点评。
3.师生道别。
4.回收器材。</td><td>1.带领学生随音乐做放松活动。
2.课堂小结。
3.布置作业。
4.宣布下课，组织学生收回器材。</td><td>1.身心放松。
2.回收器材
3.师生道别。</td><td colspan="2">1.根据教师要求，积极进行放松活动。
2.按要求归还器材。</td><td>1次</td><td>约3′</td><td>小</td></tr>
<tr><td rowspan="3">场地器材</td><td rowspan="3" colspan="3">音箱1个、篮球场地1块。</td><td>预计平均心率</td><td colspan="4">120～140次/分</td></tr>
<tr><td>预计最高心率</td><td colspan="4">160次/分</td></tr>
<tr><td>预计练习密度</td><td colspan="4">70%～75%</td></tr>
<tr><td>课后作业</td><td colspan="8">自喊口令，自练所学内容。</td></tr>
</table>

(九)课后反思

1.存在不足

(1)学生练习健美操时站位较密，教师没有及时调整，学生在练习中动作打不开，影响了教学效果。

(2)教师指导学生的方法有待调整，一一指导，浪费了时间。

(3)没能充分发挥学生的自学创新能力。

2.改正措施

(1)在分组前教师提出相关要求。

(2)针对大部分学生易犯的错误，教师应及时地进行集体性指导纠正，这样可以节约时间，提高教学效率。

(3)留出时间，让学生创编健美操练习动作并分组展示。

第七章　体操课程教学设计

第一节　技巧课程的教学设计

一、前滚翻的教学设计

(一)教学内容

1.主教材:前滚翻。

2.辅助教材:“齐心协力翻山过河”游戏。

(二)指导思想

以“健康第一”为指导思想,从小学生身心发展的规律出发,根据其在身体条件、兴趣爱好、运动能力等方面的差异来确定前滚翻的学习目标与学习内容,并在教学方法、教学组织、教学评价等方面提出有效策略。通过本节课的教学,使学生进一步掌握正确的前滚翻技术动作,发展学生的身体机能,促进学生身心协调、全面地发展。激发学生的运动兴趣,培养学生体育锻炼的意识和习惯,以游戏加比赛的形式进行课堂活动,充分调动学生的积极性,引导学生体验运动乐趣,提高学生学习兴趣,培养学生挑战自我的精神,促使学生主动参与体育活动,形成体育锻炼习惯。

(三)教材分析

前滚翻是五年级技巧练习的一项重要内容。这项内容既符合该时期学生正处柔韧性最佳期的生理特点,也是他们喜爱的体育活动之一。通过练习,能够发展学生身体柔韧性、灵敏性等素质,提高身体的协调、准确、平衡能力,培养学生勇敢、坚毅、果断和互助等精神品质,促进其身心和谐发展。

(四)学情分析

五年级的学生具有兴趣广泛、模仿力强、活泼好动、注意力易分散、喜欢游戏和竞赛等特点。在课程设计中以"喊数抱团"游戏进行热身和辅助教材练习,使学生在欢快的气氛中,兴趣盎然、情绪高涨,产生强烈的角色体验和浓厚的学习兴趣。前滚翻是体操的基本动作,学习重点是低头、团身,难点是蹬地、低头、团身动作连贯协调,所以本课选择情景教学下的讲解法、分解法、演示法等教学方法,利用情景模仿来吸引学生的注意力,使学生通过观察、思考、想象学习动作。使他们玩在其中,学在其中,乐在其中。

(五)教学目标

1.认知目标

通过本次课的教学,使学生学习并初步掌握前滚翻的技能,增强学生的身体的各项身体素质和平衡能力。

2.技能目标

使70%的学生能够初步掌握前滚翻的技术动作,发展学生上下肢力量及灵敏、协调能力。

3.情感目标

培养学生观察、理解和创新意识及自我评价的能力,培养学生团结协作、勇于克服困难的意志品质。

(六)教材的重点和难点

重点:身体的用力顺序以及着垫顺序。

难点:团身紧,方向正,滚动圆滑,动作连贯、协调。

（七）教学方法

1.教法

采用情景导入法、发现式教学法、讲解示范法、小组合作学习法、游戏竞赛法等教学方法。

2.学法

本节课较多采用小组自主合作的形式，充分发挥学生的主体作用，注重培养学生自主学习、合作学习和探究学习的能力。关注学生之间的个体差异，保证每位学生受益。在教学上，合理选择和设计教学内容，有效运用教学方法和评价手段，努力使每位学生都能充分得到练习，促进学生全面发展。

（八）教学流程

1.开始部分

(1)课堂常规

体委整队，报告人数，检查服装，师生问好，安排见习生，并提醒学生将口袋中尖锐的物品拿出，防止在运动中受到伤害。教师宣布本节课的教学内容并提出要求。为了使学生快速进入课堂状态，可创设情境导入，让学生了解本节课要学的内容，激发情趣。

(2)热身活动

做“喊数抱团”游戏，看谁反应快。在跑动中进行，失败的同学“奖励”三个蹲起。带领大家做专项准备活动，使关节得到更好的拉伸。

2.基本部分

(1)复习知识，过渡衔接。

首先，复习在垫子上滚动，为激起学生练习前滚翻的欲望，可进行情景创设。

师：请问小刺猬遇到危险时是如何保护自己的呢？

(2)由简到难，层层递进。

躺在垫子上练习前滚翻。高度由一层到两层、再到多层。最后，躺在垫子上在高处进行前滚练习，高度逐步递减。

教师进行语言引导。

师:刚才同学们已经模仿了小刺猬的翻滚动作,现在动脑想一想怎样才能像它一样顺利地翻滚过去呢?

通过提问,让同学说一说是怎样做的,学生踊跃发言。

学生探究练习后,分小组自行练习,进一步改善和完善动作,激发学生的学习欲望,培养学生自主学习的能力。

(3)精讲示范,合作探究。

①讲解示范:为了让学生更加直观地看到教师的示范,可在垫子上从不同角度向学生做连贯动作示范,给学生建立起正确的运动表象,并引导学生认真观察和思考做出正确动作的方法。同时讲解保护与帮助的方法,并找一名学生与教师合作完成保护与帮助。

②分组练习:两人一组模仿练习,并相互保护与帮助。

③在学生练习过程中,教师做巡视指导,纠正不规范的动作,并及时提醒学生注意安全。

④对学生练习中出现的问题以及动作中的共性错误,让学生做正误示范,及时进行讲解、纠正。

⑤蹲立,两手体前撑地,两脚蹬地的同时提臀、低头,使头的后部、肩、背、臀部依次触垫,臀部触垫前迅速屈膝、抱腿、跟肩滚动呈蹲立。滚动时要注意团身紧,滚动圆滑。这样层层深入,由易到难,循序渐进地让学生去逐步掌握技巧动作,从而顺利地解决了本节课的重难点。

⑥巩固提高练习。为了提高学生的练习密度,培养学生的合作探究精神,依据学生的个体差异,将学生分为两个小组进行层次分组练习,把练习吃力的一组叫到指定的地方练习。在练习中引导学生思考为什么会团身不紧、身体松散,怎么样才能团身紧。对做得好的学生及时给予表扬,对做得一般的进行个别指导和帮助。

⑦2 分钟自由练习,集体展示。

(4)游戏竞赛,巩固提高(辅助教材)。

学生充分练习以后,为了提高学生的表现力,组织学生进行“齐心协力翻山过河”游戏竞赛。游戏规则是：每组同学以前滚翻开始，连续滚动两次后呈立正姿势站好，第二名同学接着进行，先结束的小组为胜。通过游戏比赛的形式不仅激发了学生的学习兴趣，而且能够提高练习效果，巩固了技术动作，上下肢、全身得到了锻炼，培养学生的集体荣誉感，从而顺利达到本节课的技能和情感目标。

3.结束部分

(1)放松活动。

带领学生在舒缓的背景音乐下，坐在自己的垫子上，做放松活动，动作舒展、身心舒缓，让肌肉得到放松。

(2)小结并布置作业

组织学生提垫子全体起立集合，再次强调前滚翻的动作要领(团身紧、滚动圆)，布置作业。

(3)下课。

体委组织归还器材，宣布下课，师生道别。

(九)教案设计

授课年级：五年级(水平三)　　　　**授课类型：新授课**

教学内容	1.技巧：前滚翻。 2.游戏“齐心协力翻山过河”。
教学目标	1.认知目标：通过本次课的教学，使学生学习并初步掌握前滚翻的技能，增强学生的身体的各项身体素质和平衡能力。 2.技能目标：使70%的学生能够初步掌握前滚翻的技术动作，发展学生上下肢力量及灵敏、协调能力。 3.情感目标：培养学生观察、理解和创新意识及自我评价的能力，培养学生团结协作、勇于克服困难的意志品质。
重点难点	重点：身体的用力顺序及着垫顺序。 难点：团身紧，方向正，滚动圆滑，动作连贯、协调。

续表

课程结构	课程内容	指导与练习	德育渗透	运动负荷 次(拍)数	运动负荷 时间
开始部分 (约 8′)	一、课堂常规 1.集合整队,检查服装和人数。 2.师生问好。 3.教师宣布本节课的内容,提出目标与要求。 4.安排见习生。 5.队列队形练习。	一、组织形式 如图 1 所示: ♂♂♂♂♂♂♂♂ ♂♂♂♂♂♂♂♂ ♀♀♀♀♀♀♀♀ ♀♀♀♀♀♀♀♀ ★ 图 1 二、教学要求 1.集合做到快、静、齐。 2.注意力集中。 3.精神饱满。 4.积极动脑,加强合作学习。	培养学生遵守纪律意识。学生懂得令行禁止的要求,明白集体活动中的纪律。锻炼学生的反应能力,增进学生之间的感情,增强学生遵守游戏规则的能力。	1 次	约 2′
	二、热身游戏:"喊数抱团" 学生沿圆圈慢跑,在跑动中,教师发出"几人一组"的口令后,几人迅速抱作一团,多余的同学为失败;所有学生接着进行下一轮游戏。	一、组织形式 围成圆圈。 二、教学要求 1.集合做到快、静、齐。 2.反应迅速,跑动积极。 3.跑动中保持间隔距离。 三、教学方法 1.教师讲解游戏规则,口令提示。 2.学生跑动积极、有序。		多次	约 2′
	三、热身操 1.一般准备活动。 (1)头部运动。 (2)扩胸运动。 (3)体转运动。 (4)腹背运动。 (5)弓步压腿运动。 (6)侧压腿运动。 (7)腕、踝关节运动。 2.专项准备活动(用头颈写数字)。	一、组织形式 如图 1 所示。 二、教学要求 集合做到快、静、齐。 三、教学方法 1.教师示范并领做。 2.学生跟教师动作认真练习。		多次 4×8 拍	约 2′ 约 2′

续表

<table>
<tr><th rowspan="2">课程结构</th><th rowspan="2">课程内容</th><th rowspan="2">指导与练习</th><th rowspan="2">德育渗透</th><th colspan="2">运动负荷</th></tr>
<tr><th>次(拍)数</th><th>时间</th></tr>
<tr><td>基本部分(约29′)</td><td>一、前滚翻动作要领
蹲撑,两腿蹬直,同时屈臂、低头、提臀、团身向前滚翻。前滚时,头的后部、肩、背、臀部依次着垫,当背着垫时,迅速屈小腿。上身与膝部靠紧,两手抱小腿,向前滚动呈蹲立。
动作口诀:
一蹲、二撑、三低头、四滚动圆、五收腿抱膝。</td><td>一、组织形式
如图1所示。
二、教学要求
1.集合做到快、静、齐。
2.精神饱满,认真听讲。
3.练习时注意安全。
4.教师单膝跪立于学生体侧,一手托肩,一手压小腿,帮助滚翻。
三、教学方法
1.教师讲解动作要领并做完整示范,强调注意安全。
2.学生做初步尝试练习,并在练习中体会身体依次触垫的顺序。
3.根据学生回答带领学生做完整练习。
4.学生再次做完整练习。
5.教师示范用下巴夹A4纸练习前滚翻。
6.学生体会用下巴夹A4纸练习前滚翻,再次练习。
7.教师示范用膝盖夹A4纸练习前滚翻。
8.学生体会用膝盖夹A4纸练习前滚翻,再次练习。
9.找优秀生示范。</td><td>了解安全运动方法,在确保安全条件下练习。
小组练习时,培养小组同学之间的互助、合作意识。
自主练习时,培养学生自主练习的能力,并明确竞赛不仅仅是战胜对手,更主要的是战胜自我。</td><td>多次</td><td>约24′</td></tr>
</table>

续表

<table>
<tr><td rowspan="2">课程结构</td><td rowspan="2">课程内容</td><td rowspan="2">指导与练习</td><td rowspan="2">德育渗透</td><td colspan="2">运动负荷</td></tr>
<tr><td>次(拍)数</td><td>时间</td></tr>
<tr><td>基本部分(约29′)</td><td>二、游戏“齐心协力翻山过河”
1.方法：将所有学生分成人数相同的若干组，以前滚翻开始，连续滚动两次后呈立正姿势站好，第二名学生接着进行，先结束的小组获胜。
2.规则：第一名学生必须呈站立姿势，后面的学生才能接着比赛，否则视为违规，率先完成的队伍获胜。</td><td>一、组织形式
如图1所示。
二、教学要求
1.集合做到快、静、齐。
2.认真听取游戏规则。
3.游戏时注意安全。
三、教学方法
1.铺设场地。
2.教师讲解游戏方法与规则。
3.学生积极有序地进行游戏。</td><td>培养学生遵守规则、努力拼搏、团结进取的意志品质。</td><td>2次</td><td>约5′</td></tr>
<tr><td>结束部分(约3′)</td><td>一、放松练习
二、集合小结
三、布置作业
四、归还器材
五、宣布下课</td><td>一、组织形式
如图1所示。
二、教学要求
1.集合做到快、静、齐。
2.听从教师指令放松。
三、教学方法
1.教师示范，学生积极放松身体。
2.教师点评本次课的学习情况，重复口诀。
3.学生听点评、记口诀。</td><td>有助于学生肌肉放松，缓解锻炼时的身心紧张状态。</td><td>1次</td><td>约3′</td></tr>
<tr><td>场地与器材</td><td colspan="5">操场一角、垫子27个、A4纸15张、录音机1台。</td></tr>
<tr><td>预计运动负荷</td><td colspan="5">练习密度：55%～75%
平均心率：120～130次/分</td></tr>
</table>

续表

心率变化曲线图	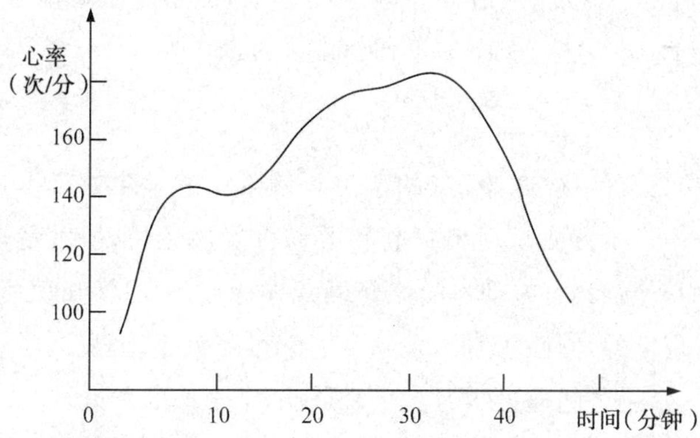

（十）课后反思

本课后反思各环节的组织情况和练习效果是否顺利完成本次课的学习目标，还有哪些地方存在不足，找出存在不足的环节，妥善地进行改正，以达到二次备课的目的。

二、跪跳起的教学设计之一

（一）教学内容

1.主教材：跪跳起（第1次课）。

2.辅助教材："同舟共济"游戏。

（二）指导思想

依据新《体育与健康课程标准》，坚持"健康第一"的理念，关注每一位学生的发展，提升他们运动的兴趣。根据学生实际身体情况、发展的特点及对体操技巧教学内容的深入分析，课堂教学中，在充分发挥教师主导作用的前提下，构建学生在课堂学习中的主体地位。通过学练，使学生不仅掌握体育运动技术，而且获得成功体验，增强其自信心，激发其体育情感，培养终身体育意识与能力。

（三）教材分析

跪跳起是小学体操教学重要内容之一。它是训练人体平衡、协调、力量等身体素质的一种技巧练习。由于学生首次学习跪跳起,教学时应运用分解动作练习和辅助教学降低教学难度,通过循序渐进的教学,让学生基本能独立完成,但在动作质量、稳定性、准确性、姿态上不作过高的要求。

(四)学情分析

本课的授课对象是三年级(水平二)的学生。该阶段的学生处于生长发育的关键时期,他们在身体素质方面呈现出身高和柔韧性发展较快,但力量发展较慢的特点。在性格方面,他们具有好动、好玩、好思考等特点,学习新知识速度快、模仿力强,有较强的表现欲望,但注意力不太稳定。学习跪跳起,可发展学生的灵活性、协调性、柔韧性。学生之间通过学习交流,形成团结合作的意识。

(五)学习目标

1.通过6课时的学习,95%以上的学生能够掌握跪跳起的动作方法,学会保护帮助及辅助练习的方法。

2.使学生对体操项目产生浓厚兴趣,了解跪跳起的锻炼价值,发展学生协调性、灵敏性等身体素质,提高学生运动能力。

3.在练习、比赛中,培养学生积极参与、遵守规则、相互配合、互帮互助、勇于挑战的良好品质。

(六)教学重点与难点

重点:摆臂制动要提腰,压垫提膝收腿快。

难点:臂、腿、腰动作协调一致,身体有腾空,站得稳。

(七)教学方法

1.教法

采用直观教学方法,让学生观看挂图和教师的示范进行练习。运用启发式教学,既注重学生的主体地位,又发挥教师引导、传导、开导的作用。学生在练习时,教师巡回指导学生,要学会欣赏学生,并把德育贯穿于教学中。

2.学法

学生带着问题去练习,培养学生独立思考的能力;分组练习比赛,培养学生的集体荣誉感,发挥体育骨干作用,充分体现自主学习、合作学习、探究学习。

(八)教案设计

授课年级:三年级(水平二)　　　　**课程类型:新授课**

<table>
<tr><td>课程内容</td><td colspan="4">1.技巧:跪跳起。
2.游戏“同舟共济”。</td></tr>
<tr><td>教学目标</td><td colspan="4">1.初步学习跪跳起辅助练习动作,通过学习 95%以上的学生能够建立正确的技术概念,85%以上学生掌握辅助练习的方法,并且能够在同学帮助下初步完成跪跳起动作。
2.通过练习发展学生下肢和腰腹力量,增强身体的灵活性和协调性。
3.培养学生的团结协作、互帮互学的道德品质和良好的安全意识。</td></tr>
<tr><td>教学重点与难点</td><td colspan="4">重点:各项辅助练习动作的熟练运用。
难点:用力协调,制动及时,身体稳定。</td></tr>
<tr><td>教学流程</td><td>教学内容</td><td>练习过程</td><td>时间</td><td>练习次数</td></tr>
<tr><td>开始部分(约 8′)</td><td>一、课堂常规
1.整队,师生问好,教师宣布本课任务并提出要求。
2.整理服装,安排见习生。
3.队列队形练习。
二、热身活动
1.在音乐中绕垫子蛇形跑。
2.徒手操。
3.专项准备活动。</td><td>一、组织形式
如图所 1 示:
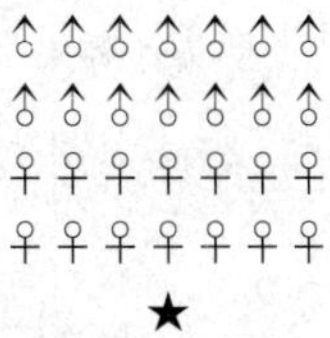
图 1
二、教学要求
1.集合做到快、静、齐。
2.精神饱满,动作一致,方向正确。
一、组织形式
如图 2 所示:

图 2</td><td>约 2′

约 2′
约 2′
约 2′</td><td>1 次

1 次
2 次
2 次</td></tr>
</table>

续表

教学流程	教学内容	练习过程	时间	练习次数
基本部分（约29′）	一、学习跪跳起 情景设置：通关挑战赛。 1.第一关：跪式跳高。 2.第二关：跪式跳远。 3.第三关：超级玛丽跳。 4.第四关：跪跳 90°。 5.第五关：跪跳 180°。 6.第六关：从高垫向低垫跳。 7.教师示范完整动作，讲解保护与帮助的方法。 8.终极挑战：在同伴的帮助下尝试在平垫上完成完整动作。	二、教学要求 1.学生认真观察教师示范动作，积极练习。 2.两人一组，合作练习。 3.相互帮助并纠正错误。 4.教师巡回指导纠错。 5.优生示范。 6.学生评价，教师总结。 7.巩固练习。 8.关注个体差异，及时调整垫子高度，根据不同学生的情况设置不同的练习内容。	约 24′	多次
	二、游戏“同舟共济” 德育渗透：防疫卫生教育，爱国主义教育。	一、组织形式 如图 3 所示： 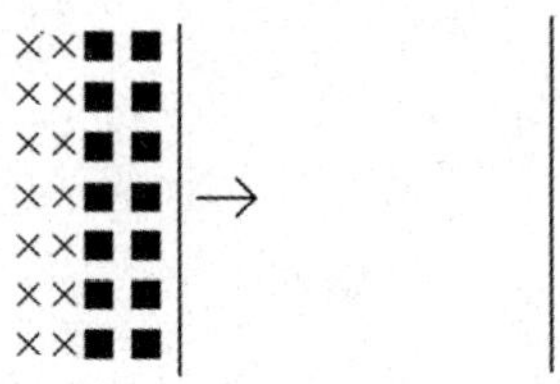 图 3 二、教学要求 1.介绍游戏规则和方法。 2.增加难度继续游戏。 3.体会游戏意义，渗透德育教育——合作、责任等。	约 5′	2 次

续表

教学流程	教学内容	练习过程	时间	练习次数
结束部分（约3′）	1.拉伸放松练习(音乐)。 2.课后小结、布置作业。 3.安排归还器材。 4.师生道别。	1.学生积极放松,动作到位、协调一致。 2.学生记住作业,视频反馈班级群。	约3′	1
场地器材	篮球场一块、音响一套、小垫子34块。			
预计运动负荷	预计平均心率:140次左右 练习密度:75%左右			

(九)本课特色

本课采用了学生们喜闻乐见的“闯关”形式进行情境导入,设置“关卡”,由简到难、循序渐进,激发学生们的学习兴趣和求知欲,促使学生完成从“要我学”到“我要学”的转变。练习中始终保持两人合作的模式,既培养了学生们的合作意识,又有效地提高了练习的质量,鼓励学生们在练习中自评互评、互帮互助,最后达到共同提高的目的。本课贯彻“一物多用”“精讲多练”原则,从小垫子热身活动开始,到专项准备活动、练习、游戏直到放松环节都充当着很重要的“角色”。课的练习密度预计可以达到75%左右。

(十)课后反思

1.优点

本节课采用层层递进、由易到难的教学方法,符合学生的认知规律,采取“闯关”的情景进行教学,从而有效地激发了学生们学习的积极性。队形调度少,有效地提高了教学效率,减少了时间的浪费。精讲多练,本课的练习密度在75%左右,保障了学生们的练习时间,真正让学生成了课堂的主人。教学手段丰富,教学效果明显。

2.待改进处

(1)缺少有效的评价,评价要准确、及时。

(2)教师服装的选择要得当。

三、跪跳起教学设计二

(一)教学内容

1.主教材:跪跳起。

2.辅助教材:“拱桥”游戏。

(二)指导思想

本课依据《体育与健康课程标准》的理念,以“健康第一”为指导思想,以学生发展为中心,体现学生的主体地位,关注学生的不同需求,激发学生的学习兴趣。教学设计中,正确体现继承与发展的关系,注重学生的体验与感悟,将教、学、想、练相结合,促进学生学习能力的提高。教学过程的设计遵循由易到难、由浅入深、层层递进的教学原则,辅助教学手段的安排具有目的性,设疑能根据学生的年龄特点及认知水平提出,具有针对性。在课堂中营造合作学习的氛围,提高参与意识,通过相互学习和帮助,使学生在合作的学习氛围中掌握动作方法,体验运动的乐趣,培养学生克服困难的意志品质及合作意识。

(三)学情分析

“水平三”(五年级)的学生,他们在“水平二”阶段已经掌握了一些简单的体操动作基础,也对体操产生了兴趣,在此基础上学习新的动作会比较容易。跪跳起教材内容新颖,有一定的趣味性,在教学中要注意突出跪跳起动作的特点,提高学生的学习积极性。在教学中教师要根据学生情绪的变化,采用多种教学方法,让学生在轻松、活泼的氛围中得到学习和锻炼。

根据教学安排,学生在小学一、二年级已经学习了垫上前滚翻和连续前滚翻的动作,在小学三、四年级进行了多种形式的发展前滚翻能力的练习,基本具备了体操功底,在本单元第一次课让学生初步体验和学习跪跳起的完整动作。

(四)教学目标

1.通过教学,调动学生学习积极性,初步掌握跪跳起的动作要领。

2.通过练习和游戏,增强学生上下肢及腰腹的力量,发展身体的灵敏性及协调性。引导学生充分利用器材,进行身体素质练习,增强体质。

3.提高学生自主、探究、合作学习能力,在学练中培养学生敢于挑战自我,勇于克服困难的精神,提高团结协作、相互帮助的能力,建立和谐的人际关系,提高安全意识。

(五)教材分析

跪跳起是技巧教材内容,运动负荷较大,要结合学生身体素质的实际水平区别对待,在练习中要充分发挥互帮互学的优良作风。经常练习跪跳起对腰腹肌力量和身体的协调性会有很大的帮助,还可以培养学生的坚强意志和克服困难的精神。学习跪跳起,在动作技术上要突出"摆、压、提、收"四个基本动作要点,只有掌握了这四个要点,学生才能更快更好地学会技术动作。

(六)重点与难点

重点:摆臂,提腰,脚背、小腿下压同时发力。

难点:两臂的摆动与髋关节弹性屈伸协调配合。

(七)场地器材

篮球场、垫子 42 块、录音机 1 台。

(八)教法学法

本节课主要采用体悟式教学方法,采用讲解、示范、传授、启发、设问等方法,把学生的思、学、练、评有机地结合起来,注重激发学生学习和练习的兴趣,满足学生探究动作顺序的好奇心,从而达成教学目标。让每一个学生都能分享、体验成功的乐趣。

(九)教学设计

1.调动情绪、激发兴趣阶段

(1)技能导入,让学生了解本节课要学的知识、技术及要求。

(2)活跃气氛,激发情趣,使学生身心尽快进入状态。

2.合作探究、掌握技能阶段

(1)复习立定跳远。

①利用小组合作的方式,通过复习、巩固、展示、评价等环节,促进学生相互学习。

②在立定跳远的基础上加上提腿、收腰动作练习,因为跪跳起动作要领中有收腰动作,为新授课做好铺垫。

(2)学习跪跳起。

①利用迁移教学原理,在立定跳远的基础上,为跪跳起学习做好铺垫。

A.背手(不摆臂)立定跳远。

B.摆臂带动身体(不跳)。

C.跪立在体操垫上,两腿并拢,绷脚尖,摆臂跪立跳。

通过以上辅助练习,体会摆臂对于完成动作的重要性。

②引导学生学习学案,并进行尝试练习。

各小组自主进行尝试性练习,引导学生认真学习学案,并鼓励学生大胆尝试。

③师生共同示范讲解动作。

A.选几位同学示范动作,讲解动作要领,并强调保护与帮助的方法。

B.教师分层进行动作展示,关注个体差异,积极引导学生分层进行学习。

学生可以根据自己的现有水平技术选择适合自己的难度,分层练习,教师积极鼓励学生,向更高的水平挑战,以达到激发学生学习兴趣的效果。学生的个体差异得到了体现,关注到了全体学生的发展。最后通过小组内的互相评价,对跪跳起的学习情况进行积极评价。

(3)游戏:“万众一心”。

通过游戏,发展学生的跳跃能力、与他人合作的意识及实践与探究能力,同时增进了友谊,团结互助,建立和谐的人际关系。

3.稳定情绪、恢复身心阶段

放松时,每人坐在小垫子上,跟着教师做放松活动,动作舒展、身心放松,让肌肉得到放松。小结时,再次强调跪跳起的动作要领:摆、压、提、收。

（十）教案设计

授课年级：三年级（水平三）　　　　　　**课的类型：新授课**

<table>
<tr><td>教材</td><td colspan="6">1.技巧：跪跳起。
2.“拱桥”游戏。</td></tr>
<tr><td>重点</td><td colspan="6">摆臂，提腰，脚背、小腿下压发力。</td></tr>
<tr><td>难点</td><td colspan="6">两臂的摆动与髋关节弹性屈伸协调配合。</td></tr>
<tr><td>教学目标</td><td colspan="6">1.学生能够了解跪跳起的动作过程，初步掌握跪跳起的动作要领。
2.80％的学生能够初步完成动作，增强学生上下肢及腰腹的力量，发展身体的灵敏性及协调性。
3.培养学生敢于挑战自我，勇于克服困难的精神，提高安全意识。</td></tr>
<tr><td>教学过程</td><td>教学内容</td><td>时间</td><td>次（拍）数</td><td>教师活动</td><td>学生活动</td><td>组织与要求</td></tr>
<tr><td rowspan="2">开始部分（约8′）</td><td>一、教学常规
1.体委整队，报告人数。
2.师生相互问好。
3.情境导入。</td><td>约1′</td><td>1次</td><td>1.师生问好，宣布课的内容。
2.对学生进行安全教育。
3.检查服装，安排见习生。</td><td>1.体委组织集合站队。
2.师生问好。
3.认真听教师讲授。</td><td>1.组织形式：如图1所示。

图1</td></tr>
<tr><td>二、游戏“看谁反应快”</td><td>约2′</td><td>3次</td><td>1.教师提出练习要求。
2.口令指挥学生。
3.观察学生练习情况。
4.适时表扬激励。</td><td>1.声短哨反方向跑。
2.声长哨直体并腿跪在垫子上。</td><td>2.教学要求：
（1）集合动作迅速、安静、整齐。
（2）按教师口令及要求进行练习。
（3）动作整齐、有力，步伐一致。</td></tr>
</table>

续表

教学过程	教学内容	时间	次(拍)数	教师活动	学生活动	组织与要求
准备部分(约8′)	一、专项准备活动 1.头部运动。 2.胸部运动。 3.肩绕环运动。 4.伸展运动。 5.体转运动。 6.绕膝运动。 7.踝关节运动。 二、辅助练习 1.跪膝爬行接力。 2.立定跳远。	约2′ 约3′	4×8拍 2次 4次	1.教师提出练习要求。 2.教师示范。 3.教师领做。 4.教师口令提示要点，及时指正。	1.牢记教师提出的练习要求。 2.跟随教师口令统一进行练习。 3.动作认真、到位，充分活动各关节。	1.组织形式：如图1所示。 2.教学要求： (1)听从教师的指挥。 (2)动作到位。
基本部分(约29′)	一、技巧：跪跳起 1.动作要领： (1)跪跳远练习。 (2)跪跳高练习。 (3)从高处跪跳下练习。 (4)保护与帮助及讲解示范动作。 (5)两人合作学习、独立完成。 (6)集体练习。 (7)两分钟自由练习、集体展示。 2.保护与帮助方法： 方法一：保护帮助者站在练习者的后面，两手握住对方腋窝顺势上提。	约24′	多次	1.通过语言引导，让学生体会摆臂、压小腿、压脚面。 2.让学生体会摆臂、压小腿、压脚面、提腰。 3.让学生体会摆臂、压小腿、压脚面、提腰、收小腿。 4.讲解与示范保护与帮助的方法。 5.在同学帮助下练习。 6.独立完成肩肘倒立动作。	1.学生认真听讲，看示范。 2.学生在教师的指导下进行练习，互帮互助，树立自信，并能逐步独立完成练习。 3.及时改正错误动作。 4.优秀学生进行展示。 5.相互学习，共同进步，及时评价。	1.组织形式：如图1所示。 2.教学要求： (1)注意安全。 (2)遵守纪律。 (3)技术动作准确到位。

续表

教学过程	教学内容	时间	次(拍)数	教师活动	学生活动	组织与要求
基本部分（约29′）	方法二：保护者站在练习者前面，两人手握手，当练习者压垫提腰时，顺势上提练习者。			7.教师巡视指导，纠正错误动作。 8.请优秀学生进行展示。 9.总结并导入游戏。	6.认真学习保护与帮助方法，提高自我及相互保护的意识，注意安全。	
	二、游戏："拱桥" 规则：每组学生双手撑地呈拱形依次排开。第一个学生在"拱桥"下快速爬过后跪跳起，跑回原位继续搭成拱形，看哪一组所有的同学最先完成。	约5′	2次	1.教师讲解游戏规则，并进行安全意识教育。 2.教师示范讲解游戏方法，并要求学生严格遵守比赛规则。 3.调动学生情绪。	1.学生严格遵守游戏规则。 2.游戏中注意安全。 3.充分参与到游戏中去，公平竞争。	1.组织形式：如图2所示。 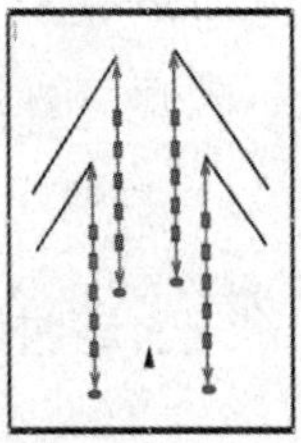 图2 2.教学要求：注意安全、遵守规则。
结束部分（约3′）	1.放松练习（拍抖腿部臂部肌肉）。 2.集合整队，对本节课的情况进行讲评。 3.宣布下课，师生道别。	约3′	1次	1.教师带领学生进行放松练习。 2.课上小结，表扬优秀生。 3.指定学生收还器材。	1.跟随教师做放松整理。 2.认真听讲。 3.归还器材。	1.组织形式：如图3所示。 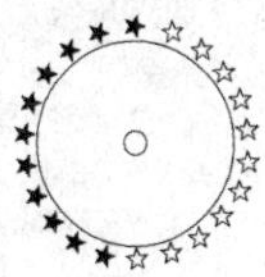 图3 2.教学要求：身心放松。

续表

<table>
<tr><td rowspan="2">器材与场地</td><td rowspan="2">41块小垫子、标志桶4个、活动场地。</td><td>练习密度</td><td>45%～50%</td><td rowspan="2">运动负荷</td><td rowspan="2">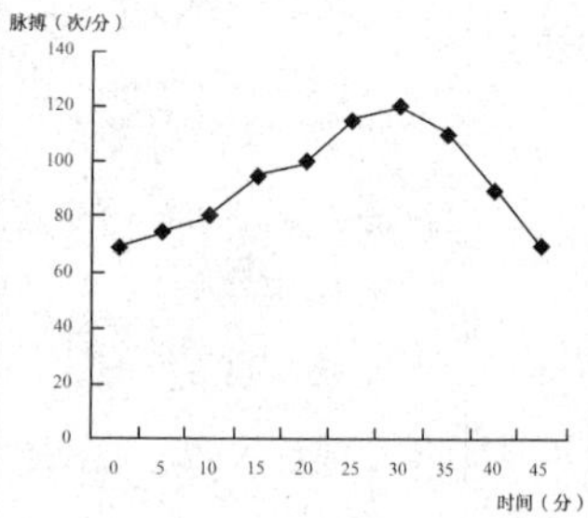
</td></tr>
<tr><td>平均心律</td><td>120～130次/分</td></tr>
</table>

（十一）课堂评价

1.学生自评，找学生示范展示，小组讨论后发表评价，对比后找出优点、缺点，教师归纳后评价。

2.教师评价学习目标完成的情况。

四、肩肘倒立教学设计

肩肘倒立是体操的重要组成部分，是发展综合素质的教学内容。肩肘倒立是指身体挺直肩和肘支撑的倒立姿势。要点是两臂用力压撑地面，向上伸展髋部和两腿的同时，两手撑于腰背的两侧。

（一）教学内容

主教材：肩肘倒立。

辅助教材：游戏“老鹰抓小鸡”。

（二）指导思想

本课以“健康第一”为指导思想，在强调学生合作学习的同时更注重对学生体育运动技能的掌握。教学中实施“以教师为主导、以学生为主体”的理念，重视课堂教学中整体性、和谐性和严密性的体现，创设符合学生身心发展、年龄特点的体育教学课堂氛围。

（三）教材分析

肩肘倒立是由直腿坐开始，向后倒肩、举腿、翻臀，当向后翻滚至小腿超过头部时，向上伸腿、展髋、挺直身体，同时两手撑住腰背部，夹肘，呈肘、肩、颈支撑的倒立姿势。发展学生的协调、力量、灵敏、柔韧等身体素质和培养学生勇敢、顽强、坚韧不拔的意志品质和互学互评、团结协作、互帮互助的团队意识。

（四）学情分析

初中一年级学生正处于青春期阶段，已经有了一定的运动基础知识和技能，但侧重于感性方面。学生对动作的模仿能力强，且在协调性和力量方面发展不错。因此，教师在教学中运用直观示范法、探究学习法、合作学习法等，激发学生的学习动机，注重素质和能力的培养，做到锻炼与育人相结合。

（五）教学目标

1.运动参与目标

了解肩肘倒立的动作要领以及完整动作的相关原理，学会自我评价。

2.运动技能目标

80％的同学能够在他人帮助下完成肩肘倒立。

3.身体健康目标

发展腰腹肌力量、身体协调性和平衡能力等身体素质。

4.心理健康和社会适应目标

培养和发展学生的自主合作探究的能力，增强学生团结互助、勇敢果断的良好品质。

（六）教学重点与难点

重点：夹肘撑腰。

难点：展髋立腰。

（七）教学方法

1.教法

本节课主要采用体悟式教学方法，采用讲解、示范、传授、启发、设问、游戏竞赛等方法，把学生的思、学、练、评有机地结合起来，注重激发学生学习和练习的兴趣，从而解决重点，突破难点，达成教学目标。

（八）场地与器材

运动场、体操垫。

(九)教学流程

1.准备部分

(1)课堂常规:体育委员整队集合,清点人数并汇报,师生问好。教师宣布本次课的内容和要求,安排见习生。

(1)准备活动:游戏“喊数抱团”,并在游戏热身之后进行定位徒手操的练习,活动各关节、肌肉。

(2)专项准备活动:高抬腿跑、后踢腿跑。

2.基本部分

(1)反复练习前倾后倒,两脚上举,后伸,脚尖触垫。

(2)两手撑背后,两腿依次向上伸展,可屈膝。

(3)解决重点,克服难点。后仰时同学辅助。腰背挺直,双手直立,同学辅助腰背弯曲。

(4)游戏:“老鹰抓小鸡”。

3.结束部分

集合,同学分散开做放松操,总结本次课的情况,布置作业,安排学生安全有序地整理器材,宣布下次课的内容,师生道别。

(十)教学评价

评价学生学习肩肘倒立练习时,做到语言简洁,及时有效,采用诊断性评价方式,帮助学生学会技术方法,提高自我,体验学习成功的乐趣,促进学生自我发展。

评价游戏时,采用激励性评价方式,充分肯定学生学习过程中的自主参与、互助合作。

(十一)德育渗透

本堂课有目的地将德育渗透至教学过程中。准备部分的队列队形练习中,学生懂得令行禁止的要求,明白集体活动中的纪律;基本部分的小组练习,意在培养小组之间的互助、合作意识;自主练习时,让学生选择目标并向着目标努力练习争取达标,培养学生正确的自我评价意识并明确竞赛不仅仅是战胜对手,更主要的是战胜自我;游戏时,培养学生遵守规则、努力拼搏、团结进取的意志品质。

（十二）教案设计

授课年级：七年级（水平四）　　　　　　　　**授课类型：新授课**

教学内容	1.技巧：肩肘倒立。 2.游戏："老鹰抓小鸡"。
教学目标	1.运动参与目标：了解肩肘倒立的动作要领以及完整动作的相关原理，学会自我评价。 2.运动技能目标：80%的同学能够在他人帮助下完成肩肘倒立。 3.身体健康目标：发展腰腹肌力量、身体协调性和平衡能力等身体素质。 4.心理健康和社会适应目标：培养和发展学生的空间感知能力、想象力；在练习过程中，同学之间互帮互学，在快乐和谐的氛围中得到锻炼。
重点难点	重点：夹肘撑腰。 难点：展髋立腰。

课程结构	课程内容	指导与练习	德育渗透	运动负荷	
				次(拍)数	时间
开始部分（约8′）	一、课堂常规 1.集合整队，清点人数。 2.师生问好。 3.宣布课程任务，提出目标与要求。 4.检查服装，安排见习生。 5.队列队形练习。	一、组织形式 如图1所示： ♂♂♂♂♂♂♂♂ ♂♂♂♂♂♂♂♂ ♀♀♀♀♀♀♀♀ ♀♀♀♀♀♀♀♀ ★ 图1 二、教学要求 1.集合做到快、静、齐。 2.积极动脑，加强合作学习。	培养学生遵守纪律意识。 学生懂得令行禁止的要求，明白集体活动中的纪律。	1次	约2′

续表

课程结构	课程内容	指导与练习	德育渗透	运动负荷	
				次(拍)数	时间
开始部分（约 8′）	二、慢跑热身(螺旋跑) 三、热身操 1.一般准备活动 (1)头部运动。 (2)扩胸运动。 (3)体转运动。 (4)腹背运动。 (5)弓步压腿运动。 (6)侧压腿运动。 (7)腕、踝关节运动。	一、组织形式 如图 2 所示： ♂♂♂♂♂♂♂♂ ♂♀ ♂♀ ♂★♀ ♂♀ ♂♀ ♀♀♀♀♀♀♀♀ 图 2 二、教学方法 1.教师讲解方法，口令提示。 2.学生跑动积极、有序。	锻炼学生的柔韧性、协调性、节奏感和频率。	1 次 4×8 拍	约 2′ 约 2′
	2.专项准备活动。 (1)站立，两手叉腰，交替活动踝关节。 (2)半蹲，两手扶膝活动膝关节。 (3)两腿交替高抬腿，活动髋关节。 (4)两手叉腰旋腰，活动腰部。 (5)一手扶持，依次前后踢腿，活动髋、膝关节。 (6)前后弓箭步压腿，左右压腿，牵扯腿部韧带。	一、组织形式 如图 2 所示。 二、教学方法 1.教师示范并领做。 2.学生跟教师动作认真练习。		2 次	约 2′
基本部分（约 34′）	一、学习肩肘倒立 1.动作要领 由直角坐开始，上体稍前倾，紧接着向后滚动，顺势收腹、举腿、翻臀，两臂压垫帮助翻臀，当膝盖到头上方时向上伸髋，同时两臂屈肘内夹，两手掌心向内、虎口向上撑于腰背两侧，形成肩肘倒立造型。	一、组织形式 如图 2 所示。 二、教学方法 1.讲解动作要领并做完整示范，强调注意安全。 2.学生做初步尝试练习，并在练习中体会动作。 3.根据学生回答带领学生做发力和身体协调练习。 4.学生再次做完整练习。	了解安全运动方法，在确保安全条件下练习。 小组练习时，培养小组同学之间的互助、合作意识。	多次	约 29′

续表

课程结构	课程内容	指导与练习	德育渗透	运动负荷	
				次(拍)数	时间
基本部分(约34′)	2.重点与难点 重点：夹肘撑腰。 难点：展髋立腰。 3.易犯错误 腰部力量不足支撑不起来。 4.纠正方法 加强腰腹肌力量练习。	5.教师展示肩肘撑立和腰腹挺直，让学生回答哪样省力。 6.学生体腰腹发力再次练习。 7.找优秀生示范。 8.学生再次练习并且每组选出一名最标准的同学决出班级冠军。	自主练习时，培养学生正确的自我评价意识并明确竞赛不仅仅是战胜对手，更主要的是战胜自我。		
	二、游戏“老鹰抓小鸡” 一个人当“老鹰”，一个人当“鸡妈妈”，其余的人当“小鸡”。“老鹰”的任务是捉住“小鸡”；“鸡妈妈”的任务是把“小鸡”挡在身后，让它们不被“老鹰”捉住；“小鸡”的任务是跟在“鸡妈妈”的身后跑，不被“老鹰”捉住。“老鹰”捉住“小鸡”，“老鹰”胜；捉不住“小鸡”，“老鹰”败。	一、组织形式 如图3所示： 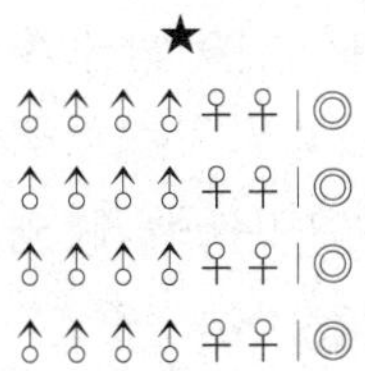 图3 二、教学方法 1.教师讲解练习方法。 2.学生积极有序地练习。	培养学生遵守规则、努力拼搏、团结进取的意志品质。	2次	约5′
结束部分(约3′)	一、放松练习 二、集合小结 三、布置作业 四、归还器材 五、宣布下课	一、组织形式 如图1所示。 二、教学方法 教师示范，学生积极放松身体。		1次	约3′

续表

<table>
<tr><td>预计运动负荷</td><td>练习密度：≥50％
平均心率：120～140 次/分</td></tr>
<tr><td>心率变化曲线图</td><td>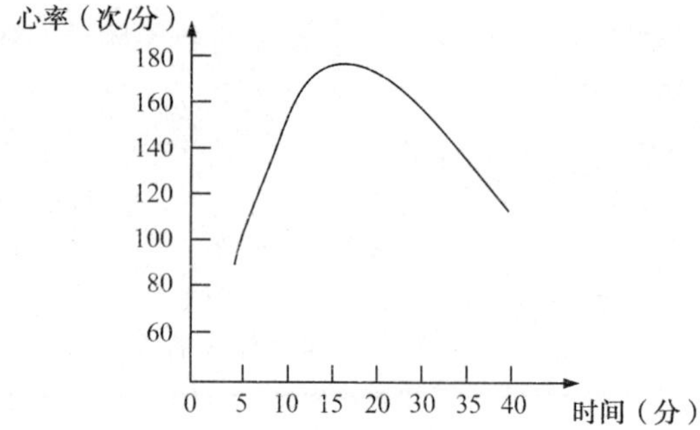
</td></tr>
</table>

（十三）课后反思

采用灵活多样的教学方法，既考虑了全体学生的需求又注重了学生的个体差异，教学采取教师示范讲解，学生自主练习，自评、互评，相互纠错等形式进行。为学生营造了一个学习、娱乐、竞争、团结协作、积极进取的良好学习氛围，极大地调动了学生参与学习的积极性，收到了良好效果。教学中充分体现了教育教学的新思想、新观念，把发展学生个性与展示自我相结合，把学习运动技能与游戏比赛相结合，充分体现了活泼、自由、愉快的课堂新模式，力求学生在轻松愉快的游戏活动中学习和掌握知识，享受体育锻炼的乐趣。

五、并腿坐—肩肘倒立(2 秒)前倒成蹲立—挺身跳教学设计

（一）教学内容

1.主教材：并腿坐—肩肘倒立(2 秒)前倒成蹲立—挺身跳。

2.辅助教材：往返跑接力。

（二）指导思想

本课教学内容以人教版《体育与健康》“水平三”学校目标为依据，以学生发展为本，确立“健康第一”的指导思想，在积极完善以“动”为主的课程目标体系的同时，以探究性课程为主，提高自我保护的意识和技能，着重培养学生身体的

时间和空间感，培养学生的互助合作意识，发展学生的个性，激发学生的学习兴趣。通过教师的启发、引导，在学生相互保护帮助下共同完成，并且相互交流，使学生在愉快的学习环境中掌握知识、娱乐身心、发展个性，为终生体育奠定基础。

(三)教材分析

体操技巧的教学在体育教学中占有举足轻重的地位，并腿坐—肩肘倒立(2秒)前倒成蹲立—挺身跳是小学体操类教材的重要教学内容之一。适当发展学生的灵活性、协调性、柔韧性对学生的生长发育有很大的好处，然而传统的体操教学被学生认为是比较乏味、枯燥的教学内容，学起来感到机械，练起来又比较的辛苦。如何才能激发学生的兴趣和调动学生的学习积极性就成为本堂课教学关键。因此，在本课的设计中用游戏引导学生，用比赛的形式来取代枯燥、烦闷的技巧练习，从而更好地完成技巧教学任务。

(四)学情分析

五年级学生之前已经学习掌握了某些技巧动作，有一定的体操技能认知，但是普遍存在腰腹肌力量不足、协调平衡能力较差的情况。在教学过程中，教师通过由简到繁、由易到难的教学环节，逐步引导他们由并腿坐开始。做上体前屈后倒、收腹举腿、伸腿展髋、撑腰夹肘等动作，掌握“并腿坐—肩肘倒立(2秒)前倒成蹲立—挺身跳”组合动作的技术要领，进一步发展学生的腰腹肌力量、身体协调能力和身体控制能力，培养勇敢顽强、互帮互助的意志品质，为今后学习奠定基础。

(五)教学目标

1.认知目标

学生明确“并腿坐—肩肘倒立(2秒)前倒成蹲立—挺身跳”组合动作的方法与要求。

2.技能目标

通过学习，90%以上的学生能够在教师和同学的帮助下，初步掌握动作要领，进一步发展学生身体的协调性与柔韧性。

3.情感目标

通过学习，培养学生自主合作探究的能力，增强学生团结互助、勇敢果断的良好品质。

(六)教学重点与难点

重点:伸髋立腰与两手撑腰夹肘成肩肘倒立的动作方法。

难点:组合动作的节奏与用力顺序。

(七)教法与学法

1.教法

本课主要采用情境教学法、讲解示范等教学方法，循序渐进地进行技术动作的学习，通过教师完整示范建立正确的动作印象，再通过分步骤解决重难点的方式，提高课堂教学效果。

2.学法

主要采用自主练习法、同伴合作法等学习方法，以技术动作主要环节为问题切入点，诱导学生层层递进地完成技术的学习，有效激发学生的学习兴趣。

(八)教学流程

课的开始以生动的语言、各种形式的慢跑，吸引学生注意力。在准备部分，安排垫上热身操，把撑腰夹肘、体前屈、绷脚尖等主教材动作融入进去，既充分活动身体各关节，又为主教材的学习做好铺垫。在基本部分中，先通过并腿坐导入肩肘倒立的教学内容，之后分步骤分别学习技术动作，并讲解保护与帮助的方法，组织学生与同伴互帮互助，知道技巧学习中的保护与帮助的重要性。之后安排学生自主尝试练习，并通过优秀生展示的方式，激发学生的学练积极性。通过集体展示的形式测验课堂效果。游戏环节采用击掌接力赛，激发学生的竞争意识，发展学生的速度、下肢力量等素质，弥补主教材中运动负荷不足的问题。

(九)场地与器材

体育馆场地、36 块小体操垫、1 块大体操垫、音响 1 个、标志桶 4 个。

（十）教案设计

授课年级：五年级（水平三） **授课类型：新授课**

教学内容	1.技巧：并腿坐—肩肘倒立（2 秒）前倒成蹲立—挺身跳。 2.游戏：往返跑接力。			
学习目标	1.认知目标：学生明确“并腿坐—肩肘倒立（2 秒）前倒成蹲立—挺身跳”组合动作的方法与要求。 2.技能目标：通过学习，90％以上的学生能够在教师和同学的帮助下，初步掌握动作要领，进一步发展学生身体的协调性与柔韧性。 3.情感目标：通过学习，培养学生自主合作探究的能力，增强学生团结互助、勇敢果断的良好品质。			
教学重难点	重点：伸髋立腰与两手撑腰夹肘成肩肘倒立的动作方法。 难点：组合动作的节奏与用力顺序。			
课程结构	课程内容	指导与练习	组织形式与要求	德育渗透
准备部分（约 8′）	1.集合整队，报告人数。 2.师生互相问好。 3.教师宣布课的内容及要求。 4.热身慢跑。 5.垫上热身操。	1.体委整队，报告人数。 2.师生问好，教师宣布本节课的学习任务和要求。 3.教师组织学生进行热身慢跑。 4.音乐伴奏下师生一起做垫上热身操。	1.组织队形，如图 1 所示：  图 1 2.教学内容：绕小垫子进行慢跑。 3.要求：保持良好的跑姿，跑动时注意调整呼吸节奏。 1.组织形式：如图 1 所示。 2.要求：动作有力、协调，幅度大。	激情导入，激发学生的学练热情。 通过慢跑激发孩子的练习热情。 通过垫上热身操即达到专项准备活动的目的，同时激发学生练习的热情，也为后面主教材的学习奠定基础。

续表

课程结构	课程内容	指导与练习	组织形式与要求	德育渗透
基本部分（约29′）	一、动作学习 1. 并腿坐练习。 2.后倒翻臀练习。 3.展髋举腿、“倒骑自行车”动作练习。 4.完整动作学习。 5. 保护与帮助教授。 6. 分组展示、评价。	1.(1)教师示范并腿坐动作，学生观察。 (2)组织学生练习，教师指导。 2.(1)教师讲解示范后倒翻臀的动作要领，引导做前倒成蹲立的动作。 (2)分组练习，教师巡回指导。 3.(1)教师讲解示范展髋举腿、“倒骑自行车”的动作方法，引导做前倒成蹲立挺身跳。 (2)分组练习，教师巡回指导。 4.(1)教师讲解并示范组合动作。 (2)分组练习，教师巡回指导。 5.(1)讲解保护与帮助的动作方法。 (2)组织学生练习，巡回指导。 6.(1)小组分别进行展示。 (2)师生评价。	1.组织形式，同图1。 要求：按照教师的要求进行练习。 2. 组织形式，同图1。 要求： (1)仔细观察教师的示范。 (2)后倒翻臀—前倒成蹲立练习，3～4次/人。 3.引导做前倒成蹲立接挺身跳的动作练习，6～8次/人。 4.组织形式，同图1。 要求：(1)仔细观察教师的示范。 (2)练习8～10次/人。 5. 组织形式，同图1。 要求： (1)仔细观察教师的示范。 (2)两人一组合作练习，4～5次/人。 6.组织形式，同图1。 要求：动作优美。	通过翻臀练习，让学生体会展髋动作，为目标的达成打下基础。利用接力跑发展同学们的快速奔跑能力和身体协调性，充分合理地利用场地，避免无效调动。
	二、游戏“往返跑接力”	1.讲解示范游戏方法及规则。 2.学生认真参与游戏活动。	1.组织：成4路纵队比赛，3次/人。 2.要求： (1)遵守规则，注意安全。 (2)团结协作，勇争第一。	同时在游戏活动中培养学生的竞争意识与团结合作精神。

续表

课程结构	课程内容	指导与练习	组织形式与要求	德育渗透
结束部分(约3′)	1.放松活动。 2.师生共同小结、评价本课学习情况。 3.下课仪式。	1.引领学生随音乐进行放松练习。 2.对本课进行小结,激励评价。 3.师生道别。	1.组织形式,如图1。 2.要求:积极放松身体。	感受音乐之美,充分发挥学生的想象力,使学生在愉悦的氛围中完成放松练习和本课的教学。
预计生理负荷	练习密度:55%左右。 平均心率:120～130次/分。			
场地器材	小垫子36块、大体操垫1块、标志桶4个、音箱1个。			

第二节　器械体操课程的教学设计

器械体操课程是中小学体育教学的重要内容,一般常用的器械有单杠、双杠、吊环、鞍马、平木、高低杠、跳马、跳箱、山羊等。

一、"支撑跳跃:山羊分腿腾越"教学设计

(一)教学内容

1.主教材:"支撑跳跃:山羊分腿腾越"。

2.辅助教材:体能练习。

(二)指导思想

根据《体育与健康课程标准》精神要求,坚持"健康第一"的指导思想,以学科核心素养为培养目标,改变以往重视技能的教学形式,创设学生感兴趣的小组合作闯关节目情境,给所有组员安排具体任务,通过一系列学、思、练、合作和交流等方式,学生能够尝试运用结构化的知识和技能解决问题,学会"支撑跳

跃:山羊分腿腾越”的动作方法,体会进步和成功的快乐。通过教学,培养学生主人翁意识和团队合作精神,提高安全意识,得到全面发展。

(三)教材分析

“支撑跳跃:山羊分腿腾越”是人民教育出版社《体育与健康》六年级教材第四章第三节器械体操项目之一,是“水平三”体操类教学内容的重要组成部分。在“水平二”技巧学习的基础上,学习“支撑跳跃:山羊分腿腾越”有了一定的技术基础。这是一项借助支撑跳跃的练习锻炼身体的活动,由助跑、起跳、支撑、推手、腾空、落地等技术环节组成,对增强上肢、下肢、肩带及腰腹肌力量,发展身体灵敏性、协调性,提高克服障碍的能力,培养学生勇敢、顽强、果断的心理品质,具有积极作用。正确的技术动作、勇敢果断的意志品质以及全面的安全措施是完成该教学的关键。

(四)学情分析

针对热情活泼、模仿能力较强的六年级学生,应很好地利用他们的身心特点来激发其学习兴趣,调动他们学习的主动性和积极性,提高教学效果。该项目具有一定的危险性且技术要求相对较高,学生在练习过程中难免出现恐惧心理和畏难情绪,从而影响学练效果。根据课标精神要求,“小学阶段的学练,不必过分强调技术环节,应多鼓励学生积极参与,体会成功的乐趣,提高安全意识,加强保护措施,提高与同伴间相互协作、保护与帮助的意识及能力”。因此,根据以上情况并结合教学重点与难点,本课将通过游戏、保护帮助、分层练习,来激发和鼓励学生练习,使其能较好地掌握动作,克服恐惧心理,提高学生的全面身体素质。

(五)教学目标

1.运动参与目标

通过学习,知道山羊分腿腾越的双脚起跳、提臀分腿动作方法,明确体操运动中安全防护的重要性,能够有针对性地进行简单的知识搜集、汇总和运用。

2.运动技能目标

通过学习,能完成山羊分腿腾越中双脚起跳、支撑顶肩和提臀分腿动作,并在练习中懂得自我保护的方法以提高合作保护与帮助意识;95%以上的学生能简述动作方法、保护和帮助方法,90%以上的学生能正确地运用保护与帮助方法,80%以上的学生能在保护和帮助之下基本完成动作。

3.身体健康目标

发展学生上、下肢的爆发力，增强肩带、腰腹肌、关节和韧带的力量，促进学生身体健康成长。

4.心理健康和社会适应目标

通过学习，养成勇敢、顽强、勇于克服困难和团结合作的优良品德，培养果断、顽强、敢于担当、勇于挑战自我的精神，在集体活动中人人都能表现出主人翁精神。

（六）教学重点和难点

重点：单起双落，支撑顶肩，提臀，分腿，顶肩。

难点：支撑合理，顶肩有力，推手及时，抬上体。

（七）教学方法

1.教法

采用讲解法、示范法、游戏竞赛法、小组合作法等教学法。

2.学法

通过有序、自主、合作练习的游戏，激发学生的学习热情，培养团队协作和勇于竞争的精神，让每一个学生都能分享、体验成功的乐趣。

（八）课时计划

授课年级：五年级（水平三） **授课类型：新授课**

教材内容	1.支撑跳跃：山羊分腿腾越。 2.素质练习。
教学目标	1.运动参与目标：通过学习，知道山羊分腿腾越的双脚起跳、提臀分腿动作方法，明确体操运动中安全防护的重要性，能够有针对性地进行简单的知识搜集、汇总和运用。 2.运动技能目标：通过学习，能完成山羊分腿腾越中双脚起跳、支撑顶肩和提臀分腿动作，并在练习中懂得自我保护的方法以提高合作保护与帮助意识；95%以上的学生能简述动作方法、保护和帮助方法，90%以上的学生能正确地运用保护与帮助方法，80%以上的学生能在保护和帮助之下基本完成动作。 3.身体健康目标：发展学生上、下肢的爆发力，增强肩带、腰腹肌、关节和韧带的力量，促进学生身体健康成长。 4.心理健康和社会适应目标：通过学习，养成勇敢、顽强、勇于克服困难和团结合作的优良品德，培养果断、顽强、敢于担当、勇于挑战自我的精神，在集体活动中人人都能表现出主人翁精神。

续表

<table>
<tr><td>重点与难点</td><td colspan="4">重点：单起双落，支撑顶肩，提臀，分腿，顶肩。
难点：支撑合理，顶肩有力，推手及时，抬上体。</td></tr>
<tr><td rowspan="2">教学过程</td><td rowspan="2">教学内容</td><td colspan="2">运动负荷</td><td rowspan="2">组织教法与学法</td></tr>
<tr><td>次(拍)数</td><td>时间</td></tr>
<tr><td rowspan="2">开始部分(约 8′)</td><td>一、课堂常规
1.体育委员集合整队，报告人数，师生问好。
2.教师宣布本课内容和要求，检查服装，安排见习生。

二、热身运动
1.每人一块垫子，绕垫子慢跑两圈。

2.教师带领下随音乐做踏板操。</td><td>1 次

1 次

4×8 拍</td><td>约 1′

约 2′

约 2′</td><td>一、组织形式
如图 1 所示：
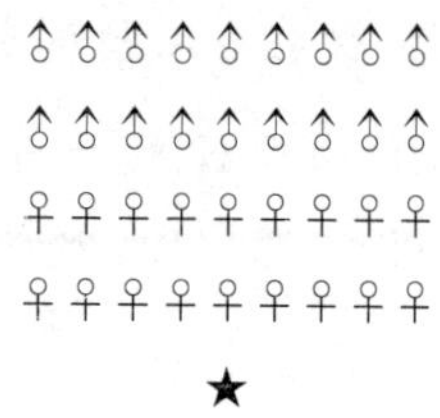
图 1
二、教学方法
(1)教师口令指挥。
(2)学生听指挥集体练习。
三、教学要求
(1)集合站队快、静、齐。
(2)听从指挥，注意安全。</td></tr>
<tr><td>三、游戏“石头剪刀布”。
1.用脚进行游戏。
2.俯撑姿势下游戏。</td><td>多次</td><td>约 3′</td><td>一、组织形式
同图 1。
二、教学方法
(1)前后两人为一组进行游戏。
(2)用小垫子作为踏板，播放动感音乐，随教师跳踏板操。
三、教学要求
学生听音乐跟随教师集体练习，动作协调，幅度大。</td></tr>
</table>

续表

<table>
<tr><td rowspan="2">教学过程</td><td rowspan="2">教学内容</td><td colspan="2">运动负荷</td><td rowspan="2">组织教法与学法</td></tr>
<tr><td>次(拍)数</td><td>时间</td></tr>
<tr><td>基本部分(约29′)</td><td>一、学习山羊分腿腾越
1.动作方法
助跑，双脚踏跳，双手支撑器械，提臀，两腿伸直向两侧分开，迅速推离器械，使身体向前上方越过器械，两腿向前制动挺身，两臂斜上举；并腿用前脚掌落地，屈膝呈半蹲。
2.保护与帮助方法
保护者站在山羊斜前方，面向练习者，两脚前后站立。当练习者撑器械后，双手握其上臂，顺势向上提拉过器械并顺势后撤一步至落地，换至一手扶腰背，一手护其胸腹。
3.自我保护的方法
当落地不稳、身体过于前倾失去平衡时，应迅速低头团身前滚翻。切勿用手撑地，防止戳伤、骨折。</td><td>多次</td><td>约24′</td><td>一、组织形式
六只山羊，两个高度，刚开始用同一高度练习，后期学生根据自己的水平选择不同高度进行练习。
二、教与学
1.教师示范完整动作，简要讲解动作要点。
2.教师示范、讲解保护与帮助方法，对学生渗透责任意识，进行安全教育。
3.在山羊上做提臀分腿动作。
4.体验完整动作。
5.学生展示，教师评价。
6.根据自身选择不同高度进行练习。
三、教学要求
做之前要举手示意做保护帮助的同学，看保护与帮助的同学准备好后再开始练习。做完完整动作之后要有亮相动作。循序渐进，跳山羊过程中尽可能伸直腿绷直脚尖，提高动作的优美姿态。敢于挑战自我，挑战新高度。</td></tr>
</table>

续表

<table>
<tr><th rowspan="2">教学过程</th><th rowspan="2">教学内容</th><th colspan="2">运动负荷</th><th rowspan="2">组织教法与学法</th></tr>
<tr><th>次(拍)数</th><th>时间</th></tr>
<tr><td>基本部分(约29′)</td><td>二、素质练习
1.开合跳。
2.手膝爬。
3.蛙跳。
4.螃蟹爬。</td><td>3 次</td><td>约 5′</td><td>一、组织形式
如图 2 所示：
□□□□□□□□□□□
□□
□□
□□
□□
□□
□□□□□□□□□□□
图 2
二、教学方法
把小垫子摆成上述图形，四个小组分别在四个角，逆时针转动，1 组做开合跳，2 组做手膝爬行，3 组做蛙跳，4 组做螃蟹爬。做完以后再交换。</td></tr>
<tr><td>结束部分(约 3′)</td><td>1.跟随音乐，做放松练习。
2.课堂总结，点评教学。
3.师生道别，归还器材。</td><td>1 次</td><td>约 3′</td><td>一、组织形式
如图 1 所示。
二、教学方法
每人一块体操垫，坐在体操垫上做拉伸放松。散点集合，学生总结，教师评价。</td></tr>
</table>

<table>
<tr><td rowspan="3">场地与器材</td><td rowspan="3">篮球场一块、踏板 6 个、山羊 6 只、大垫子 6 块、小体操垫 40 块、音响 1 台。</td><td>安全措施</td><td colspan="3">1.课前与学生一起检查场地、器材，合理布置场地。
2.分解各技术要点，提示动作关键，强化安全意识。
3.准备活动充分，讲解并结合实际运用保护与帮助方法，告知自我防护的基本操作和合理的练习间隔。
4.发挥体育骨干的作用，做好帮助或保护的合作练习。</td></tr>
<tr><td rowspan="2">预计运动负荷</td><td>平均心率</td><td>练习密度</td><td>强度</td></tr>
<tr><td>120～130 次/分钟</td><td>≥50%</td><td>中等以上强度</td></tr>
</table>

（九）课后反思

1.本课亮点

（1）通过利用小体操垫，让学生巩固助跑踏跳技术，有助于分腿腾越技术的完成。

（2）在体操垫子上体会提臀分腿等技术动作，既增加了练习密度，又增加了练习的安全性。

（3）通过设置不同高度的山羊，根据学生的水平选择合适的高度进行练习，体现了分层教学，让每个学生都得到发展。

（4）在辅助教材环节，充分利用小垫子，一物多用，锻炼发展学生的身体素质和体能。

（5）保护与帮助贯穿始终，一是培养学生的安全意识，二是让学生学会团结协作、帮助他人的品德。

2.本课不足及改进措施

本节的不足、解决重点、克服难点的步骤不够清晰，在安全方面存在隐患。改正措施如下：

（1）重难点方面，多强调上板要双脚并拢同时踏板，先进行上一步踏跳，再做3～5步踏跳练习；多做手撑器械，提臀分腿练习；做原地连续分腿跳，体会绷直脚尖的动作。

（2）在安全方面，清理好场地，充分做好准备、放松活动。课堂上进行安全教育，在有保护与帮助的情况下进行练习。正确引导运动行为，遵守游戏规则，防止违规竞争。

二、“支撑跳跃：横箱分腿腾越”教学设计

（一）教学内容

1.主教材：“支撑跳跃：横箱分腿腾越”。

2.辅助教材：身体素质练习。

（二）指导思想

以《体育与健康课程标准》为教学依据，坚持“健康第一”的指导思想，始终贯彻“以人为本”的教学理念，尽力发展学生的独特性和潜能，充分让学生作教

学的主人，充分让学生参与到教育教学过程中来，让每个学生都能在轻松、愉快的氛围中学到有用的知识。了解、掌握一些运动的知识，培养学生运动兴趣，进一步促进学生自主学习和终身坚持锻炼的习惯。

（三）教材分析

支撑跳跃是颇受学生喜爱的一个体育项目，有较高的锻炼价值。通过这一项目的练习，可以比较全面地发展学生的身体素质，尤其对于发展学生的速度、弹跳力和肩部力量有着明显的作用。通过练习还可以较好地培养学生团结、勇敢、顽强的精神和克服困难的毅力。

（四）学情分析

初中一年级的学生在初中阶段已经初步掌握了山羊跳跃动作，其技术特点和横箱分腿腾越有相通之处，在此基础之上相信学生能较快掌握该技术。学生好奇心强，更具有挑战新、难动作的欲望；但在学习过程中，也不排除个别学生存在畏难心理，需要教师和同伴的鼓励、帮助和保护，使其体验成功的乐趣。

（五）教学目标

1.运动技能目标

通过教学让85%以上的学生初步掌握横箱分腿腾越动作，使学生学会同伴之间保护帮助和自我保护，提高安全防范意识。

2.身体健康目标

通过课程学习，发展学生的上、下肢和腰腹力量，提高身体灵敏性和协调能力。

3.心理健康和社会适应目标

通过练习，使学生克服心理障碍，形成积极应对挫折和挑战的意志品质以及团结合作的精神。

（六）教学的重难点

重点：助跑、踏跳的有效结合。

难点：快速的有力推手。

（七）教学方法

在教学中采用先分解教学、后完整教学的方法，先易后难，着力突出重点和难点，进而过渡到完整动作的教学与练习上。教学中可采取一些辅助手段，帮助学生了解动作要领及动作方法。做好学生的鼓动工作，进一步加强安全措施，克服学生的紧张、胆怯心理。

（八）教案设计

授课年级：七年级（水平四）　　　　　　　　**课程类型：新授课**

教材内容	1.支撑跳跃：横箱分腿腾越。 2.体能练习。			
课程结构	学习内容	指导与练习	组织形式与过程评价	次数
导入与热身（约 8′）	一、课堂常规	1.体委整队，报告人数。 2.师生问好。 3.教师检查服装，安排见习生。 4.教师宣布本课内容及目标。 5.教师口令引导学生统一练习。	1.组织形式，如图 1 所示。 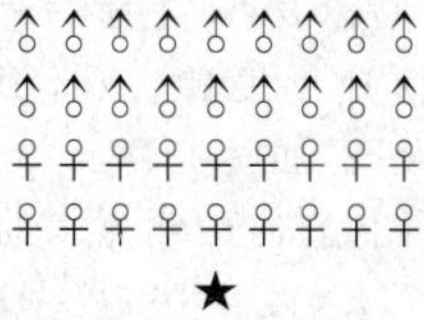 图 1 2.教学要求：快、静、齐，精神饱满。	1 次
	二、热身练习 慢跑 300 米。		1.组织形式：学生两路纵队（列队，并队）绕场慢跑。 2.教学要求：精神饱满，动作正确。	1 次
	三、徒手操 1.踝、腕绕环。 2.双人压肩。 3.双人并腿坐位体前屈。 4.双人分腿坐位体前屈。	1.教师语言引导，提示练习动作要求。 2.学生两人一组结伴练习。 3.教师注意观察，提示个别动作。		多次
	四、辅助练习 1.俯撑→俯撑分腿立撑→推手挺身跳起→落地缓冲→站立两臂斜上举。 2.分腿跳（分腿大而直）。 3.3～5 步的助跑双脚踏跳（单踏双落）。 4.跳“驼”背练习。	1.讲解练习方法。 2.语言提示学生注意安全。	1.练习队形，如图 2 所示。  图 2 2.要求：动作到位，协调自然，精神饱满；双人徒手操动作不能用力过猛。	多次

续表

课程结构	学习内容	指导与练习	组织形式与过程评价	次数
实践与提高(约34′)	一、横箱分腿腾越 1.助跑踏跳。 2.推手提臀分腿练习。 3.助跑踏跳推手提臀分腿练习。 4.横箱分腿腾越。 (1)技术要点:正面较快速度助跑,双脚踏跳,屈髋提臀,两腿伸直向两侧充分展开,两手快速推离器械,抬上体,展髋挺身落地。 (2)动作方法:助跑踏跳后,两臂前伸支撑器械,稍提臀、分腿,迅速顶肩、推手、挺身、落地屈膝缓冲。 (3)保护与帮助:保护帮助者站在器械斜前方。跳的同学越过器械后,扶上臂,或落地后扶臂、腹。 5.反馈性练习:在他人帮助与保护下进行横箱分腿腾越练习。	1.教师示范横箱分腿腾越的完整动作,引导学生认真观察,动脑思考。结合教学挂图,讲解动作要领和保护与帮助的方法。 2.教师语言引导,鼓励学生练习,教师巡回提示。 3.教师强调保护与帮助的方法,加强安全教育。 4.教师指导学生按能力分组尝试练习。 5.小组展示,个人展示。 6.教师讲评。 教师口令引导学生统一练习。	1.组织形式,如图3所示。 Ⅱ × ×　　× × Ⅱ Ⅱ Ⅱ ××　　×× Ⅱ 图3 2.教师语言引导学生分组练习。 (1)评价方式:观察、语言表述。 (2)评价要点:单踏双落起跳快,顶肩提臀分腿直。 (3)安全要求:保护与帮助到位;同伴之间互相提示动作要领。 1.组织形式,如图3所示。 2.教师讲授,学生练习。 (1)评价方式:观察、交流、语言表述。 (2)评价要点:能说出、做出动作技术和帮助保护的要点。 (3)安全要求:保护与帮助到位;练习有序,相互鼓励,注意安全;展示时勇敢、自信;认真观察,解决问题方法的有效性。	多次
	二、素质练习 1.快速半蹲跳(10～15)个/2组。 2.平板支撑30秒/2组。	1.教师讲解练习方法。 2.学生积极有序练习。	1.组织形式,如图2所示。 2.要求:动作标准到位。	2次

续表

课程结构	学习内容	指导与练习	组织形式与过程评价	次数
调节与评价（约 3′）	一、放松练习 二、总结评价 三、收拾器材 四、师生道别	1.教师领做放松动作，学生统一练习。 2.教师总结作业。 3.学生收还器材。	组织形式：集体进行。 评价方式：语言表述。 评价要点：动作舒展，身心轻松。	1 次
教学器材	跳箱 5 个，踏跳板 5 块，大垫子 5 个，小垫子若干。			

三、跳箱“支撑跳跃：跳上成跪撑，跪跳下”的教学设计

（一）课的内容

1.主教材：跳箱“支撑跳跃：跳上成跪撑，跪跳下”。

2.辅助教材：游戏“中国奥运金牌榜”。

（二）指导思想

本课依据新的课程标准，以“健康第一”为指导思想，体现快乐、主动、健康发展，根据小学生身心特点，为学生提供自主学习活动的空间，培养学生想象力、创造力和表现力及合作精神，最终达到健身与健心的目的。

（三）教学分析

本课所选内容是四年级“水平二”教材，本节课在本学期教学内容中非常重要，是本学期体操课的最后一节课，是前几节课的动作的组合和提高。体操项目作为学校体育课程内容中的重要组成部分，长久以来一直受到各个国家的高度重视，它对于中小学生的身体锻炼与体育起到了不可代替的作用。但近年来我国的中小学由于体操项目存在一定的危险性，加之体育教师体操教学方法不当，造成学生们普遍对体操课不感兴趣，甚至有的学校将体操教学器械（如单杆、双杠等）当成摆设，因此，想通过这堂课，让学生感受体操运动的魅力和乐趣。

（四）教学目标

1.运动参与目标

初步了解“跳上成跪撑，跪跳下”的动作要领，使学生具有积极参与体育活动的态度和行为。

2.运动技能目标

在教师的指导下和同学的保护与帮助下，80％的学生能够掌握该动作。

3.心理健康目标

培养学生克服困难、顽强刻苦的学习品质和团结合作的精神，初步具有积极向上的健康心理。

4.身体健康目标

发展学生协调柔韧性，增强上下肢力量。

5.社会适应目标

通过活动培养学生关心他人、关心集体、团结互助的精神。

（五）教学重点和难点

1.重点：双脚同时踏跳与跪撑动作。通过学生观看图画、教师示范讲解、学生练习、教师纠正错误等环节掌握动作要领。

2.难点：跳箱上，跪跳下。在解决重点的基础上，通过原地跪跳起的复习巩固，解决了摆臂、下压、提收、分腿等环节，为克服难点做好铺垫。

（六）教学方法

1.教法

采用因材施教、启发诱导的方法，注意捕捉和发挥课堂上各种教育因素，以情导教。辅以欢快的音乐，调动学生的视、听感官。在课堂上，用小游戏调节学生身心负荷，从而达到寓教于乐的目的，使学生在轻松愉快的气氛中完成本课的学习。

2.学法

本课采用语言激励法、游戏法、观察法等方法进行学与练。同时，注重创设教学氛围和情境，加强对学生体育能力的培养，充分发挥学生的创造性。

(七)教学过程

根据新《体育与健康课程标准》的理念和学生心理、生理的特点，不断激发学生兴趣，让学生感受体育活动的快乐，体现健康的发展。

1.本课的开始，学生随音乐进行韵律操活动，调动学生兴趣，培养学生的乐感，让学生在舞动中全身关节参与运动，从而达到热身目的，引导学生积极参加活动。

2.通过“抢垫子”游戏让学生进一步热身，调动了学生的运动热情。

3.在动作教学中，教师运用多样化的教具提高学生积极性，吸引学生注意力，通过竞赛激发起学生的兴趣，使课堂达到一个高潮。学生通过多样活动体会体操运动，并且满足了学生展示、挑战心理。教学内容由浅入深地进行，通过学生练习熟练动作，过渡到新授动作，体现学生主动参与地位，练习中通过学生自评、互评，培养学生动手、动脑及观察的能力。为了发展学生的个性，加强合作与交流，活动形式由个体发展到结伴练习最后到小群体练习，从而提高学生兴趣，感受成功后的快乐。

4.通过“中国奥运金牌榜”游戏，提高学生的爬行能力，让学生树立为国争光的美好愿望，在游戏中提高身体素质，体验合作的快乐。

5.自创式太极拳韵律放松，让学生在快乐的音乐节奏中放松身心，教师及时给予鼓励，全面提高学生的自尊心、自信心。

(八)场地与安全

选择在有弹性的地方，避免摔倒受伤。每人一个小垫子，四个跳箱等，提高练习密度，保证学生的安全。上课队形设计呈方形，有助于教师和小组长的组织和调动，提高了课堂效率，同时学生便于观摩教师。

(九)教学特色与效果

1.本课采用了图画，学生对每个动作有了定位认识，采用自编“儿歌”使动作简单化、易掌握。

2.通过预设的教学手段达到了预定的教学效果，每个学生都能完成该动作，没有超出学生现阶段生理负荷，学生的参与度非常高，学生精神状态高昂。

(十)教案设计

授课年级:四年级(水平二)　类型:新授课　授课人:孟然　单位:曲阜市实验小学

教学内容	1.跳箱:跳上成跪撑——跪跳下。 2.游戏“中国奥运金牌榜”。				
学习目标	1.运动参与目标:初步了解“跳上成跪撑,跪跳下”的动作要领,使学生具有积极参与体育活动的态度和行为。 2.运动技能目标:在教师的指导下和同学的保护与帮助下,80%的学生能够掌握该动作。 3.心理健康目标:培养学生克服困难、顽强刻苦的学习品质和团结合作的精神,初步具有积极向上的健康心理。 4.身体健康目标:发展学生协调柔韧素质,增强上、下肢力量。 5.社会适应目标:通过活动培养学生关心他人、关心集体、团结互助的精神。				
重点	双脚同时踏跳与跪撑动作。	难点	跳箱上、跪跳下。		
程序	教学内容	教师活动	学生活动	时间	组织形式
情绪导入(约8′)	1.常规教学。 2.准备活动。 (1)自编健身操(音乐伴奏)。 (2)游戏“抢垫子”。	1.提出注意事项、要求。 (1)遵守纪律。 (2)注意安全。 2.讲解规则并示范。 3.教师语言提示鼓励。	1.在教师的带领下准备活动。 2.大胆尝试。	约2′ 约6′	1.组织形式,如图1所示: 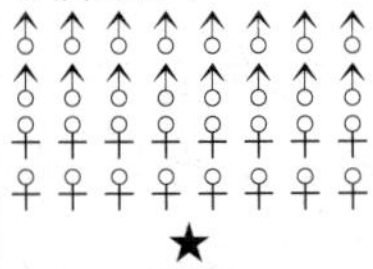 图1 2.要求:静、齐、快,精神饱满。
保持兴趣(约29′)	1.在垫子上跪膝爬行。 2.跪跳起。 动作要领:摆、压、提、收。 3.助跑踏跳推手。 4.跳上成跪撑,跪跳下。 动作要领: 跳上跪稳不乱动, 两腿夹紧脚面绷, 摆压提收向下蹦, 两臂打开腿不分, 落地缓冲不能松。 5.“中国奥运金牌榜”游戏。	1.要求学生把垫子摆成一字形,规范动作。 2.一人一块垫子做跪跳起。 3.小组形式练习助跑踏跳推手。 (1)讲解动作并示范。 (2)保护与帮助者站在跳箱侧前方,一手推肩,一手提手臂。 (3)纠正动作。 4.讲解规则。	1.学生排好垫子依次爬行。 2.学生进行练习。 3.学生进行练习。 4.学生观看图画并讨论动作,观看教师示范,大胆练习。 5.小组竞赛。	约2′ 约5′ 约4′ 约12′ 约6′	1.组织形式:见图2 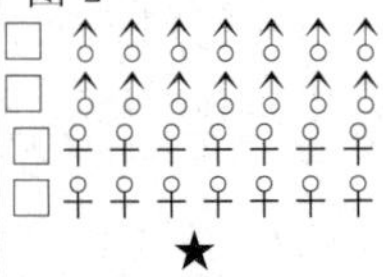 图2 2.要求:安全第一、保护到位、遵守纪律。
恢复身心(约3′)	1.说说课程感受。 2.音乐放松,自创太极拳动作。 3.归还器材。	1.教师总结。 2.教师引导。	1.学识畅谈。 2.学生跟音乐自由发挥。		1.组织形式,如图1所示。 2.要求:积极主动,身心放松。
器材	跳箱4个、踏板4个、大体操垫4块、小体操垫40块、录音机1台。				

（十一）课后反思

1.不足之处

（1）抢垫子游戏做的次数偏少，应再增加两次，让学生在游戏中，达到准备活动的目的。

（2）复习内容中讲解过多，学生练习次数过少。

（3）语言方面欠缺，儿童性语言太少，没能很好地调动起学生的情绪，普通话有待提高。

2.优点

（1）把韵律操和舞蹈动作放在这两部分的第一的位置，这样做既活跃了课堂气氛，又可以使学生受到美的教育与陶冶，激发学生的兴趣，同时还可以节省时间。

（2）采用"运动处方"的教学方式。教学中为了锻炼同学们的自我组织能力、自我管理能力，有目的、有组织、有计划地教学，满足所有同学的兴趣和需要，教师把教学内容科学地、严谨地设计成多种"运动处方"供同学们选择，然后根据选择情况自由组合成小组。每个小组选出一位小组长，小组长带领同学们完成教学内容。各小组在完成运动处方的内容时，根据自己情况选择自己的组织方法和学习方法。这样充分发挥了同学们的聪明才智，发挥了同学们的想象力、创造力，充分调动了学生的主动性。

（3）培养创新精神和实践能力。通过教学方法的创新，以开发学生的潜能和完善人格，培养学生自学、自练的能力，并给学生营造合作学习的氛围，同时为学生提供机会，培养他们的创造力、竞争力。

（4）在结束部分，做整理放松活动时，选择舒缓、伸展、轻柔的太极拳动作，加上合适的音乐伴奏让学生自编动作，所有学生的主动性、积极性都被激活了。这样在整堂课中，不时地把音乐带进课堂，把美带进课堂，让学生感受音乐的美、形体的美。这些韵律动作的进行，又是体育课堂教学中的一个小小的高潮，再次激发起学生的兴趣。

第八章　其他课程的教学设计

一、花样跳绳教学设计

（一）指导思想

本课从新课程理念出发，坚持“健康第一、以学生发展为本”的指导思想，从学生的知识结构、技能水平和认知能力以及运动技能的形成规律出发，关注学生的兴趣爱好、个性特点，通过对花样跳绳相关内容的学习，让学生学会观察，学会交流，在体验中感悟学习的方法，在实践中掌握知识技能，同时也注重了培养学生组织能力、创新能力、吃苦耐劳的意志品质及团结互助的集体主义精神，充分体现身体锻炼与德育教育有机结合的课程特点。

（二）教材分析

根据新《体育与健康课程标准》的精神和学生求新、求异、求变的心理特征，本课以花样跳绳一级动作为教学内容，通过生动、简明、趣味的语言，并采用“一物多用”的教学手段来吸引学生，激起学生的探究欲望。运用“单人跳”“探索花样跳”等趣味性的游戏活动，激发学生跳绳的兴趣，让学生在锻炼身体的同时，尽情享受跳绳带来的乐趣。花样跳绳基本动作并不复杂，但要做到动作规范、富有节奏感，同时跳出更多的花样就比较困难，因此，本课力求从运动技能的形成规律着手，充分利用各种教学方法，激发学生兴趣，培养学生的主动学习能力，使学生在玩中学，学中乐，为学生终身体育打下良好基础。

（三）学情分析

本次课以七年级学生为授课对象。他们对体育活动有广泛兴趣，但学生的身体素质和技术水平差异较大，学习领悟能力和接受能力参差不齐，学生除了对个人的竞争有兴趣外，对团体竞争也有浓厚的兴趣，因此在教学过程中，本课结合了各种新颖的练习手段，循序渐进，层层深入，充分挖掘每个学生的潜在能力，充分发挥学生的主体作用，留给学生一定的自主活动天地，使学生在参与中获得成功感。同时，通过小组合作的方式，培养学生的集体荣誉感，从而更好地达到教学目标。

（四）教学目标

1.认知目标

通过本课学习，培养学生参与花样跳绳的兴趣，体验跳绳给他们带来的乐趣。

2.技能目标

通过练习，使学生初步了解和掌握花样跳绳基本步伐的技术要领。

3.情感目标

培养学生自主学习、探究学习和团结协作的能力，体验成功带来的愉悦和自豪感。

（五）教学重点与难点

重点：花样跳绳的基本步伐。

难点：动作节奏协调一致。

（六）教学方法

本次课尝试把讲授式、体验式、合作式教学相结合，使学生积极主动地投入到学习之中，通过各种教学方法和手段逐步使学生掌握动作技能，并且通过各小组自主学习与成果的相互交流，使学生在活动中体验到成功的喜悦，学生在相互交流与学习中充分发挥主观能动性和智慧，有效地提高学生对跳绳动作的掌握和学习。

（七）教案设计

授课年级：七年级（水平四）　　　　**授课类型：新授课**

教学内容	1.花样跳绳。 2.素质练习。
教学目标	1.通过跳绳发展学生的身体素质，增强体能，促进身体正常的生长发育。 2.掌握单摇前后跳、左右跳、开合跳、弓步跳的技术动作并创编成组合动作。 3.增强学生自信心，锻炼意志品质，体验成功的喜悦，培养学生良好的团结协作、积极进取精神和乐观开朗的性格。
重点难点	重点：花样跳绳的基本步伐。 难点：动作节奏协调一致。

课程结构	课程内容	指导与练习	运动负荷	
			次（拍）数	时间
开始部分（约2′）	课堂常规 1.集合整队，清点人数。 2.师生问好。 3.宣布课程任务，提出目标与要求。 4.检查服装，安排见习生。	一、组织形式 如图1所示： 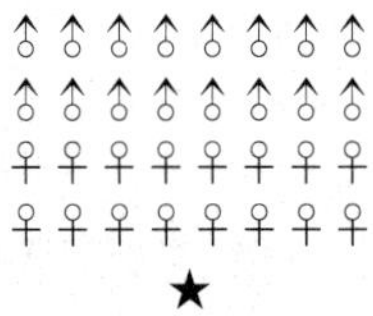 图1 二、教学要求 1.集合做到快、静、齐。 2.积极动脑，加强合作学习。	1次	约2′
准备部分（约6′）	一、热身跑	一、组织形式 如图2所示： 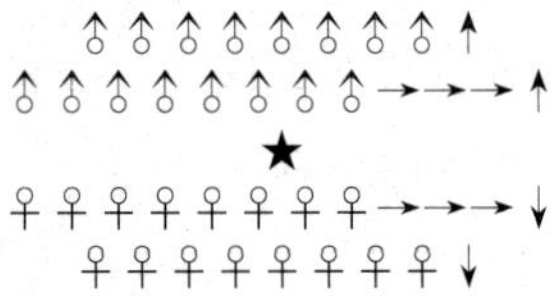 图2 二、教学方法 1.教师讲解方法，口令提示。 2.学生跑动积极、有序。	1次	约3′
	二、绳操 1.肩部运动。 2.体转运动。 3.体侧运动。 4.腹背运动。 5.踢腿运动。 6.腕、踝关节运动。	一、组织形式 同图1所示。 二、教学方法 1.教师示范并领做，音乐伴奏。 2.学生跟教师动作认真练习。	4×8拍	约3′

续表

课程结构	课程内容	指导与练习	运动负荷	
			次(拍)数	时间
基本部分(约34′)	一、复习单摇双脚跳		1次	约2′
	二、学习花样跳绳 1.前后跳。 2.左右跳。 3.开合跳。 4.弓步跳。	一、组织形式 如图3所示： 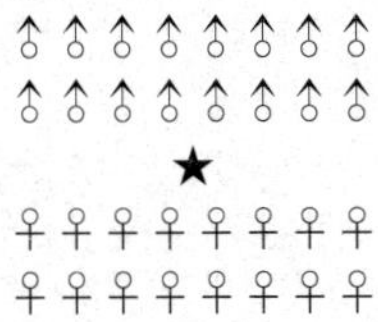 图3 二、教学方法 1.学生自由跳，尝试各种花样跳绳动作。 2.教师巡回观察。 3.教师做完整动作示范并讲解。 4.教授分解动作。 5.小组长带领分组练习，体会动作。 6.引导学生进行完整动作练习。 7.提出创编要求，启发点拨学生。 8.巡回指导小组练习。 9.小组展示。 10.鼓励学生大胆尝试。 三、教学要求 1.注意安全，遵守纪律。 2.动作要领： (1)双脚前后并跳，同时起落，膝关节缓冲。 (2)双脚左右并跳，同时起落。 (3)双脚同时跳成开立，膝关节外展，脚尖外开。 (4)左右腿向前跨出一步弯曲，后腿伸直，交替进行。	多次	约27′
	三、素质练习 1.俯撑前后移动。 2.卷腹蹬车。	一、组织形式 如图3所示。 二、教学方法 1.教师讲解练习方法。 2.学生积极有序地练习。	多次	约5′

续表

课程结构	课程内容	指导与练习	运动负荷	
			次(拍)数	时间
结束部分(约 3′)	一、瑜伽放松 二、小结本课 三、归还器材 四、宣布下课	一、组织形式 如图 1 所示。 二、教学方法 教师示范，学生积极放松身体。 三、教学要求 身心放松。	1 次	约 3′
器材	短跳绳 41 条、标志桶 4 个、音箱 1 台。			
预计运动负荷	练习密度：70%～75% 平均心率：120～140 次/分			

二、“抖空竹：上杆、滚杆”教学设计

(一)教学内容

1.主教材：抖空竹：空竹的上杆、滚杆技巧。

2.辅助教材：竞赛游戏。

(二)指导思想

本课以新《体育与健康课程标准》为依据，以“健康第一”为指导思想，开发和利用了宝贵的民族传统体育资源。本课以发展学生主动性、自主性为设计目标，强调教学中学生个性发展和能力的培养，注重培养学生的主体意识，发挥学生主动精神，把学习的主动权交给学生，让学生充分认识到自己才是学习的主体、学习的主人。

(三)教材分析

本课选取民间体育项目抖空竹作为教材。抖空竹的动作，看上去似乎是很简单的上肢运动，其实不然，它是全身性的运动，靠四肢的巧妙配合完成。有动有静，动静结合，刚柔并用，有力量性练习，有持久的耐力锻炼，经过反复的锻炼，从而能促进全身的血液循环，提高四肢的协调能力和灵敏性，促进人脑的发育，起到

强身健体的作用。本节课围绕着“学习空竹的上杆、滚杆技巧”这一课题，选择了适当的教学情景和游戏来提高学生参与活动的兴趣。校本教材抖空竹和游戏“春种秋收”为学习内容，通过民族传统体育项目抖空竹，激发学生对体育活动的兴趣，发展学生运动速度，提高协调能力和反应能力，培养合作意识。

（四）学情分析

本课授课对象为六年级（水平三）学生。该阶段学生正处于生长发育的关键时期，他们在身体素质方面呈现身高增长较快、力量素质发展较慢的特点。此时，也是他们柔韧性、协调性发展的最佳时期，把握好这个时期对于发展学生的柔韧、协调和灵敏等素质都有很大的益处。此外，该阶段学生的运动基础较薄弱，但乐于参加体育活动，并乐于向同伴展示运动动作。他们比较活泼、思维反应敏捷，对动作的模仿能力和接受能力较强。本课的学习既注重技巧的学习与掌握，也可让学生在灵活性、协调性上得到锻炼。

（五）教学目标

1.运动参与目标

通过传统民间运动项目的学习，激发学生的学习兴趣，使其能积极参与到抖空竹的教学中，并且能掌握其理论知识。

2.运动技能目标

通过学习，70%的学生基本掌握抖空竹的动作方法。发展学生身体的协调性，培养学生的合作意识。

3.身体健康目标

通过抖空竹系列课程的学习，学生的运动兴趣得到提升，运动习惯能够养成，自主学习和终身坚持锻炼意识得到促进。同时，学生的柔韧、协调和灵敏等素质得到提高。

4.心理健康和社会适应目标

学生能够主动参与、自主探究，在活动过程中培养学生的合作意识，发扬互助互学、共同提高的美德；学生在小组合作交流中体验到成功的喜悦，激发学生主动参与意识，培养学生勇敢、果断和合作学习的品格。

（六）教学重点难点

重点：两臂协调用力，轻抛上杆。

难点:动作的准确性和稳定性。

(七)教学方法

1.教法

(1)探究式教学法:让学生先体验练习,后引导总结动作要领;转变学习方式,形成一种互帮互学、自主探究的学习氛围。

(2)讲解示范法:教师讲解各环节的学习目标与要求。

(3)纠正错误法:科学的评价促使学生体验成功;发现不足,根据具体情况及时纠正。

(4)游戏竞赛法:学生通过游戏竞赛提升了动作的难度,巩固了动作的掌握,让上下肢、全身各关节都得到锻炼。

(5)分组教学法:根据性别、运动能力的不同,让学生有意识地自主锻炼、自我检验,选择适合的小组进行练习,关注个体差异。

2.学法

采用自主学习法、探究学习法、合作学习法等。

(八)教学过程

1.开始部分

(1)课的开始,通过提问"同学们都喜欢哪些体育项目",为准备活动埋下伏笔。

(2)准备活动:在音乐《相信自己》的伴奏下学生选择自己有特长而且喜爱的体育项目。为学生创造一个自主的、和谐的、宽松的、开发式的教育环境,鼓励他们要"相信自己,超越自我"。

(3)专项准备活动:上下肢、全身的拉伸练习。

2.基本部分

根据学生的学习需求,把本节课分成三个教学环节:

(1)学习上杆、滚杆动作。

上杆练习是本节课的重点部分,学生可分散练习,让学生重点体会左手上右手下,正对空竹侧面颈部,空竹尽量靠近左杆。教师这样设计是让学生体会随着难度增加逐步掌握上杆的技巧。

本环节的教学步骤:

①教师引导学生空竹上杆前的预备动作。重点:左手上,右手下,正对空竹侧面颈部,空竹尽量靠近右杆。

②发挥小组长的作用,分散互助练习上杆前预备动作。

③教师逐步引导空竹上右杆。主要提醒学生两臂协调用力,轻抛上右杆。

④学生练习上杆,逐步掌握完整动作。

⑤教师辅助学生完成练习,并请做得好的同学当小教师帮助其他同学。

⑥教师组织学生讨论正确的上杆动作要领:左手上,右手下,正对空竹侧面颈部,空竹尽量靠近右杆,两臂协调用力,轻抛上右杆。

⑦集体练习。

(2)游戏竞赛。

①游戏:"比比杆上停留时间"。

本环节的教学步骤:

A.教师讲解游戏的方法和规则。

B.学生进行演示。

C.组织学生进行游戏比赛。

D.教师进行评价、鼓励。

②游戏:"空竹技能对抗赛"。

本环节的教学步骤:

A.教师讲解游戏的规则和方法。

B.小组讨论究比赛方案。

C.组织学生开始比赛。

D.教师及时进行评价。

E.学生分组进行评价。

3.结束部分

(1)小结。

师生交流:

①通过今天的学习你对空竹有了哪些认识?

②空竹运动对我们身体有哪些好处?

③通过今天的学习,培养了我们哪些精神?通过今天的学习我们初步掌握了抖空竹上杆的方法,发展了身体各机能,培养了学生的团结合作精神,从而达

到了教学目的。

(2)放松活动。

采用意念放松法，以悠扬的乐曲作为放松音乐，让学生想象置身于美丽的大自然中，学生在教师的引导下进行放松，同时渗透美育，陶冶情操。

(3)安全有序地归还器材。

(4)宣布下课。

(九)教案设计

授课年级：六年级(水平三)　　　　**授课类型：新授课**

<table>
<tr><td>教学内容</td><td colspan="4">1.空竹的上杆、滚杆技巧。
2.竞赛游戏："比比杆上停留时间""空竹技能对抗赛"。</td></tr>
<tr><td>学习目标</td><td colspan="4">1.运动参与目标：通过传统民间运动项目的学习，激发学生的学习兴趣，使其能积极参与到抖空竹的教学中，并且能掌握其理论知识。
2.运动技能目标：通过学习，70%的学生基本掌握抖空竹的动作方法。发展学生身体的协调性，培养学生的合作意识。
3.身体健康目标：通过抖空竹系列课程的学习，学生的运动兴趣得到提升，运动习惯能够养成，自主学习和终身坚持锻炼意识得到促进。同时，学生的柔韧、协调和灵敏等素质得到提高。
4.心理健康和社会适应目标：学生能够主动参与、自主探究，在活动过程中培养学生的合作意识，发扬互助互学、共同提高的美德；学生在小组合作交流中体验到成功的喜悦，激发学生主动参与意识，培养学生勇敢、果断和合作学习的意识。</td></tr>
<tr><td>教学重难点</td><td colspan="4">重点：两臂协调用力，轻抛上杆。
难点：动作的准确性和稳定性。</td></tr>
<tr><td>程序</td><td>学练内容</td><td>教与学的活动</td><td>组织形式与要求</td><td>教育内容</td></tr>
<tr><td>开始部分
(约8′)</td><td>一、课堂常规
1.师生问好。
2.宣布本课内容。</td><td>1.体委整队，报告人数。
2.师生问好，宣布本节课的学习任务，提出学生要求。</td><td>1.组织：学生均匀站在圆上，如图1所示。
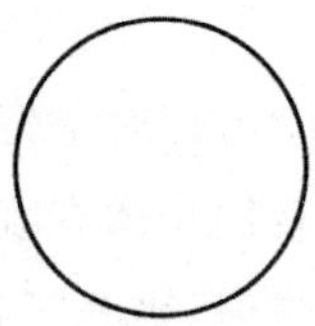
图1</td><td>激情导入，激发学生的学练热情。</td></tr>
</table>

续表

程序	学练内容	教与学的活动	组织形式与要求	教育内容
开始部分（约8′）	二、准备活动 1.技能展示。 2.热身慢跑。 3.专项准备活动。	1.音乐伴奏下技能展示。 2.教师组织学生进行热身慢跑、专项准备活动。	2.要求： (1)注意安全。 (2)遵守纪律。 (3)保持良好跑姿，跑动时注意调整呼吸节奏，动作有力、协调、幅度大。	通过慢跑激发孩子的练习热情。
基本部分（约29′）	一、学习上杆、滚杆动作。 1.分组复习 (1)“蚂蚁上树”。 (2)“蝴蝶展翅”。 (3)“纺棉花”。 (4)“回头望月”。 2.学习空竹的上杆、滚杆技巧动作。	1.教师示范并腿坐练习，学生观察。 2.组织全体学生练习，教师指导。 1.学生分成四组，由小组长带领共同复习学过的动作技巧。 2.学生认真听教师讲解。 3.仔细观察示范后按要求进行练习。 4.学生练习上杆动作，逐步掌握完整动作。 5.请做得好的同学当小教师帮助其他同学。 6.教师组织学生讨论并让学生得出正确的上杆动作要领：左手上，右手下，正对空竹侧面颈部，空竹尽量靠近右杆，两臂协调用力，轻抛上右杆，两杆交替接空竹。	1.组织形式：同图1。 2.教学要求：注意安全、遵守纪律、动作正确、到位、优美。	通过复习以前的动作技能，为新授课做好了铺垫，通过层层教学，让学生体会正确的上杆、滚杆动作，为目标的达成打下基础。 利用游戏发展同学们运动能力和身体协调性，充分合理地利用场地，避免无效调动。在游戏活动中培养学生团结协作的竞争意识与合作精神。

续表

程序	学练内容	教与学的活动	组织形式与要求	教育内容
基本部分（约29′）	二、游戏 1.“比比杆上停留时间”。 全班分成两大组，依次进行比赛，选出每组的前五名，再进行比赛选出本次比赛冠亚季军。 2.“空竹技能对抗”。	1.分层次教学，给学生搭建展示的平台。 2.通过游戏，教师激发学生的表现欲望，展示自我技能，给学生以成就感。 3.教师分层次评价。激励没有参与展示的学生，表扬勇于参与展示的学生。	1.组织形式：同图1。 2.要求： (1)遵守规则，注意安全。 (2)团结协作，勇争第一。	培养团结合作的精神和树立规则意识。
结束部分（约3′）	1.整理放松活动。 2.师生共同小结、评价本课学习情况。 3.安排归还器材。 4.宣布下课。	1.引领学生随音乐进行放松练习。 2.对本课进行小结，激励评价。 3.师生道别。	1.组织形式：同图1。 2.要求：动作放松，结合空竹的技巧动作，用太极的形式进行全身的放松。	学生在愉悦的氛围中完成放松练习和本课的教学。
预计生理负荷	1.平均练习密度：80％左右。 2.平均心率：120～130次/分左右。			
场地器材	空竹42套、标志桶4个、音箱1台。			

（十）课后小结

本节课的主要目标是初步掌握抖空竹的上杆、滚杆动作，发展学生上肢力量，进一步提高身体协调感和灵敏性。培养学生团结协作的精神和机智勇敢的竞争意识。在教学中，紧抓“自主、合作、探究”的六字方针，把课堂还给学生，把主动权交给学生，实实在在把自己放在一个组织者、指导者、促进者的角色位置上。

参考文献

1.樊临虎:《体育教学论》,人民体育出版社 2002 年版。

2.毛振明:《体育教学论》,高等教育出版社 2017 年版。

3.张志勇:《体育教学论》,高等教育出版社 2021 年版。

4.杨文轩、陈琦:《体育概论》,高等教育出版社 2021 年版。

5.颜庆等:《中学体育教材教法》,北京师范大学出版社 2010 年版。

6.潘绍伟、于可红:《学校体育学》,高等教育出版社 2015 年版。

7.黄燕春:《"互联网+"背景下信息化教学在高职院校体育教学中的应用》,《体育世界(学术版)》2019 年第 3 期。

8.杜少辉:《基于职业院校嵌入职业化体育教学效果研究》,《体育世界(学术版)》2019 年第 3 期。

9.张博:《高职体育教学中学生体育素养和职业能力培养的对策分析》,《当代体育科技》2019 年第 9 期。

10.宋科:《体育游戏在中职体育教学中的应用价值研究》,《科技风》2019 年第 18 期。

11.黄光亮:《职业能力导向下高职院校体育教学存在的问题及改进对策》,《当代教育实践与教学研究》2019 年第 3 期。

12.龚江泳、唐涓铭:《卓越体育教师评价下的体育教学方法探究》,《体育世界(学术版)》2019 年第 3 期。

13.李建军:《从传统教案走向现代体育教学设计》,《北京体育大学学报》2006 年第 4 期。

14.史春元:《小学“体育与健康”课程教学设计的实践操作》,《教育理论与实践》2014 年第 11 期。

15.朱广琴:《基于立德树人的“课程思政”教学要素及机制探析》,《南京理工大学学报(社会科学版)》2019 年第 6 期。

16.夏贵霞、舒宗礼:《课程思政视角下高校体育课程育人质量提升体系的构建——以华中师范大学为例》,《体育学刊》2020 年第 4 期。

17.段智亚:《“课程思政”背景下高校体育课程与思政教育融合分析》,《当代体育科技》2020 年第 7 期。

18.吕贤清:《“课程思政”背景下大学体育教学中德育教育策略研究》,《黄山学院学报》2020 年第 3 期。

19.姜君:《“课程思政”视域下高校体育课程发掘思政元素探究》,《辽宁广播电视大学学报》2020 年第 1 期。

20.明平芳:《大思政背景下学校体育学“课程思政”教学的探索与实践》,《湖北科技学院学报》2020 年第 5 期。